昭通扶贫

昭通市脱贫攻坚大决战实录

扶贫协作卷

政协昭通市委员会 组编

中国文史出版社
CHINA CULTURAL AND HISTORICAL PRESS

图书在版编目（CIP）数据

昭通市脱贫攻坚大决战实录 . 扶贫协作卷 / 政协昭通市委员会组编 . -- 北京：中国文史出版社，2021.12

ISBN 978-7-5205-3176-4

Ⅰ . ①昭… Ⅱ . ①政… Ⅲ . ①扶贫—工作概况—昭通 Ⅳ . ① F127.743

中国版本图书馆 CIP 数据核字 (2021) 第 187199 号

责任编辑：窦忠如　秦千里　方云虎
特约编辑：窦广利　张幼平　邓文华

出版发行：中国文史出版社
社　　址：北京市海淀区西八里庄路 69 号院　邮编：100142
电　　话：010－81136606　81136602　81136603（发行部）
传　　真：010－81136655
印　　装：廊坊市海涛印刷有限公司
经　　销：全国新华书店
开　　本：787 毫米 ×1092 毫米　1/16
印　　张：26.25
字　　数：360 千字
版　　次：2021 年 12 月北京第 1 版
印　　次：2021 年 12 月第 1 次印刷
定　　价：1980.00 元（全 19 册）

《昭通市脱贫攻坚大决战实录》丛书
编　委　会

《扶贫协作卷》

总　序

成联远

贫困是人类社会的顽疾，消除贫困是人类梦寐以求的理想，人类发展史就是与贫困不懈斗争的历史。

中国共产党从成立之日起，始终高度重视解决贫困问题，持续向贫困宣战。党的十八大以来，以习近平同志为核心的党中央，把脱贫攻坚摆在治国理政的突出位置，团结带领全党全国各族人民打响了人类历史上规模最大、力度最强、惠及人口最多的脱贫攻坚战。经过 8 年持续奋斗，如期完成了新时代脱贫攻坚目标任务，现行标准下近 1 亿农村贫困人口全部脱贫，贫困县全部摘帽，消除了绝对贫困和区域性整体贫困，脱贫地区处处呈现山乡巨变、山河锦绣的时代画卷！这是中国共产党团结带领全国各族人民艰苦奋斗所创造的又一个彪炳史册的人间奇迹，生动展示了中华民族摆脱贫困、走向复兴的强大力量。

昭通地处云、贵、川三省接合部的乌蒙山区腹地，是集革命老区、地震灾区、散居民族地区、生态敏感脆弱地区为一体的深度贫困地区，是全国贫困人口最多、贫困程度最深、脱贫任务最重、攻坚压力最大的地级市。全市 11 个县（市、区）中有国家级贫困县 10 个，1379 个村（社区）中有贫困村 1235 个，629 万人口中有贫困人口 185.07 万人，正可谓全国脱贫看云南、云南脱贫看昭通。

历史的洪流浩浩荡荡，精彩的答卷壮阔恢宏。近年来，特别是习近平总书记于2015年视察昭通以来，市委、市政府始终铭记习近平总书记的殷殷嘱托，感恩党中央的亲切关怀，始终把脱贫攻坚作为最大的政治任务，全面落实精准扶贫、精准脱贫方略，团结带领全市各族干部群众，攻坚克难、感恩奋进，发扬钉钉子精神，敢于啃硬骨头，奋力夺取了脱贫攻坚大决战全面胜利。全市现行标准下185.07万农村贫困人口、1235个贫困村、10个贫困县全部退出贫困序列，贫困群众人均收入由2015年的2703元增加到9899元，昭通千百年来的绝对贫困问题历史性地画上句号，全面建成小康社会取得历史性成就。昭通的奋力崛起、华丽转身，是云南乃至全国扶贫开发事业的一个缩影。

荆棘载途，玉汝于成。一切向前走，都不能忘记走过的路。在脱贫攻坚工作中，数万名扶贫干部倾力奉献、苦干实干，将最美的年华无私奉献给了脱贫事业，涌现出许多感人肺腑、可歌可泣的先进事迹。"感动南网"的彝良县牛街镇水田村第一书记吴长碧，用柔弱肩膀扛起扶贫重任；把病情报告单"藏"起来去扶贫的女干部金碧琼，一直坚守在扶贫第一线；特别是即将结婚却没有等到婚礼那一刻的"90后"扶贫干部王秋婷、积劳成疾牺牲在扶贫一线的驻村工作队队长李永春等25名扶贫干部，更是用生命诠释了共产党人的初心使命；还有216对"父子兵"、1284对"夫妻档"，572名干部"轻伤不下火线"，他们用身影、心血和汗水，交出了让党和人民满意的答卷。为全面记录新时代昭通艰苦卓绝、波澜壮阔的脱贫攻坚历史进程，客观反映乌蒙大地发生的翻天覆地历史性巨变，真实记录各级干部群众在脱贫攻坚中的感人故事，经市委同意，我们组织相关县市区、部门、专家对2015年至2020年我市开展脱贫攻坚的重大事件、典型故事进行搜集整理，编写《昭通市脱贫攻坚大决战实录》，旨在通过回望昭通脱贫攻坚的壮阔历程，探索总结蕴含其中的宝贵经验和深刻启示，赓续传承伟大的脱贫攻坚精神，从历史回望中照见未来，以更坚定的信心、更昂扬的斗志，继续走好新时代的长征路，奋力谱写昭通高质量跨越发展新篇章。

以昭通脱贫攻坚的壮阔历程资鉴后世。回望昭通脱贫攻坚的壮阔历程，市委、市政府团结带领全市各族人民披荆斩棘、栉风沐雨，攻克了一个又一个贫中之贫、坚中之坚，脱贫攻坚取得了重大历史性成就。昭通脱贫攻坚任务之艰前所未有，全市基础条件薄弱、致贫原因复杂、发展滞后明显，贫困面积大、贫困人口多、贫困程度深，贫困发生率高达34.8%，“大山大水大峡谷、天寒地冻不出种、人多地少矛盾多”是昭通最大的市情。昭通脱贫攻坚规模之大前所未有，全市11个县市区中有国家级贫困县10个，其中深度贫困县7个；1235个贫困村中，有深度贫困村691个；农村贫困人口高达185.07万人，占全省贫困人口的1/5以上，平均每天脱贫人数达到1000人以上。昭通脱贫攻坚成效之巨前所未有，全市累计投资1658亿元，规划的12条高速公路全部落地建设，打通了11个“出滇入川进黔”大通道，通车里程达750公里；累计新建或改造农村住房55.89万户；215.4万人饮水安全得到巩固提升，自来水普及率达94%；累计硬化农村公路1.86万公里，建成公路安全生命防护工程1.05万公里；因地制宜规划建设集中安置区23个，35.47万名搬迁群众全部搬入新居；全市生产总值5年连跨5个百亿级台阶，年均增长8%，达1289亿元。脱贫地区经济社会发展大踏步赶上来，整体面貌发生历史性巨变，极大增强了人民群众的获得感、幸福感、安全感。我们通过收集广大奋战在一线同志的真实故事，以“当事人”的亲身经历，将昭通脱贫攻坚艰苦卓绝、成效卓著的壮阔历程系统完整地记载下来，形成档案性的历史资料，以资后人，以鉴后世。

探索总结昭通打赢脱贫攻坚大决战的深层逻辑。习近平总书记强调：“办好中国的事情，关键在党。”有了党的坚强领导，脱贫攻坚就有了坐镇中军帐的“帅”，亿万人民就有了众志成城的“主心骨”。面对夺取脱贫攻坚大决战全面胜利的历史重任，市委、市政府始终坚持把党的领导贯穿各项工作全过程，坚持以脱贫攻坚统领经济社会发展全局、以党的建设统领推动各项工作落实“双统领”，强化铁的纪律和硬的作风“双保障”，努力实现党的建设和脱贫攻坚“双推进”。始终坚持以人民为中心的发展思想，提出“坚持以人民为中心、以群众工作为主线，抓住精准、统筹、务实三个关键，实现思想、工作和情感三个认同”的“133”工作思路，让人民群众真正成为脱贫攻坚这棵参天大树的主干。始终坚持精准扶贫、精准脱贫方略，围绕“扶持谁”“怎么扶”“怎么退”“退出后怎么办”四个重点，着力扣好精准识别、精准施策、精准退出、巩固提升“四粒扣子”，构建了一整套行之有效的政策体系、工作体系、制度体系，用发展的办法消除贫困根源。始终深入贯彻落实“五级书记抓扶贫”“党政同责促攻坚”的要求，坚持“一把手”负总责，切实强化市县抓落实机制，着力构建各级领导干部责任上肩、挂甲上任的组织体系。始终坚持集中精锐力量投向脱贫攻坚主战场，累计选派4592名驻村工作队队员、823名驻村督导员、6.37万名各级帮扶干部充实到扶贫一线，鲜红的党旗始终在脱贫攻坚主战场上高高飘扬。这些宝贵经验、深刻启示，我们通过编撰实录的形式如实记录，推动脱贫攻坚的认识和实践实现一个新的飞跃，为以后的改革发展提供重要的历史借鉴和方法指导。

赓续传承新时代脱贫攻坚昭通精神。伟大事业孕育伟大精神，伟大精神引领伟大事业。脱贫攻坚伟大斗争，锻造形成了“上下同心、尽锐出战、精准务实、开拓创新、攻坚克难、不负人民”的脱贫攻坚精神，这是中国精神、中国价值、中国力量的充分彰显。回望昭通脱贫攻坚大决战的壮阔历程，市委、市政府团结带领全市各族人民风雨同舟、携手与共、砥砺奋斗，努力闯出了一条以脱贫攻坚统领经济社会发展全局，倒逼产业形态、基础设施、城乡建设、生态文明等各个领域创新突破的“昭通路径”，奋力跑出了争先进位、赶超跨越的“昭通速度”，锻造锤炼了为民务实、实干求真的“昭通作风”，树立展示了“文明友善、开放包容”的“昭通形象”，淬炼形成了敢打善拼、坚韧求成、再硬的骨头也要嚼碎的脱贫攻坚“昭通精神”，这是一笔昭通当代脱贫攻坚人留给后世的宝贵精神财富。我们着力做好时代的忠实记录者，发挥文史资料“存史、资政、团结、育人”功能，赓续传承、大力弘扬新时代脱贫攻坚昭通精神，激励全市600多万名各族儿女在新征程上再鼓干劲、再聚合力、再立新功。

引领我们不断从胜利走向新的更大胜利。春江浩荡暂徘徊，又踏层峰望眼开。脱贫摘帽不是终点，而是新生活、新奋斗的起点。我们如期完成新时代脱贫攻坚目标任务，为实现两个百年奋斗目标以坚定信心、强劲动力，必将激励我们不断从胜利走向新的更大胜利。站在新的历史交汇点上，推动滇东北开发提速和崛起的奋斗史诗正在书写，我们必须从决战决胜脱贫攻坚的实践中汲取智慧和力量，进一步增强“四个意识”、坚定“四个自信”、做到“两个维护”，不断提升政治判断力、政治领悟力、政治执行力，在以习近平同志为核心的党中央的坚强领导下，永远保持慎终如始、戒骄戒躁的清醒头脑，永远保持不畏艰险、锐意进取的奋斗韧劲，永远保持永不懈怠、一往无前的精神状态，真抓实干、埋头苦干，脚踏实地、久久为功，在推动昭通高质量跨越发展的新征程上奋勇前进！

（作者时任中共昭通市政协党组书记、政协昭通市委员会主席）

本卷序言

从2016年起，按照党中央、国务院关于东西部扶贫协作部署的要求，广东中山、东莞对口帮扶昭通。两地派驻扶贫协作工作组，建立“两地三市”交流互访、三方联席会议等制度，建立健全扶贫协作机制。还签署了扶贫协作框架协议及8个专项合作协议，从干部和人才交流、示范村建设、产业发展、招商引资、劳务输出、教育人才培养、卫生人才培养、社会帮扶协作等方面进行深层次合作。2019年起，深圳又加入对口帮扶昭通的行业，从产业协作、易迁“扶贫车间”建设、劳动力转移就业、职业教育、社会力量帮扶等22个方面对昭通给予支持。此外，为响应习近平总书记关于机关企事业单位做好定点扶贫工作的重要指示，党政军机关、企事业单位开展定点帮扶，共有6家中央单位、53家省级单位、10家企业集团、139家市级单位和284家市级企业参与到定点帮扶工作中来。

从扶贫协作开展以来，中山、东莞及深圳市以高度的责任感，用心、用情、用力地帮扶昭通市各县区，山海相连，同心发力，携手并进，互惠共赢，突破了一个个难关，攻克了一座座堡垒，迎来了脱贫攻坚大决战的胜利。为了生动全面地反映和再现扶贫协作中的生动故事和感人事迹，广东第五、第六工作组，市直及部分县区相关单位、企业等，将扶贫协作中的真人真事，以文史资料的形式呈现出来，汇聚编纂成《昭通市脱贫攻坚大决战实录·扶贫协作卷》。本卷内容分为4个部分：第一部分《概述》，通过报社记者、广东工作组、昭通市相关部门、部分民主党派市委等从不同的视野和角度，对扶贫协作工作总体情况作了概述和总结，把东西协作扶贫过程、内容、经验及成效呈现给读者，使之有了清晰的认识和了解；第二部分《谋划与部署》，由广东工作组及市扶贫办记述了中山、东莞的市级领导对昭通扶贫协作工作安排部署及视察指导，以及在各县县委、县政府挂职的帮扶领导脚步丈量民情，尽心助力扶贫的足迹和历程；第三部分《奉献与实效》，以第一人称和第三人称的口吻，讲述了广东扶贫干部倾力奉献、苦干实干，同贫困群众想在一起、过在一起、干在一起，扶真贫、真扶贫，开展产业扶贫、科技扶贫、教育扶贫、文化扶贫、健康扶贫、消费扶贫的实绩；第四部分《山海相连》，记述了广东扶贫干部与昭通人民携手同心，共克时艰，使贫困群众挖掉穷根，脱贫致富，开启幸福生活的感人事迹，以及昭通人民对广东扶贫干部的感恩之情和不舍之意。

“雄关漫道真如铁，而今迈步从头越”，脱贫攻坚大决战是前无古人的伟大事业。昭通作为云南省脱贫攻坚的主战场，之所以能够与全国一样脱贫摘帽，取得脱贫攻坚大决战的胜利，得益于党中央、国务院的英明领导和统筹部署，得益于东西协作中广东等地及云南省的单位、企业和社会各界的倾力支持和无私帮助，得益于昭通市各地广大扶贫干部和人民群众齐心协力和努力工作。脱贫攻坚伟大斗争中锻造形成的“上下同心、尽锐出战、精准务实、开拓创新、攻坚克难、不负人民”的精神，所有参与脱贫攻坚大决战的干部、群众及社会各界人士的感人事迹，将激励我们在乡村振兴的征程中不负韶华，勇往直前，为全面建设社会主义现代化国家、实现第二个百年奋斗目标再立新功。

周　玲

2021年4月7日

目　录

第一编　本卷概述

第二编　谋划与部署

第三编 奉献与实效

第四编　山海相连

第一编　本卷概述

山海牵手　共谱新篇

——昭通市东西扶贫协作概述

蔡侯友　沈　迅

2016 年 9 月，广东中山、东莞对口帮扶昭通，山海牵手，在昭通减贫史上共同书写东西协作扶贫新篇章。

2019 年 4 月，广东深圳又牵手昭通，与第五、第六扶贫协作工作组一道，聚焦昭通脱贫攻坚，齐心协力向贫困宣战。

山海牵手拔“穷根”。3 年来，东西协作、对口支援、推动区域协调发展，“两地四市”从机制、措施、内容上全方位携手发力，齐心协力在磅礴乌蒙山打响了一场声势浩大的脱贫攻坚战。

围绕目标任务，高位推动高效推进

昭通是全国贫困人口最多、贫困程度最深、贫困面最大的地级市和我省脱贫攻坚的主战场。截至 2014 年年底，全市 11 个县（市、区）中有 10 个国家扶贫工作重点县，其中，深度贫困县 7 个；1336 个行政村中有贫困村 1235 个，其中，深度贫困村 922 个，分别占行政村和贫困村的 92.44% 和 74.65%，贫困人口高达 133.67 万人，居云南首位。

为啃下全国、全省脱贫攻坚这块最硬的“硬骨头”，3 年多来，“两地三市”围绕目标任务，始终做到高位推动、高效推进。

昭通市始终把东西部扶贫协作作为打好打赢脱贫攻坚战、推动实现跨越发展的重大机遇，坚持将东西部扶贫协作工作纳入市委、市政府重要议事日程和“一把手工程”，成立由市委、市政府主要领导任组长的昭通市扶贫协作领导小组，定期研究推动东西部扶贫协作工作。

广东东莞、中山两市分别向昭通派驻扶贫协作工作组，与昭通建立了“两地三市”交流互访、三方联席会议等制度，成立“扶贫协作办公室”，组建昭通市扶贫协作产业推介暨招商引资工作组，建立健全了扶贫协作机制。

为推动东西协作落地、落细，按照“昭通所需、东莞中山所能”的原则，2016 年，东莞、中山、昭通“两地三市”共同签署扶贫协作框架协议和 8 个专项合作协议，从干部和人才培养交流、扶贫协作示范村建设、产业建设、招商引资活动和交流合作、劳务培训与输出、教育人才培养、医疗卫生人才培养、社会帮扶协作 8 个方面进行深层次合作。

3 年来，东莞、中山、昭通 3 市沟通交流不断密切、协作领域深化拓展、协作友谊更加深厚，“两地三市”共召开党政联席会议 10 次，交流互访 481 人次。

为创新协作方式，深化拓展结对关系，“两地三市”探索建立起“1+1”“1+N”等帮扶模式“携手奔小康”。截至 2019 年 7 月底，东莞、中山两市 53 个镇街 127 个村（社区）组团帮扶昭通 10 个县区，并与昭通 74 个乡镇 148 个贫困村结对开展帮扶工作，387 家企业结对帮扶昭通 296 个贫困村。2019 年 4 月，深圳市党政企代表团专程到昭通考察调研，将从产业发展、易地搬迁“扶贫车间”建设、劳动力培训及转移就业、职业教育协作、企业定点帮扶等多个方面给予昭通重点支持，在昭通 2.3 万平方公里的乌蒙大山深处奏响了新时代高昂奋进的脱贫壮歌。

聚焦基础设施短板，加大对口帮扶

“住上小洋房，喝上自来水，门前还有小菜园，出门就是通往县城的大公路，实在是太安逸了。”谈起搬迁到水星坝后的新生活，56岁的刘先友喜悦之情写在满是沧桑的脸上。

水星坝是广东省中山小榄组团对口帮扶永善建设的扶贫示范点。2016年，中山市投入帮扶资金1000万元，永善县整合资金2294.16万元，让150户623名贫困群众实现了安居梦。

为实现搬得出、稳得住、能致富目标，在中山市的帮扶下，搬迁到水星坝的贫困群众已经组建起养牛合作社。同时，根据市里的统一安排，又把原来的坡地退耕还林发展竹产业，搬到水星坝的贫困群众日子会越来越好。民胜村支书岳胜才一脸喜悦。

在广东东莞、中山市的对口帮扶下，像永善县水星坝移民安置示范点这样的安置点昭通市已建立起10个。

3年来，东莞在对口帮扶中，聚焦昭通安全住房、学校等基础设施短板，逐年加大财政资金投入力度，从2016年每个县区1000万元递增到2019年的4000万元。目前，两市累计投入帮扶资金10.65亿元，完成投资6.49亿元，重点用于东西扶贫协作示范点建设、产业发展、劳务协作、饮水安全、住房建设、村级活动场所等项目建设。

加快产业协作，增强扶贫“造血功能”

盛夏时节，鲁甸龙树镇古寨社区滇粤供港澳蔬菜基地，10多名贫困群众正忙着分装蔬菜瓜果。

该基地由鲁甸县与东莞市润丰果菜有限公司深度合作，采取“东莞平台+龙头+党支部+合作社+农户”的模式，打造产业扶贫“莞昭果蔬供应链”。通过良种良法、高度组织化、党支部+合作社+农户“三个全覆盖”，引导当地群众通过土地流转、就地务工、入股等形式实现增产增收。

昭通特色农产品畅销粤港澳已是常态。为深入推进昭通、东莞、中山3市农业扶贫协作，实现东莞市、中山市销售网络和昭通市农业资源两大优势的互补，昭通市农业农村局与东莞市、中山市农业农村局建立了9项常态长效工作机制，扎实抓好昭通农业产业扶贫。

坚持把承接产业转移和加大产业协作作为扶贫协作的重点，通过开展“岭南优品”平台农产品上线免费发布活动、开办“云南昭通高原特色农产品体验馆”等形式，推动昭通农特产品走向东部地区。仅2019年，东莞、中山两市就组织了10家农产品销售企业到昭通开展农特产品采购，签订销售协议资金达2.6亿多元；组织昭通23家农业企业100余种农特产品参加中山“招商引资”系列活动。

在实施农业产业帮扶的同时，昭通市出台《昭通市东西部扶贫协作产业招商引资办法（试行）》，从企业用地、用工、用电、用气、物流补贴、固定资产奖补、融资、入驻扶贫车间、标准化厂房建设、企业及高管人员等方面给予最大限度的政策支持，吸引东莞、中山、深圳东部企业到昭通投资兴业。目前，已有59个东部企业到昭通开展产业扶贫，实际投资11.75亿元，吸纳贫困人口就业1334人，通过利益联结带动脱贫1.6万余人，其中，中山市兴中集团投资1亿元与云南菜人家、昭通市开发投资有限公司共同开展永善县竹笋加工项目，有效助推昭通本土企业做优、做大、做强，探索出国有资本与民营资本的深度融合发展，开启了东部企业帮带西部企业的示范。华坚鞋业、顺华智能、立时电子、鸿宝科技、隆讯视通5家粤商企业入驻滇粤产业园解决就业540余人。

从立时电子数据线到立勤电子液晶屏、从华坚鞋业鞋面加工到整鞋产出，入园企业由一条线逐步拓展延伸到一个链，在东西协作扶贫的东风引领下，昭通产业引进已形成“抱团”发展趋势。

强化劳务输出，确保就业促脱贫

“通过镇里的统一培训，统一组织培训、输出，我在中山工厂每月能领到6000多元工资，这是原来在镇雄老家想都不敢想的事。”2017年至今，像镇雄县母享镇穿洞村村民王成群一样，仅在东莞、中山两市，通过组织起来有序转移就业，实现稳定就业脱贫的昭通籍务工人员就有16298人，其中建档立卡贫困人口10913人。转移就业人员月均收入3500元左右，累计创造务工工资性收入2.1亿元，建档立卡贫困人口实现务工工资性收入1.3亿元。

昭通农村劳动力资源丰富，全市有农村劳动力320多万人，其中建档立卡贫困人口60.6万人。结合东莞、中山、深圳用工需要，按照“近抓外出就业为主、远抓产业培育支撑”的思路，积极整合各类培训资源，有针对性地开展“订单式、定向式、定岗式”培训，提高农村劳动力技能水平。建立劳务协作议事协调机制，在东莞市、中山市建立人力资源服务机构11个、派驻工作人员33人，全力做好维权服务、联络管理等工作。在设立1306名劳务输出村级联络员，对接岗位信息和组织输送工作。加强与深圳市人才集团、劳动服务公司以及国有企业、民营企业的劳务协作，推动昭通籍农村劳动力有序转移到深圳市稳定就业。强化稳岗补贴、交通补贴等政策支撑，加强政策宣传引导，开展送政策、送岗位、送服务上门等活动，提升就业帮扶质量，积极引导其消除“不想出去”的思想和“不敢出去”的顾虑，激发贫困劳动力就业积极性和脱贫致富的内生动力。

自开展东西部扶贫协作以来，东莞、中山、昭通3市共举办培训班401期，开展贫困人口就业培训28082人次。目前，全市通过共同劳务协作转移输出到广东省就业6660人，帮助转移到云南省内就近就业3255人，帮助转移输出到其他省市就业42人。

以东西部扶贫协作为契机，强化产业招商引资，支持鼓励外企带设备、带技术、带订单创建“扶贫车间”，吸纳贫困劳动力就近就业，不断拓宽就业增收渠道，促进贫困群众稳定增收，目前，全市建设扶贫协作车间16个，吸纳1034名劳动力就地务工。

加大人才交流，持续提升协作成效

“通过走出去，引进来，2019年全县就组织赴东莞观摩学习1次；接受学术支援1次，受训200余人次。”鲁甸县紧紧抓住与广东东莞东西部扶贫协作人才支援工作有利契机，通过干部、学术、交流、医疗协作和劳务输出等措施，扎实推进与莞城街道办事处的对口协作，积极对接，主动作为，不断拓宽人才支援协作领域，为决胜脱贫攻坚提供强有力的人才保障和智力支撑。

根据“1+8”协议，昭通市将综合素质好、发展潜力大的132名干部选派到东莞市、中山市挂职；协调广东省第五、第六扶贫协作工作组先后进驻昭通，东莞市、中山市选派32名干部在昭通挂职。昭通选派942名、东莞中山选派198名专业技术人才开展交流学习，累计培训专业技术人员1.09万人次，输出和引进技术23项。云南云天墨睿科技有限公司石墨烯导热膜项目启动暨蔡金明专家工作站在水富揭牌，东莞昭通协作首个新材料高科技项目落户昭通。出台《关于进一步做好异地交流干部、挂职干部关心关爱工作的通知》，从保健制度、心理健康、服务保障、休假制度、人文关怀等方面创造条件，让挂职干部融得进、沉得下、干得好。

为加大教育帮扶力度，昭通协调东莞市、中山市106位名师走进昭通开展多学科教学指导、选派26位教师到昭通挂职支教，昭通选派564名教师赴东莞中山学习。通过“教研队伍跟岗培训、校长跟岗学习、1+9教师培训、职业教师跟岗培训”等方式。积极探索“2+1”“2.5+0.5”联合办学模式，累计组织4510名昭通籍“两后生”到东莞市、中山市免费接受中职教育，毕业后就地就业；深圳协调解决2000名昭通籍建档立卡贫困户家庭学生到深圳就读职业院校。昭阳、鲁甸、巧家、镇雄、彝良、威信6个县（区）中职学校与东莞市6所中职学校实施结对帮扶，着力提升办学水平。

在卫生协作帮扶中，按照建立医疗机构“一对一”帮扶模式，东莞中山22家医疗机构与昭通市16家医疗机构建立结对帮扶关系，每年定期选派医疗管理专家、医务技术人员到昭通开展帮扶指导。昭通选派275名医生到东莞市、中山市进修学习，东莞市、中山市选派71名医生到昭通挂职带教。组织开展医疗公益活动，东莞市、中山市医疗机构在我市举行免费义诊、学术交流等大型活动5次，惠及2300人次。

中央要求、当地所需、广东所能。乌蒙山，南海边，山海牵手战犹酣。

（作者均系《云南日报》社记者）

东西部扶贫协作概述

杨　黎

2016 年，为深入贯彻习近平总书记在银川东西部扶贫协作座谈会上的重要讲话精神，全面落实党中央、国务院关于东西部扶贫协作部署的要求，昭通市、东莞市、中山市三市深入互访交流，对接协商对口关系、协作机制、人员派驻、资金支持、帮扶项目、合作领域等工作，按照“昭通所需、东莞中山所能”的原则，就劳务输出、产业发展、干部交流、教育、卫生、旅游、示范村建设、招商引资 8 方面达成共识，共同签署扶贫协作框架协议和 8 个专项合作协议（简称扶贫协作“1+8”协议），揭开三市东西部扶贫协作序幕。2019 年，按照党中央的安排部署，深圳市加入对口帮扶昭通行列，从产业协作、易迁“扶贫车间”建设、劳动力转移就业、职业教育、社会力量帮扶等 22 个方面给予昭通支持，进一步深化拓展东西部扶贫协作领域。4 年多来，昭通、东莞、中山、深圳不断创新协作方式、拓宽协作领域，深入实施以易地搬迁、产业培育、基础设施改善、教育卫生帮扶、人才交流等为重点的协作项目，推动东西部扶贫协作向纵深发展，为昭通深度贫困地区打赢脱贫攻坚硬仗注入强大动力、提供强劲支撑。

一、互访对接，搭建扶贫协作新平台

（一）密切高层互访，高位协调推动。两省三市建立互访交流机制，中央政治局委员、国务院副总理胡春华和中央政治局委员、广东省委书记李希等同志先后率队赴昭通考察调研，昭通、东莞、中山、深圳党政主要领导坚持每年互访，统筹谋划，高位协调推动，进一步拓展协作深度和广度，共商协作帮扶事宜。2016 年以来，共开展市级党政主要领导互访 22 次、召开东西部扶贫协作联席会议 11 次。

（二）创新工作机制，搭建协作平台。4 年多来，广东、云南省委、省政府高度重视、高位推动，东莞、中山和昭通健全“1+8”协议工作机制，以协议的方式固化协作任务，并推动协议向深度和广度拓展。目前，协作部门扩展到组织部、发改委、教体局、民政局、人社局、农业农村局、文化和旅游局、卫健委、扶贫办、工商联、残联、红十字会、供销社等 13 家部门。

（三）强化协作力度，壮大帮扶力量。加强沟通协调，广泛争取支持，帮扶力量逐年增加，帮扶力度不断强化。探索创新模式，整合帮扶资源，与东莞市、中山市建立“1+1”“1+N”等帮扶机制，携手奔小康镇街结对由 10 个镇街区增加到 47 个（东莞 22 个、中山 25 个），由“一对一”向“多对一”转变，采取组团式对口帮扶我市 10 个贫困县区，并开展镇镇、镇村、学校、医院、社会力量结对帮扶。141 个村（社区）（其中东莞 63 个、中山 78 个）结对帮扶昭通市 161 个贫困村，79 所学校（其中东莞 43 所、中山 36 所）结对帮扶昭通市 70 所学校，35 家医院（其中东莞 24 家、中山 11 家）结对帮扶昭通市 32 家医院，298 家企业（其中东莞 226 家、中山 72 家）结对帮扶昭通市 271 个贫困村，2020 年东莞市再动员 232 家企业（社会组织）与镇雄县 96 个国家督战村结对助力决战决胜脱贫攻坚，形成了“千斤重担众人挑，人人肩上有担子”的协作帮扶态势，有力推进了我市脱贫攻坚进程。

二、倾力支持，补齐脱贫攻坚硬缺口

2016年以来，东莞、中山累计投入财政帮扶资金超过20亿元，实施项目1000余个，重点安排在扶贫协作示范点打造、易地搬迁配套设施、安全住房、学校、卫生室建设、劳务协作和特色产业发展等方面；协调社会捐赠资金和物资约8亿元，主要用于改善贫困户住房条件、补齐生活必需用品以及配套学校教育设施等。深圳市3年安排财政专项帮扶资金2亿元助力职教合作，招收昭通籍贫困学生1176名；动员恒大集团捐资1亿元在靖安和卯家湾易地搬迁安置点援建蔬菜大棚3254栋，万科集团捐资1亿元配套安置点学校建设。

（一）紧盯安全住房建设，实现贫困群众“安居梦”。坚持突出特色、规模适中、打造精品，建成10个扶贫协作示范点，帮助解决贫困对象1489户5583人住房问题。援建的10个示范点扎根乌蒙大地，改善了基础设施条件，提升了公共服务水平，培育了一批致富产业，有力推动了贫困群众持续稳定增收脱贫，示范点真正成为扶贫协作样板工程、民心工程、政德工程。实施农村危房改造3000余户，帮助补齐住房必需设施和生活用品短板，让贫困群众真正有了一个温暖的家。

（二）聚焦教育卫生设施，补齐民生硬件缺口。围绕“一间校舍温暖一群孩子”，在乡村和大型易地搬迁安置点实施学校建设项目70余个，补齐学校教育附属设施，一栋栋学校综合楼、食堂、宿舍楼拔地而起，一个个操场席地而成，让孩子们在学校有更好的学习条件和生活条件，也让孩子们不再每天起早贪黑于家和学校之间，让“冰花男孩”成为过去。聚焦贫困群众“看病远、看病难”问题，援建贫困村标准化卫生室500余个，补充医疗必需设备，让群众不用小灾小病也奔波几十公里外的乡镇上就医，在家门口就能及时就诊。

（三）着力基础设施配套，夯实脱贫攻坚基础。重点突出乡村和易地扶贫搬迁安置点水、路、活动场所、垃圾处理等基础设施配套，筑好联户路、搭建连心桥，打通产业道、扩宽致富路，大力推进“四好农村路”建设，逐步实现“建好、管好、护好、运营好”农村公路的总目标，消除制约农村发展的交通瓶颈，为贫困群众脱贫致富奔小康提供更好的保障。采取新改扩建、配套联网等方式，全面加强安全饮水项目建设，解决贫困群众“用水远、用水难”问题。实施人居环境整治，设置农村垃圾集中堆放点、处理站，配套垃圾箱、垃圾池、清运车，推动农村生活垃圾、厕所粪污、生活污水处理和改善村容村貌等规范化管理，极大提升农村人居环境，推动乡村治理，改善农村群众生活环境质量。

三、产业驱动，绘就协作共赢大画卷

坚持“三强化三带动”，把承接产业转移和加大产业协作作为扶贫协作的重点，建立完善政策支撑，出台《昭通市东西部扶贫协作招商引资办法（试行）》，编制《昭通招商引资指南》，为企业入驻提供标准化厂房和工业用地、用电、用气、用水及劳动力成本等要素保障，优化营商环境，深化对接联络，强化资源宣传推介，扎实开展产业招商，开拓市场渠道，不断深化产业协作，全力推动地方特色产业发展，增强发展后劲。2016 年以来，组织引导企业到昭实际投资 30 余亿元，通过吸纳就业、利益联结机制带动 10 余万贫困群众增收。

（一）强化产业承接，带动产业与就业叠加互补。加强产业园区建设，全市共建产业园区 9 个，为承接东部产业向西部梯度转移打好坚实基础。协作以来，引进华坚鞋业、立时电子、隆讯视通等 9 家企业进驻昭通，共建粤滇产业园。引进广州粤旺农业有限公司，共建粤旺食用菌产业园区。镇雄、威信、大关、永善产业园区建设正如火如荼。在乡村建设扶贫车间，吸纳贫困群众就近就业。从东莞引进入昭的立时电子有限公司，在昭阳区20个乡镇（街道）建设100个扶贫车间，把扶贫车间建到群众家门口，让群众特别是一大批老人和留守妇女实现了在家就业，为贫困地区破解闲散劳动力就地就业增收难题提供了范本。

（二）强化股权合作，带动资金与资源叠加互补。探索企业“嫁接”模式，建立联合协作和利益联结机制，实现强强合作、优势互补、共赢发展，推进产业规模与效益同步提升。中山市国资委下属兴中集团与昭通市两家企业，采取投资持股的方式，重组菜人家食品有限公司，推进企业做大做强。东莞市引进东莞墨睿科技与云天化集团合资，利用昭通的化工优势，成立昭通云天墨睿科技有限公司，计划投资1亿元，推动地方国企“混改”，形成石墨烯手机导热膜的新产业方向。加强农业特色产业发展，引进海升集团、粤旺集团、温氏养猪、猪猪侠等企业，发展苹果、食用菌、生猪养殖等昭通高原特色种养，打造“昭通品质”，走出乌蒙大山。

（三）强化产销对接，带动消费与扶贫叠加互补。强化产销对接，实现消费端“最后一公里”与原产地“最初一公里”直连，让昭通苹果、竹笋、马铃薯、天麻、花椒等优势农特产品走出大山，进入珠三角地区千家万户。充分利用参加展销会、开展“岭南优品”平台农产品上线免费发布活动、开办“云南昭通高原特色农产品体验馆”、邀请农业企业赴昭实地考察等机遇，宣传推介高原特色产业，推进农业产业协作。创新消费扶贫新模式，在东莞、中山、深圳设立消费扶贫专馆，在“832”平台、中国社会扶贫网、拼多多等平台设立消费扶贫专区，通过县领导直播带货、新闻媒体客户端公益展播等形式，动员社会各界踊跃参与。2016年以来，东莞、中山两市开展消费扶贫采购、销售昭通特色农产品超过6亿元，带动10万余贫困群众增收。

四、劳务协作，闯出转移就业脱贫路

按照“近抓外出就业为主、远抓产业培育支撑”的思路，充分发挥本地人力资源丰富和东莞、中山、深圳就业市场广阔互补优势，积极整合各类培训资源，立足企业用工需求，有针对性地开展“订单式、定向式、定岗式”培训，提高农村劳动力技能水平。在精准上出实招、协同上下功夫，创新建立“四精准四协同”模式，全面提高劳动力转移就业组织化程度，推进贫困劳动力技能培训、有序转移输出、稳定就业“三个全覆盖”，帮助推动10万余名贫困劳动力有计划、有层次、有保障地就业，实现劳务协作互惠共赢。

（一）聚焦精准对接、实现机制协同。市级建立劳务协作议事协调机构、县级建立县镇对口劳务协作机制，村级组建联络员队伍，主动对接东莞、中山、深圳市劳动服务公司和企业，引导东部人力资源公司相继到昭通建立人力资源招募中心或分公司，深入开展岗位信息对接和务工人员组织输送工作，健全完善劳务协同机制。通过举办对口协作招聘会、组织企业开展乡镇巡回招聘等活动，精准、协同、高效进行劳务协作对接。2020年新冠肺炎疫情暴发后，昭通市积极与东部政府、企业联系对接，采取点对点、一对一精准劳务输出模式，真正实现“出门进车门，下车进厂门”的一站式劳务输送，确保外出务工人员尽早返岗。

（二）聚焦精准组织、实现动员协同。以全市1343个村（社区）为基本网格，深入开展“村村清、户户清”工作，村组干部和驻村工作队队员挂钩联系到每一个贫困劳动力，开展精准到户到人的劳动力登记摸底和就业意愿调查，全面摸清劳动力底数，建立健全动态数据库和实名制档案。开展送政策、送岗位、送服务上门等活动，提升就业帮扶质量，积极引导其消除“不想出去”的思想和“不敢出去”的顾虑，激发贫困劳动力就业积极性和脱贫致富的内生动力。联合东莞、中山、深圳采取“培训+就业”的合作模式，推动实现“培训即稳定就业，就业即增收脱贫”。

（三）聚焦精准推动、实现市场协同。积极构建政府主导、村级发动、中介输出、企业接收、劳动力就业“五位一体”的劳务输出格局。以东西部扶贫协作为契机，强化产业招商引资，支持鼓励外企带设备、带技术、带订单创建“扶贫车间”，吸纳贫困劳动力就近就业，不断拓宽就业增收渠道，促进贫困群众稳定增收。

（四）聚焦精准落地、实现稳岗协同。坚持从提升跟踪服务质量着手，建立完善务工人员跟踪管理长效机制，强化稳岗补贴、交通补贴等政策支撑，加强宣传引导，激励建档立卡劳动力外出务工。各县区与东部协作在东莞、中山设立 10 个劳务服务工作站，始终把务工群众当家人、亲人，扎实做好思想引导、看望慰问等工作，协调解决岗位调换、维权帮扶、子女就学等困难问题，确保群众适岗、爱岗、稳岗。

五、人才交流，推动干部锤炼强队伍

聚焦人才短缺这一制约昭通经济社会赶超发展、跨越发展的主要短板，立足昭通干部人才队伍建设实际，充分发挥东莞市、中山市作为中国改革开放前沿阵地人才汇聚、思想开放、观念新颖、技术创新等优势，倡导“引进来”与“走出去”相结合，坚持干部人才“两交流”，加强联系对接，健全人才协作机制，拓宽人才对口支援渠道，推动东部与西部观念互通、思路互动、技术互学、作风互鉴，为昭通脱贫攻坚、跨越发展提供干部人才智力支持。

（一）选优派强挂职干部。昭通市累计选派 200 多名综合素质好、发展潜力大、成熟度较高的干部到东莞、中山挂职，学习东部地区先进的思想、改革开放的成功经验；广东省第五、第六扶贫协作工作组长驻昭通，东莞、中山 2 名厅级领导、20 名处级干部、10 名科级干部扎根昭通基层一线，访民情、听民意、解民忧、助民富。针对来昭挂职干部，按照政治上多关心、工作上多支持、生活上多照顾的要求，强化挂职干部管理服务，为挂职干部开展工作创造条件，让他们融得进、沉得下、干得好。

（二）教育协作亮点纷呈。教育人才学习交流上，协调东莞市、中山市名师走进昭通开展多学科教学指导，选派教师到昭通各学校挂职支教，涌现出一批批像“带着母亲支教”的陈国志老师一样的感人事迹；昭通市通过“教研队伍跟岗培训、校长跟岗学习、1+9教师培训、职业教师跟岗培训”等方式，选派教师赴东莞、中山学习，提升教育管理水平、提高教育办学质量。职业教育合作上，探索“2+1”“2.5+0.5”联合办学模式，通过在昭通职校培训两年或两年半后，输送到东莞、中山学校或企业实习，在东莞市、中山市接受中职教育期间的贫困学生一律免除学费、住宿费和书本费，每生每年给予2000元助学金、3000元生活补助和1200元生活补贴，毕业后就地推荐就业。

（三）卫生协作成果丰硕。建立东莞中山·昭通医疗机构“一对一”帮扶模式，东莞、中山每年定期选派医疗管理专家、医务技术人员到昭通开展帮扶指导，昭通市选派医生到东莞市、中山市进修学习，加大医疗机构、疾控和卫生应急、中医药技术、公共卫生服务等培训力度，拓宽健康扶贫帮扶渠道。创新医疗卫生协作模式，建立远程会诊系统、医疗专家工作站，探索跨地域、跨学科、多专家参与诊疗服务；鲁甸县光明眼科、盐津县胸痛中心等专科的建立，让昭通医疗技术在很多方面实现零的突破。

六、勠力同心，抗击疫情再显帮扶情

新冠肺炎疫情发生后，东莞、中山两市全力动员社会力量资源在资金物资、技术支持方面支持昭通，帮助企业转产防疫物资。东部挂职干部有的放弃春节假期，在大年初三就奔赴防疫一线组织防疫物资生产、动员扶贫协作企业捐赠，有的留在东部地区积极组织动员社会力量在帮助昭通疫情防控筹措资金、组织物资、协助购买等方面做了大量卓有成效的工作。捐赠防疫资金以及口罩、手套、防护服、测温仪、消杀药品、救护车等物资共 982.81 万元。火线引进昭通市第一家医疗器械生产企业云南天宇医疗器械有限公司，迅速发展成为云南省最大的口罩生产厂，现已具备日生产口罩 60 万只的能力。

七、砥砺前行，扶贫协作迈入新起点

山海相接同攻坚，和衷共济奔小康。2020 年是脱贫攻坚收官之年，在东莞、中山、深圳倾心帮扶下，乌蒙儿女奋力拼搏，携手书写磅礴乌蒙奔小康的优异答卷，共同构建云南融入粤港澳大湾区合作共赢新格局。但这远远不是终点，我们将牢牢抓住机遇，拓宽扶贫协作领域，突出重点、注重实效，努力推动东西扶贫协作工作迈上新台阶。

（一）重点推动产业合作。按照“昭通所需、东莞中山深圳所能、协作共赢”的原则，充分发挥四市在资源、劳动力、技术、市场等方面的优势，在做好项目、资金对接的同时，重点围绕产业园区建设、引进企业入驻、推进产业项目建设、发展壮大村集体经济，建立产业基地，进一步提升“造血”能力。

（二）持续升温人才交流。重点聚焦干部交流、产业培育、教育卫生等重点工作，大力推进各县区各部门与结对镇街、单位和企业深度合作，推动两地人才资源精准对接，拓宽协作领域，改进协作方式，不断强化造血功能，增强发展后劲，为推动乡村振兴和实现昭通跨越发展提供智力支持和人才保障。

（三）创新劳务输出模式。从双向协作、优势互补、合作共赢的角度出发，创新优化双向劳务协作机制。在持续稳定昭通劳动力外出务工的基础上，加强对人才的挖掘培养，鼓励精英人才回流带动就业，实现“昭通为东部输送劳动力、东部为昭通发掘培养人才”的互惠共赢目标。

（作者系昭通市扶贫办社会扶贫科工作人员）

广东省第六扶贫协作工作组
东西部扶贫协作概述

广东省第六扶贫协作工作组

2016年7月20日，习近平总书记在宁夏主持召开具有里程碑意义的“银川会议”，东西部扶贫协作伟大实践翻开崭新一页。按照党中央、国务院部署和广东、云南省委、省政府安排，从2016年9月开始，广东省中山市与云南省昭通市开展东西部扶贫协作，对口帮扶盐津、大关、永善和绥江4个县。

5年来，中山市以强烈的政治担当、高效的执行力，认真贯彻落实习近平总书记脱贫攻坚系列重要讲话和指示批示精神，助推对口帮扶的4个县2019年率先全部脱贫摘帽。中山市级党政主要领导到访昭通8次，召开高层联席会议8次、全市性专题会议25次，研究制定政策文件11个，推动落实东西部扶贫协作各项工作。向昭通选派挂职党政干部20名，专业技术人才463名。累计投入各类资金11.9193亿元，其中财政援助资金8.2201亿元，社会捐款及捐物折款3.699亿元。帮扶易地扶贫搬迁安置点9个（其中援建示范点4个），建设乡镇级和村级卫生室、养老院119个，改造农村危房1213户，修建校舍34座。引进43家企业到昭通投资，援建产业园区6个，建设扶贫车间31个，实际完成投资26.8483亿元，采购和销售昭通农特产品6.1979亿元。坚持职业教育、技能培训和劳务输出“三推进”，招收2894名昭通籍学生到广东免费就读职业学校，帮助31763名贫困人口实现就业，其中到广东省就业18905人，在省内就近就业6548人，到其他地区就业 6310 人。组织中山全市 25 个镇街及各界力量结对帮扶昭通 16 个乡镇、38 所学校、13 家医院、182 个深度贫困村，帮助 24.76 万贫困群众成功摆脱贫困。

5 年来，中山市以强大的组织动员力、卓越的创新创业精神，开创了东西部扶贫协作领域的多个“第一”。在全国率先建立“组团”帮扶模式，几个镇街组成一个组团，再由一个组团对口帮扶一个县，全面开展携手奔小康行动；率先实现对口帮扶县、县级学校、县级医院和所有深度贫困村“四个结对帮扶全覆盖”。在广东省参与东西部扶贫协作的 6 个城市中，率先推动对口帮扶四县于 2019 年全部脱贫摘帽；率先打造云南省首个“国有民营混合所有制”东西扶贫产业合作项目；率先建成云南省首个县域内整体“120”院前急救体系，建立昭通市首个县域内设立博士专家工作站的心血管介入手术室；率先创立广东省内首个“扶贫盒子”项目——可“溯源”的扶贫产品自助售卖机器，为创新开展东西部扶贫协作探索和积累了宝贵的经验。

5 年来，中山市以精准切入、精细帮扶，推动昭通广大干部群众的思想观念和精神面貌发生翻天覆地的变化。一是区域性整体贫困得到有效解决。昭通市以平均每天脱贫上千人的速度，实现了 185.07 万贫困人口脱贫、1235 个贫困村全部出列、10 个贫困县今年全部摘帽，贫困发生率从 34.8% 下降至 3.4%。二是摆脱了“一方水土养不活一方人”的困境。全市 36.24 万搬迁群众全部搬入新居，中心城区和县城安置占比达 92%，贫困山区群众一步实现从深山到城镇的“直过式跨越”。三是贫困群众增收渠道大幅拓展。六大特色产业覆盖贫困户 38.07 万户，产业对有发展条件的贫困户覆盖率达到 100%，实现了“户户有增收项目、人人有脱贫门路”。四是从“人口大市”迈向“人力强市”。全市 305.2 万农村劳动力转移就业 252.47 万人，转移就业率 82.72%；104.55 万贫困劳动力转移就业 91.45 万人，转移就业率 87.48%；13.74 万易迁劳动力转移就业 12.51 万人，转移就业率 91.04%。19.25 万名“两后生”通过职业教育掌握一技之长、实现充分就业。2019 年末，工资性收入占贫困群众年人均可支配收入的 77.34%，自主脱贫能力稳步提高。五是干部群众摘掉了“穷帽子”更提振了精气神。昭通干部在脱贫攻坚中淬炼了敢打敢拼、坚韧求成、再硬的骨头也要嚼碎的“昭通精神”，广大农村群众的精神面貌大大改观、干事创业的精气神大大提升。

一、“三个全面动员”汇聚全市之力，助力结对四县率先脱贫摘帽

作为承担东西部扶贫协作帮扶任务的13个东部城市中，公共财政收入最少、独立开展协作时间最短的城市，中山市不以事艰而不为、不以任重而畏缩，建立强大的组织动员体系，举全市之力帮扶昭通市盐津、大关、永善、绥江四县。

一是全面动员中山全市25个镇街，“组团式”结对聚力帮扶。中山市根据自身行政区域没有县级建制的实际情况，组织全市25个镇街由经济实力强的火炬开发区、石岐区、东区和小榄镇牵头组成4个组团，每个组团对口帮扶一个县，全面开展携手奔小康行动，通过镇区力量叠加效应，组团结对聚力拔“穷根”，结对帮扶四县16个乡镇、38所学校、13家医院、182个深度贫困村，在广东省参与东西部扶贫协作的6个城市中，率先实现对口帮扶县、县级学校、县级医院和182个深度贫困村“四个结对帮扶全覆盖”。

二是全面动员扶贫协作市直单位，形成“1+8+N”部门协作大格局。推动中山、昭通两市人民政府和组织、人社、工信、农业、教育、卫健、文旅广电、商务等与“两不愁、三保障”密切相关的部门签订框架合作协议，形成“1+8+N”部门协作格局，充分发挥部门的资源优势和专业优势开展深度帮扶，逐步形成产业互补、人员互动、技术互学、观念互通、作风互鉴、共同发展的扶贫协作格局。

三是全面动员社会各界爱心力量，拓宽社会帮扶“朋友圈”。中山市总

工会、共青团、妇联、工商联、残联、红十字会、慈善总会、志愿者联合会以及各类基金会、商会等100多个群团组织、社会组织和企业，通过设立慈善基金、结对帮扶、捐款捐物、消费扶贫等方式参与昭通脱贫攻坚，累计募集社会帮扶资金及物资折款3.699亿元。新冠肺炎疫情期间，发动社会力量为昭通市募集防疫专项捐款及物资折款360余万元，其中现金捐款310万元，捐赠救护车5辆，捐赠口罩、防护服、护目镜、紫外线消毒光管、药品、慰问品等物资10万余件。

二、“三配套三促进”开展易地扶贫搬迁后续帮扶，让搬迁群众“有家有业有幸福”

昭通市万人以上的易地扶贫搬迁区有9个，包括全国规模最大的跨县区易地扶贫搬迁点靖安新区。5年来，中山市累计投入超过1.7亿元，推进安置房建设、公共服务、产业培育、就业帮扶、社区治理等各项工作，确保贫困群众搬得出、稳得住、能致富。

一是配套公共服务促安居。在2016年投入4000万元援建大关县三江口、盐津县万和、永善县水星坝、绥江县罗平坝4个易地扶贫搬迁示范点的基础上，在全国规模最大的跨县区易迁点靖安新区以及永善县、盐津县和绥江县最大的易迁点援建中山博爱小学等学校6所，帮助8900多名学生实现就近入学。同时，配套建设党员活动室、老年人活动室、青年之家、“四点半服务课堂”、村史馆，满足群众日常文化娱乐活动需求。

二是配套产业就业促增收。引进劳动密集型企业援建扶贫车间31个，如在盐津县水田安置区创建了总面积3500多平方米的“东西部协作水田就业基地”，引进医疗器械、竹文化、服装等企业进驻，帮助易迁安置点群众实现就近务工就业。绥江县投入东西部扶贫协作资金150万元建设的兆佳坝安置点（福兴社区）扶贫车间，累计帮助 1600 人实现就近就业。

三是配套社区治理机制促融入。选派 12 名中山资深社工服务队员进驻全国最大的跨县区易地扶贫搬迁安置点靖安新区，以及盐津县水田新区等易迁点，完善一批公共空间，修订居民公约、制定《居民红黄榜评估表》和社会组织管理制度，推动新区民政和社区服务标准化建设；实行义工登记和志愿者管理制度，招募一批居民加入志愿者团队，增强搬迁群众的“主人翁”意识。开展社会工作专业培训 1050 人次，提升社会工作服务专业化水平。援建 160 多个“爱心公益超市”，将遵纪守法、政策知晓、孩子教育、赡养老人、主动务工、人居环境等纳入积分标准，以表现兑积分、积分换实物的管理运行模式，引导搬迁群众养成文明新风尚，不断提升搬迁群众对“新家园”的归属感。

三、助力打造高原特色产业链，增强贫困地区“造血”功能

聚焦昭通高原特色产业优势，着力打造完整产业链，“以商引商”推动扶贫产业持续健康发展，引进 43 个产业项目落户昭通，援建产业园区 6 个实际完成投资 26.8483 亿元，采购和销售昭通农特产品 6.1979 亿元，带动贫困人口 51032 名。

一是做强龙头企业。创新“国有民营混合所有制”产业合作模式，引入中山市中汇集团有限公司，与永善县民营企业云南菜人家食品有限公司合作，融资 1 亿元注册成立云南七彩食品有限公司，提质改造扩大生产规模，带动永善全县种植方竹 10 万亩、小米辣 2000 亩，辐射带动周边县 62 个村级集体经济和专业合作社，解决就地就近就业 500 人，带动建档立卡贫困户 12000 余户脱贫致富。采取“龙头公司＋基地＋农户”模式，建成“万

亩云端果园”蓝莓基地1.2万亩，建立“一地生四金”带贫机制（即土地流转有租金、务工收入有薪金、入股分红有股金、集体有收益金），盛果期年可提供20万—30万个就近就业工日，覆盖溪洛渡镇、水竹乡、莲峰镇3个乡镇16个贫困村3928户建档立卡贫困户。

二是壮大特色产业。投入7748万元，建设大关县筇竹（扶贫）产业示范园、大关县高原特色农业加工聚集区和盐津县绿源食品工业园，通过园区经济效应，构筑上下游产业相关联、互补共生的业态环境，着力推动昭通竹笋、特色养殖等高原特色优势资源转变为优势产业，促进地方区域经济发展。

三是破解运输“瓶颈”。累计投入1961.75万元，在盐津、绥江建设营林生产管护道路153.05公里，有效解决9个乡镇80万亩竹林扶贫笋日常管护和“下山难”问题，每100亩竹林每年可增加1万元收入。投资2400万元建设集冷冻、冷藏、加工、包装、销售为一体的农产品冷链加工物流基地，为当地农产品提供专业化、规范化、高效率的冷链物流服务，让贫困山区农产品安全高效地进入更广阔市场，为“乌蒙山珍”画出新的市场半径。

四是消费拉动产业发展。“有形之手”牵好“无形之手”，大力推动“云货入粤”。积极发挥政府“有形之手”的引导作用，出台《中山市2020年消费扶贫工作方案》《中山市2020年消费扶贫资金管理办法》《中山市2020年消费扶贫百日行动方案》《中山市推进“三专”建设的指导意见》等政策，成立消费扶贫工作领导小组，下设工作专班，强化组织领导，推进消费扶贫行动发挥政府采购助力消费扶贫的引领示范作用，推动机关和国有企事业单位带头参与消费扶贫，发动社会各界开办和使用“消费扶贫爱心卡”，全市共开通“消费扶贫爱心卡”23923张，其中公务员、国有企事业单位工作人员开卡20648张，通过“消费扶贫爱心卡”总消费金额达4646万，营造了“消费扶贫、人人愿为、人人可为”的良好氛围。今年推动打造消费扶贫专区3个，发展消费扶贫专馆8家，引导2家企业进驻广东东西部扶贫协作产品交易市场中山馆，举办系列农产品展销会、推介会8场，采购、销售昭通扶贫产品昭通市4.58亿元。通过政府奖补政策，引入企业打造消费扶贫专柜新零售模式，更好地发挥市场“无形之手”的决定性作用。中山各镇街按照辖区常住人口数量占全市人口数量比例及建成区面积占全市建成区面积比例各占 50% 的标准来确定消费扶贫专柜投放数量。三年规划布放专柜 6000 台，今年 10 月试点以来，布放数量已达 150 个，推动消费扶贫专柜“十进”（进社区、进机关、进企业、进高校、进医院、进写字楼、进公园、进商超、进交易市场、进车站），将“消费扶贫”理念嵌入普通市民日常生活，采取“以购代捐”“以买代帮”等方式助力贫困群众增收，为昭通农产品建立稳定的销售网络，让产有品质、销有市场，助推高原特色产品走出大山。

四、打好稳岗就业“组合拳”，织密务工增收保障网

投入就业扶贫资金 7474.07 万元，在两地设立劳务服务工作站 10 个，成立在粤务工人员党支部，举办各类技能培训班 1122 期，培训 60249 人次，推动就业岗位信息 40 多万条，累计帮助贫困人口实现就业 31763 人，其中到广东就业 18905 人，在省内就近就业 6548 人，到其他地方就业 6310 人。2019 年末，工资性收入占昭通贫困群众年人均可支配收入的 77.34%，自主脱贫能力稳步提高。

一是加大奖补促稳岗就业。制定企业就业扶贫优惠政策，对招用建档立卡贫困劳动力稳岗 6 个月的，给予 5000 元 / 人的企业补贴；对招用 30 人以上并稳岗 6 个月的，推荐评定为广东省示范性就业扶贫基地，一次性奖励 30 万元。出台贫困群众稳岗奖补政策，如对永善县 2020 年新增转移到广东中山稳岗就业 3 个月以上的贫困劳动力，按 1000 元 / 人 / 月给予稳岗补贴，3 月 31 日前新增转移到广东省稳定务工 3 个月以上的，再给予一次性奖励 1500 元，加上交通补贴，一名建档立卡贫困劳动力一年最多可领取

奖补14000多元；在大关县设立东西部劳务协作滚动发展基金，对组织输出到中山的务工人员前3个月月工资不足5000元的，由政府实施稳岗补贴予以补齐，极大地调动了贫困群众外出务工的积极性。

二是精准服务促稳岗就业。积极克服新冠肺炎疫情影响，组织“返岗直通专车专列专机”107趟，大力开展“点对点、一站式”集中输送工作，今年帮助4437名昭通籍务工人员到广东省返岗务工。引进劳动密集型企业在昭通开办服装、电子、口罩、竹编等扶贫车间31家，为不能外出务工的贫困群众提供更多家门口就业机会。

三是创新职教合作促稳岗就业。投入财政资金逾1.48亿元，以“0+3”“3+1”“2.5+0.5”模式，招收2894名昭通籍学生到广东就读职业学校。加强校企合作，组建“格力班”“长隆班”“大洋班”“威力班”“艺根传媒班”“中山温泉云南旅游班”等特色班，组织学生顶岗实习，获取收入1000多万元。实施“粤菜师傅工程”，建立2个省级粤菜师傅培训基地，2个省级粤菜大师工作室，培训云南“粤菜师傅”600多人，为320多名昭通劳动力和学生获得厨师技能和职业资格，实现“一人学成有技，就业致富全家”。

五、跑好人才支援“接力赛”，贡献脱贫攻坚“中山智慧”

采取“长期挂职1—3年、短期支援1—3月”的方式，累计选派党政干部、教师、医生、农业、市场监管、社工、残疾人康复等领域的专业技术人员483人，培训3.6万多名党政干部及专业技术人才，形成了全方位、宽领域的人才支援格局。

一是深入开展党政干部帮扶。组建广东省第六扶贫协作工作组，成立了党支部，切实发挥党建在扶贫协作工作中的引领作用。累计选派挂职干部20人，其中厅级1人、县处级9人、科级及以下10人，本科学历13名，研究生7名，其中博士研究生1名。在结对4个县各安排一名挂职县委常委、副县长，各安排一名组团镇区干部挂职扶贫办副主任，充分发挥桥梁纽带作用。加强当地干部培训，采取挂职锻炼、专家培训等方式，培训昭通党政干部2997人次，帮助拓宽视野、提升素质能力。

二是深入开展教育帮扶。选派23名中山骨干教师到昭通市、县两级学校挂任业务副校长支教1年，连续4年开展中山名师走进昭通活动，邀请全国人大代表、中山名校长贺优琳，中山纪念中学校长林加良，国家定向越野队教练王长在率队到昭通进行专题指导，接收昭通市中小学校长、幼儿园园长、教研员队伍到中山跟岗培训，以“教育兴昭”助力脱贫攻坚。

三是深入开展医疗帮扶。援派神经外科、儿科、骨科、心血管科、妇产科、ICU等医疗人员88名，填补了39项医疗技术空白。在盐津县人民医院建设心血管介入手术室，实现该县心血管介入治疗领域零的突破。在永善县建成云南省首家县域内整体“120”院前急救体系，打通急救生命“绿色通道”。借助互联网开展两地远程会诊、授课培训医务人员，每年组织中山医师组团巡回义诊，“造血式”提升当地医院水平，用健康扶贫为山区群众筑牢因病致贫、因病返贫“防线”。

四是创新开展高层次人才帮扶。组织“中山博士团”一行13人走进昭通“把脉问诊”，在交通建设、投融资、人才交流、农业等领域达成多项合作协议，建立了长期合作关系，进一步拓展了人才帮扶的领域和层次。

六、补齐民生短板弱项，提亮全面小康“成色”

在对口帮扶昭通盐津、大关、永善和绥江四县2019年全部脱贫摘帽后，中山市出台《2020年中山市东西部扶贫协作全面加力行动方案》，真金白银加大投入，打通补平短板弱项，着力巩固脱贫成果。

一是大力帮扶贫困残疾人。两市残联签订《对口帮扶贫困残疾人协作协议》，制定三年规划推进助残事业。选派 7 名儿童康复专业教师赴昭通市开展支教帮扶，组织昭通市残联系统 20 名工作人员到中山、珠海和广州学习交流。出资 880 多万元援建残疾人康复中心、感觉统合训练室、托养服务中心 5 个，改造残疾人家庭无障碍设施，9000 多人次直接受益。开展“东西齐携手　健康乌蒙行”2020 年昭通市“万谷·微笑行动”免费义诊活动，为 89 名唇腭裂儿童点亮微笑。中山爱兰基金会向大关县 251 户贫困残疾人家庭捐赠助残扶困资金 33 万元，重度残疾家庭每户资助困难生活补助 1500 元，轻度残疾家庭每户资助困难生活补助 1000 元。举办东西部扶贫协作贫困残疾人实用技术培训班，让 1217 名残疾群众掌握一技之长。

二是资助贫困学生圆读书梦。两市教育行政部门签订职业教育合作协议，中山累计投入职业教育财政帮扶资金逾 1.48 亿元，招收 2894 名昭通籍学生到广东免费就读职业学校并推荐就业，真正实现“一人学成有技，就业致富全家”。设立“永青助学金”和“东西部扶贫协作助学金”“中山·盐津贫困学子助学金”，开设“火炬理工学校慈善阳光班”，筹集 297.3 万元资助 1100 多名优秀贫困学生圆读书梦。

三是爱心温暖农村留守儿童。捐赠价值 2300 多万元红卡智能手表和红领巾广播站电视台采编系统设备，畅通孩子与外出务工父母沟通渠道，打造留守儿童德育平台，惠及 2 万多个留守儿童家庭，该项目入选第二届中国优秀扶贫案例“扶志与扶智”10 个项目。开展“博爱中山情系昭通——中山百个爱心家庭牵手昭通百名留守儿童活动”，建立长期助学机制。选派心理专家，在医院临床心理科建立心理健康工作室，开展家庭教育和心理健康教育，引导昭通留守儿童成长为阳光少年。

四是关爱贫困老年人。投入 600 万元建设盐津县中心敬老院中山博爱楼、靖安新区和卯家湾老人之家、老年活动室 6 间，开设图书室、乒乓球、台球室、棋牌室等适合老年人活动的场所，丰富晚年生活，助力老有所居、老有所养、老有所乐。

五是提升农村人居环境。投入财政资金和社会帮扶资金 7100 多万元，治理农村生活污水垃圾、开展“厕所革命”、提升村容村貌。建设垃圾热解站 4 座、生活污水处理站 1 座、垃圾房 251 座，购买垃圾车、垃圾箱、垃圾桶 1537 个。改造户厕 24907 座、公共厕所 17 座，实施畜禽养殖废弃物处理项目 1 个，让干净卫生、使用便捷的厕所走进千家万户。实施院坝硬化工程，帮助永善县 5059 户 20388 名建档立卡贫困群众解决了院坝建设和住房建设不能同步困难。修建村组道路 20 公里，配备村庄公共照明设施 367 盏，也让乡村美了“颜值”、提了“气质”，为有效衔接乡村振兴战略打下坚实基础。

（由广东省第六扶贫协作工作组供稿）

定点挂钩帮扶及社会扶贫

赵光彬

12 月 8 日，总书记对定点挂钩扶贫工作作出批示，昭通市定点挂钩帮扶及社会扶贫掀起了新一轮高潮，中央国家机关、企事业单位 6 家，省级单位 53 家，投入昭通脱贫攻坚主战场；动员和组织了 139 家市级单位和 1228 家县级单位参与挂钩帮扶贫困村中，有 45621 名干部职工对贫困户实现全覆盖结对帮扶。各界社会力量积极投入昭通市脱贫攻坚大决战中，“万企帮万村”有 284 个企业帮扶 269 个村，有 9 家央企和 1 家省级国有企业倾力帮扶昭通市。

一、中央定点帮扶单位倾力帮扶

5 年来，共有 6 家中央单位定点帮扶昭通 10 县区，其中中央党校帮扶大关县，东华大学、中南财经政法大学帮扶盐津县，中国五矿帮扶镇雄县、彝良县、威信县，中国建材集团帮扶昭阳区、永善县、绥江县，保利集团帮扶鲁甸县、巧家县。各帮扶单位高度重视定点帮扶工作，将脱贫攻坚工作作为首要政治任务来抓，安排专人从事定点帮扶工作，主要领导、分管领导每年都到挂钩县调研帮扶工作，研究落实帮扶项目，加强对结对帮扶县区脱贫攻坚工作检查指导，共商脱贫攻坚工作大计，推进帮扶工作不断做实做好。

（一）中央党校帮助大关县打造一支留得住的干部队伍

中央党校定点帮扶大关县，常务副校长或分管校领导坚持每年带队到定点帮扶县调研，走访结对贫困村，慰问贫困群众，主要从提升干部能力素质、协调引进社会力量参与、给予资金帮扶等方面给予大关脱贫攻坚支持。

一是发挥中央党校的优势，注重打造一支留得住的干部队伍。中央党校最大的优势是具有强大的干部培训能力，着重在管理能力提升、前沿知识掌握、经济发展规划等方面，通过组织干部外出北京培训、请进专家现场授课、开放线上专题培训等方式为大关县的脱贫攻坚提供了极大的智力支持、帮扶，有效保障县域经济长远发展。几年来，中央党校（国家行政学院）为大关县领导干部举办21期培训班，培训县乡村各类干部1500多人，培训乡村教师50名，同时开放应急管理专题培训班，培训各类应急管理干部26名。

二是促进宣传报道，让大关县广为人知。协调中央电视台CCTV-10科教频道《地理中国》《中国影像方志》等媒体对大关宣传报道，展现大关真实的一面，让更多外界人士对大关县有更直观的了解，这对大关县今后招商引资产生了积极深远的影响。

三是聚焦短板弱项，给予资金支持。几年来，在大关县投入帮扶资金超过近1500多万元（不含在京举办培训班投入），帮助大关改善基础设施、发展产业，培训党政干部、教师，资助贫困学生等。2019年在挂钩帮扶的甘顶村投入360万元打造了一条4.3公里的致富产业路，破解了长期制约深度贫困的甘顶村筇竹产业发展的瓶颈。投入50万元开展“明亮工程”二期路灯建设，显著提高了群众满意度，该村已于2019年脱贫出列。2020年投入50万元用于村集体经济扶贫车间建设。

（二）东华大学注重志智双扶，在提升盐津县自我发展上做文章

东华大学定点帮扶盐津县，主要领导和分管领导坚持每年定期调研，走访结对贫困村，慰问贫困群众，注重在教育扶贫、先进技术引进、消费扶贫等方面帮助盐津县脱贫攻坚。

一是开展教育帮扶，阻断贫困代际传递。东华大学发挥优势，坚持扶贫同扶志、扶智相结合的理念，聚焦教育全过程，围绕“基础教育、高等教育、继续教育”3个梯度，构建着力精准扶贫、服务乡村振兴、助力西部开发战略的全方位教育扶贫新格局。（1）聚焦补齐基础教育发展短板，让贫困地区义务教育阶段学生有学上、上好学。帮助盐津县稳步推进义务教育有保障工作，助力城乡教育一体化发展，为提高当地基础教育办学质量添砖加瓦。建立“东华大学扶贫盐津教育基金”，连续三年每年投入不少于150万元，设立的奖助学金覆盖当地20余所学校，累计资助建档立卡贫困学生4300余人次，助力盐津县有效“控辍保学”。近三年动员校友、社会企业提供引进帮扶资金（物资）近1000万元，帮助盐津县5个乡镇的万古、流场、保宁等小学改善基础设施建设，营造良好育人环境，流场等校近10年无法开展体育教学的困难得以解决，深受当地政府和群众好评。捐赠和帮助引进信息化教学设备及软件600余套，总价值400余万元。为易地搬迁安置点的水田新区第二小学等多所学校实现了现代化“云智能”教学系统的运用。东华大学附属实验学校连续多年开展“行走教育”活动，投入近30万元，累计组织近100名盐津籍品学兼优的中小学贫困生来沪，走入附校课堂、上海学生家庭，参观大学校园等活动，激励学生立志高远、勤奋求学。14个教工党支部开展“1+1”结对帮扶建档立卡贫困户学生活动，每位贫困学生每年收到资助近3000元。东华附属实验学校结对帮扶水田二小，建立图书阅览室等教学基础设施，疫情期间向盐津中小学提供4门类总计32节线上教学资源，帮助盐津县“停课不停学”。（2）大力提升贫困地区高等教育水平，帮助贫困大学生成长成才，东华大学积极落实面向贫困地区专项招生计划，招收培养盐津籍贫困生43人。全校上下关心关爱贫

困生学习成长，实施贫困大学生全过程励志培养，学校每年投入经费600余万元用于资助贫困地区在校学生。通过社会实践和志愿服务，教育引导贫困大学生感恩社会、反哺家乡，物质和精神双脱贫；盐津籍贫困生积极参与志愿服务，累计完成志愿者服务3200余工时，服务20余家本土企业，学习实践双丰收，去年4名首届毕业生全部高质量就业，月平均工资超过1万元，实现了帮扶一名学生、脱贫一户家庭。（3）全面开展继续教育，实施“志智双扶”，着力提升帮扶地区干部群众内生动力和发展能力。近年来，盐津县决战决胜脱贫攻坚，实现脱贫摘帽，推进乡村振兴，急需思想、能力和人力资源的明显提升。东华大学在盐津县揭牌成立“东华大学继续教育基地”，开展“请进来，走出去”的多层次、多形式培训，涵盖短期、中期学习研修、跟岗培训和学历提升教育。连续5年，每年组织盐津县各级领导干部、中小微企业家300余人到沪参加“乡村振兴骨干人才”专题研修班。先后10余次组织相关专家赴盐津，以“万名党员进党校”“电子商务进农村”“农村改革试点”“文化体育入校园”及上海高考改革经验等主题，培训基层干部6000余人次、中小学教师2000余人次。开设盐津专升本学历提升项目，提供全额奖助学金培养28位盐津籍基层干部。学校挂职副县长和驻村第一书记组织开展社区致富带头人和贫困户培训，结合地方产业发展部署，开展电商知识普及和“肉牛、竹笋、乌骨鸡”种植和养殖技能培训，累计开展100余期，覆盖社区工作人员、农户1800余人次。连续开展5期“盐津骨干教师精品研修”，组织50余名骨干教师来沪，进行“一对一”跟岗学习，“以点带面”提升当地师资水平。

二是着力支援盐津县学科专业建设促进产业经济发展。研发生态治污技术，帮助盐津县开展“两污”治理。从2016年至今，东华大学派出教授团队8人先后4次赴盐津考察调研，通过详细的技术方案比对、论证，根据村镇和扶贫安置点的功能、人口、地形地貌、地质特点、气候、排放要求和经济水平，因地制宜地选择多种处理方式，研发运行维护管理简便、经济有效的处理技术，突破技术瓶颈，减少工艺环节，形成具有地方特色的技术方案，为农村“两污”治理提供智力支持。帮助盐津打造一个“绿水青山”，具有代表性的是在盐津县首个乡村旅游示范区——牛寨乡敦厚村和落雁乡牛塘村小岩扶贫安置点建设的农村生活垃圾、污水治理工程，覆盖 21 个村社区，帮助当地 3000 余人解决了部分生活垃圾及污水排放问题。东华大学科研团队研发的农村生活污水微动力处理系统、生态浮床技术和微生物——植物复合技术使污水中各种污染物高效同步去除，污水处理后各项指标达到《城镇污水处理厂污染物排放标准》一级标准，可用于农作物灌溉，2017 年至今帮助节约灌溉用水 4000 余吨。该项目统筹生态效益和环境美学效应，真正实现污水处理设施“建得起、用得起、管得好”目标，赢得地方好评。根据盐津农村生活垃圾实际情况，采取“分类 + 回收 + 焚烧 + 烟尘净化”模式对垃圾进行精细处理，在源头控制二噁英生成结合活性炭吸附处理，降低烟气污染治理的成本。2017 年至今累计处理生活垃圾 240 余吨；同时变废为宝，垃圾焚烧飞灰和炉渣经固化稳定化后用于铺路，累计节约两村镇铺路硬化灰土 30 余吨。实现垃圾无害化、资源化、减量化处理，设备投资和运行费用低。

三是“生态 + ”农副产品项目生产销售持续扩大。东华大学“以购代捐”助力盐津消费扶贫方面的总额达 900 余万元。（1）包装设计提升“生态 + ”品牌形象。东华大学对接当地政府和企业提出的需求，在中央高校基本科研业务费中设立“盐津特色农副产品包装设计创新研究”专项，资助 10 万元。项目紧扣盐津县“一精品，三有机”主题，把“生态 + ”农副产品与当地生态康养、人文历史相结合，帮助塑造了“黑凤凰”“庙坝白酒”“龙凤茶庄”等多个品牌。（2）中药材研究助力“生态 + ”提升能级。盐津县中药材天麻、重楼、黄精等是当地“生态 + ”农副产品的主要代表。学校帮助联系上海中医药大学，并在当地设立 15 万元中药材研究经费，依托上海中医药大学专家对盐津县中药材进行研究检测，为当地中药材产业发展把脉问诊。目前，盐津县已成立了以星海中药材种植合作社联合社为首的 26 家，有盐津东胜乌天麻等 3 家企业落户盐津，天麻、重楼、黄精、瓜蒌等10余个品种已成规模，种植面积达12万余亩，年出产鲜药材5000余吨。（3）打通物流和电商销售渠道助力“生态+”拓展市场。学校抓住盐津“好山，好水，好空气，好食品”的“生态+”农副产品特点，通过特有的经营之路，在产品线中体现“生态+”的概念，充分发挥产品中的生态价值。帮助筹建了“东华大学扶贫盐津农产品展示专区”和线上“微店”，现场展出了竹笋、蜂蜜、茶叶、食用油、大米、天麻等6个品类40余种农特土产。在推广和帮助销售盐津“生态+”农副产品的同时，以展区启动仪式推广活动把盐津“生态+”全域旅游的特色和吸引力进行了广泛的传播。仅启动仪式首日，累计关注微店达300余人，参观教师和学生达600余人次，累计线上转发1200余次。

（三）中国建材集团担当央企社会责任，采取综合措施支持脱贫攻坚

中国建材集团帮扶昭阳区、永善县和绥江县，主要领导和分管领导坚持每年定期调研，走访结对贫困村，慰问贫困群众，采取资金帮扶、消费扶贫、劳动力转移、产业培育等综合措施支持脱贫攻坚工作。几年来，累计向挂钩三县投入帮扶资金超过1.5亿元。

一是注重资金帮扶，补齐脱贫攻坚硬缺口。中国建材集团聚焦脱贫摘帽标准，投入资金2287万元帮助43个村发展村级集体经济组织、帮建党员活动室，筑牢基层组织，特别是在昭阳区投入资金1400万元支持28个村入股发展苹果产业；投入资金5000余万元帮建农村基础设施，其中在永善县投入帮扶资金606万元援建总里程达18.4公里的“五路三桥”；投入资金4000万元扶持地方特色产业，其中在绥江县投入1200万元培育方竹产业、乡村旅游、“云绣”文化产业及配套的产业基础设施。

二是发挥企业优势，优先使用结对县区贫困劳动力。为切实改善结对县区劳动力转业就业组织化程度不高等问题，根据企业自身发展和永善贫困群众就业需求实际，中国建材集团企业与地方党委政府联合举办了4场“中国建材集团对口帮扶县区劳动力就业专场招聘会”，集团下属企业西南

水泥集团、中材矿山、凯盛集团国显公司等到三县区共计招聘 230 余名大中专毕业学生、青壮年贫困劳动力成为公司正式员工。中材矿山在招聘条件上给予倾斜照顾，让低学历、零基础的贫困群众也有机会参加应聘，招聘的 99 名挖掘机操作工、装载机操作工、爆破工、凿岩工等技能岗位，免费提供培训，发放生活费，采取以师带徒有针对性培训学员，考核合格转为正式员工，月收入达到 6000 元以上，进一步提升了对口帮扶成效，增强了贫困群众的“造血”机能。

三是开展消费扶贫，助推产业培育。为帮助结对县区拓宽农特产品销售渠道，促进产业健康发展，2017 年，集团成立了“禾苞蛋”电商扶贫平台，通过挂职干部积极对接当地专业合作社和建档立卡贫困户，将永善县橘子、枇杷，绥江县“会仪东大门野鸡蛋”“半边红李子”、罗坪蜂蜜、竹笋，昭阳区苹果等农特产品通过“禾苞蛋”平台销往全国各地。2017 年以来，累计通过线上帮助销售农特产品 500 余万元，同时集团二三级单位自发在线下直接购买农特产品近 300 余万元。2019 年，集团还与本来生活网洽谈，本来生活网也在帮助销售农特产品。截至目前，农特产品在集团帮扶下，在“禾苞蛋”、中国社会扶贫网、本来生活网 3 个平台上线，切实拓宽了农特产品销售渠道，促进产业健康发展。

（四）中国五矿集团多样方式、全方位帮扶

中国五矿帮扶镇雄县、彝良县和威信县，主要领导和分管领导坚持每年定期调研，走访结对贫困村，慰问贫困群众，在基础设施、产业培育、教育、卫生等方面给予了极大的关心和支持。几年来，累计向挂钩三县投入帮扶资金超过 7495.44 万元。

一是聚焦教育扶贫，助力“寒门”学子。中国五矿集团聚焦教育扶贫，主要落实帮扶资金 2000 余万元帮建学校，动员广大干部职工捐资助学，实施“五矿筑梦计划”（帮助高三贫困学生圆梦大学）和“五矿凌云计划”（助力大一贫困学生腾飞）。2019 年，中国五矿集团充分发挥自身优势，发

动所属的攀枝花技师学院开展“中国五矿集团‘矿心’扶贫教育计划”，招录镇雄建档立卡贫困户学生，学生在校期间的学费、住宿费、生活费等由中国五矿集团兜底支持。

二是聚焦健康扶贫，援建乡村卫生（院）室。中国五矿集团先后出资650万元，援建乡镇卫生院、村级卫生室。通过援建乡村卫生（院）室，有效改善了偏远地区医疗卫生条件，切实解决了群众看病难、就医难问题。

三是聚焦民生扶贫，改善基础设施。中国五矿集团在镇雄先后援建进山公路、断头路、联户路、便民桥等基础设施。通过援建道路桥梁，切实解决了群众的生产生活出行困难、农副产品流通不便的困难，同时，也为学生的上学提供了便捷和安全保障。

四是聚焦消费扶贫，促进群众增收。按照中国五矿集团内部“双挂钩”机制，五矿地产中心充分发挥“双挂钩”作用，建立了以北京私享汇公司为平台的消费扶贫平台，并搭建起了镇雄农特产品入驻京东的电商平台。

（五）中国保利集团发挥行业优势，注重培育发展能力

保利集团帮扶鲁甸县和巧家县，主要领导和分管领导坚持每年定期调研，走访结对贫困村，慰问贫困群众，在易地扶贫搬迁、文旅开发、安全饮水、教育、卫生和村级组织建设等方面给予支持。几年来，累计向挂钩两县投入帮扶资金3235万元。

一是开发文化资源，培育“绣娘”。中国保利集团联合云南省工艺美术行业协会、苏州市工艺美术行业协会、丽江滇绣唐卡艺术有限公司，一同着力打造“滇绣之县”项目，通过文化产业来助力脱贫。“滇绣之县”项目以“刺破贫穷，绣出新天地”为使命，本着“学会一项技能，带富一个家庭”的理念，探索“打工不离家、忙时抓生产、闲时就绣花、增收又顾家”的新型农村发展模式，让当地人就地改善生活、就地创造财富、就地发展文化。自2017年11月至今，中国保利集团已先后投入滇绣扶贫经费123万余元，甄选了14名绣娘分两批次到丽江滇绣唐卡艺术有限公司的学校进修深

造，归来后作为第一批师资力量分别在鲁甸崇文阁滇绣培训中心、江底中学、特殊学校开班教学，已培训2批500余人次，总计产出滇绣作品1000余幅，培训效果显著，“绣娘”每人每月收入可达2500—3500元。

二是给予资金帮扶，补齐短板弱项。中国保利集团投入资金700万元帮建鲁甸县卯家湾易地扶贫搬迁安置区幼儿园1所，投入600万元帮助巧家县改善贫困村安全饮用水工程。此外，投入资金建立教育扶贫专项基金，帮助贫困村培育村级集体经济组织建设。

三是招商引资取得丰硕成果。中国保利集团坚持“引进来”“走出去”发展思路，利用自身优势，积极推动巧家县5万千瓦集中式光伏扶贫项目，建成药山镇洗羊塘集中式光伏项目共50MW，太阳能板共1300组，目前全面完成安装并并网，项目收益原则解决2000户贫困户连续20年每年不少于3000元的收入。

（六）中南财经政法大学加入帮扶盐津县行业

中南财经政法大学自2019年帮扶盐津以来，主要领导亲自到县调研，投入帮扶资金200万元、引进帮扶资金200万元、购买盐津县农副产品302万元、培训基层干部397人、培训农业技术人员381人。

二、省市县级单位定点挂钩帮扶

53家省级单位定点帮扶挂联昭通市10县区46个乡镇61个村，4510名干部职工挂包我市13361户建档立卡贫困户。省级各定点扶贫单位高度重视，认真落实帮扶单位责任，在基础设施建设、产业发展、教育扶贫、党建工作、环境卫生整治、社会帮扶等方面干在实处，积极采取有力可行的措施，用心用情用力推进帮扶点脱贫攻坚各项工作。53家挂联单实际投入资金2.8亿元，协调引进资金近100亿元。其中，省人大机关、省委办公厅等省直机关不仅直接投入资金，还帮助协调引进项目；省能源局、省卫健委等行业部门不仅落实帮扶资金，还在行业扶贫领域重点支持昭通脱贫攻坚；昆明医科大学第一、第二附属医院及省中西医结合医院等医院重点从专业的角度给予人才技术支持；云天化集团、国开行云南分行、平安银行昆明分行、云南省物流产业集团、省交投等国有企业从资金、产业开发等领域支持昭通发展。

昭通139家市级单位和1228家县级单位参与挂钩帮扶贫困村中，从驻村帮扶、干部职工结对贫困户、资金项目支持等方面给予挂钩村帮助。几年来，落实帮扶资金5.8亿元，协调引进资金12.3亿元。昭通市委、市政府对定点挂钩帮扶实行清单化管理，明确各级挂钩单位、驻村工作队、结对包保贫困户干部的责任，从队员选派管理、经费保障、项目资金支持、履行脱贫摘帽帮扶责任等方面明确工作职责，每年对成效进行考核并将结果在全市范围内通报。针对脱贫攻坚实际，市委、市政府出台了《关于进一步明确任务下沉力量压实责任确保打好打赢脱贫攻坚大决战的实施方案》，把脱贫攻坚作为统领全局工作的主题主线，认真践行“133”工作思路，按照“双统领”“双保障”“双推进”的要求，扎实开展“狠抓落实年”“基层党建创新提质年”行动，压紧压实脱贫攻坚责任，推动各级各部门找准定位、摆正位置、融进大局，发扬“铁军”作风，下足“绣花”功夫，促进机关沉下去、干部干起来、群众动起来，身沉一线抓落实，创造性推动工作，切实解决“两不愁、三保障”突出问题，如期完成年度脱贫目标任务，坚决夺取脱贫攻坚大决战决定性胜利。厅级领导带头示范，市县乡村干部全面参与、上下联动，扣紧责任链条，逐村逐户分析研判，包干负责县摘帽、村出列、户脱贫各项工作，找准问题，补齐短板，坚决完成脱贫攻坚任务。坚持厅级领导包县挂乡盯村，督导员包村，驻村工作队和帮扶干部盯到村、抵到户，一包到底抓落实；统筹整合资源，重心下移，力量下沉，推动政策、资金、项目等精准到村到户。由厅级牵头领导召集，每月召开 1 次调度会议，每月走访时间不少于 5 天；驻村督导员负责督导落实脱贫攻坚各项工作，整合村“两委”、驻村工作队建立村级脱贫攻坚指挥部，每季度全覆盖完成 1 轮村民小组和贫困户走访，全年对所在村所有农户至少完成 1 次走访。挂钩帮扶单位支持驻村工作队做好挂钩村的脱贫攻坚工作，把职能和资源优势向贫困村、贫困户倾斜，重点帮助贫困村改善基础条件、培育主导产业、发展合作社、壮大村集体经济，破解制约贫困村发展的突出问题。主要负责人每月走访不少于 7 天；驻村扶贫工作队与村“两委”共同做好信息采集、数据核实、动态管理、村户档案资料整理、脱贫计划制订等工作，监督各类脱贫攻坚项目实施、资金使用情况，每季度全覆盖完成 1 轮村民小组和贫困户走访，全年对所驻村所有农户至少完成 1 次走访。结对帮扶干部负责做好脱贫政策宣传，协助村级做好贫困户精准识别、精准帮扶、精准退出工作，重点做好与贫困群众感情联络，力所能及针对性帮助贫困户解决实际困难和问题，提高群众帮扶满意度。每 2 个月走访结对帮扶户不低于 1 次、每月电话访谈不低于 1 次。

三、“万企帮万村”精准扶贫

全市有 284 个企业参与到行动中来，采取产业帮扶、就业帮扶、技能扶贫、公益帮扶 269 个村，企业投入帮扶资金 42830.1 万元，受益贫困人口 65960 人，取得了较好的社会和经济效益双丰收。

制作了昭通市“万企帮万村”精准扶贫结对帮扶卡，促进帮扶企业与贫困村加强联系，密切配合整合资源，两方联动，从而提高帮扶时效。与招商局联合，开展全市农副产品大调查，通过招商局在各地的招商联络处，搭建销售平台，创新服务体系，扩大消费扶贫参与面，协助推荐“万企帮万村”企业扶贫产品。

同时，各县市区每年还组织爱心人士、个体工商户500个积极参与脱贫攻坚中，每年筹集资金达1000余万元支持脱贫攻坚工作。

四、企业集团帮扶

全市共有上海新沪商联合会、上海兴业证券股份有限公司、中国太平保险集团、亿利资源集团、银泰集团、中国铁建股份有限公司、北京通盈集团、招商局集团、云南省烟草专卖局（公司）、三峡集团等10家企业集团投入资金帮扶我市10个县区。上海新沪商联合会自2016年开始帮扶彝良县，累计直接投入扶贫资金3000万元，其中2017年实施彝良县奎香乡黑拉村扶贫搬迁安置点建设1个项目，投入1500万元；2018年实施彝良县奎香松林安置点1个项目，投入1500万元。上海兴业证券股份有限公司自2016年帮扶彝良县，累计直接投入扶贫资金1715.82万元，其中2017年投入1304.28万元实施奎香乡黑拉村提灌引水工程、梦想中心、教育扶贫，2018年投入411.54万元实施教育扶贫；中国太平保险集团自2017年开始帮扶威信县，累计投入资金868万元，其中2017年投入778万元实施教育扶贫、健康扶贫、干部培训，2018年投入90万元实施通村级公路、村活动室；亿利资源集团于2017年帮扶大关县，累计投入资金300万元，其中2017年投入200万元实施村组道路建设，2018年投入100万元实施光彩亿利教育生态扶贫；银泰集团于2016年开始帮扶镇雄县，累计投入帮扶资金599.2569万元，其中2017年投入2.2569万元实施教育扶贫，2018年投入597万元实施农村危房改造；中国铁建股份有限公司自2018年帮扶盐津县，投入帮扶资金275.2万元，其中2018年投入215.2万元实施产业扶贫、教育扶贫、就业扶贫，2019年投入60万元实施社会公益项目；北京通盈集团自2018年开始帮扶彝良县，共捐赠1500万元，实施彝良县奎香乡仙马村奎香乡示范点项目；招商局集团于2018年开始帮扶镇雄县，2018—2020年3年投入帮扶资金3亿元，主要帮扶农村危房改造、特色农产品保鲜仓库、村组道路、教育扶贫、健康扶贫和户间道路硬化；云南省烟草专卖局（公司）投入帮扶资金6亿元，帮扶镇雄、彝良两县易地扶贫搬迁配套、供水、食用菌生产等产业；三峡集团投资5亿元帮助沿金沙江流域的昭阳区、鲁甸县、巧家县、永善县、绥江县和水富市，重点就易地扶贫搬迁配套、产业扶贫、农村危房改造等方面给予昭通帮扶。

五、经验与启示

社会力量参与脱贫攻坚，为贫困地区带来干部人才、先进技术、管理经验、干部作风的良好互动，更为贫困地区注入资金，带动区域整体发展、协调发展，是全面建成小康社会不可或缺的重要力量。

（一）党委、政府号召，是全社会参与脱贫的重要保证

社会力量帮扶是“东西南北中，党政军民学，党是领导一切的”集中体现，党政军机关、企事业单位开展定点扶贫，是中国特色扶贫开发事业的重要组成部分，也是我国政治优势和制度优势的重要体现。单位定点帮扶，是推动区域整体发展的有力举措，是定点扶贫单位贴近基层、了解民情、培养干部、转变作风、密切党群干群关系的重要途径；干部职工结对贫困户是访民情、听民声、密切联系群众最直接、最有效的办法。

（二）社会各界力量主动帮扶，是脱贫攻坚取得实效的重要保证

中央有号召，社会有行动，各级机关事业单位，积极投身定点挂钩帮扶中，为帮助贫困地区和贫困户开发经济、发展生产、摆脱贫困，主动发

挥单位优势履行帮扶责任；各央企、国企发挥在国民经济中的中流砥柱作用，在脱贫攻坚中履行回馈的社会责任，扶助贫困户或贫困地区发展生产；各爱心人士、民营企业、社会组织积极投身脱贫攻坚伟大事业中，力所能及办好事、办实事，努力改变穷困面貌。

（三）久久为功，滴水石穿

定点挂钩扶贫时间长久、目标一致，中央定点帮扶单位在昭通开展工作最长时间近 20 年，长期盯一个县，不达目的不脱钩，既输血又造血，以钉钉子精神啃硬骨头。省市县级挂钩帮扶单位开展接力赛，发挥行业优势、针对脱贫攻坚短板弱项，把最需要帮扶的村安排有优势的行业部门挂钩。定点扶贫帮的是点，坚持长时间、目标一致、多策并举，在一个“点”上建成不返贫的小康。这些“点”，连起来就是线就是面，就是全面建成小康社会的整体。

（四）定点挂钩帮扶单位主动作为，是决胜脱贫攻坚的中坚力量

如中央党校充分发挥院校优势，培训多种短缺人才；针对金融扶贫短板，借助国家开发银行帮扶；多方协调媒体宣传，生动打造生态旅游名片；聚焦产业发展，建设乡村致富道路。

（作者时任昭通市扶贫办社会扶贫科科长）

昭通市民政局挂钩帮扶及社会扶贫概述

罗朝俊

第一篇　挂钩帮扶

根据市委、市政府的统一安排部署，昭通市民政局2016—2017年10月挂钩帮扶威信县三桃乡新芬村、环房村，自2017年11月起挂钩帮扶镇雄县坪坝村。市民政局党组高度重视挂钩扶贫工作，组织全局干部职工深入挂包帮扶村组及建档立卡贫困户家中，开展访贫问苦、政策宣讲、结对帮扶等工作，着力在精准识别、脱贫规划、项目实施、贫困帮扶等方面下功夫，挂钩帮扶工作成效明显。

一、挂包帮扶村村情概况

（一）新芬村基本情况。新芬村位于威信县三桃乡东南方，村委会所在地海拔835米，距乡政府所在地13公里，距县政府所在地33公里，全村国土面积20.88平方公里，有耕地4321亩、林地9100亩。全村辖16个村民小组774户3493人，其中苗族83户354人，劳动力1972人。2016年人均有粮338公斤，农民人均纯收入3200元。有建档立卡贫困户107户405人。

（二）环房村基本情况。环房村地处三桃乡北边，距乡政府所在地13

公里，距县城61公里。全村国土面积15.2平方公里，海拔980米，有耕地1593亩，其中田143亩，地1450亩，林地2820亩。全村辖7个村民小组、305户、1354人，劳动力760人。有建档立卡贫困户55户200人。

（三）坪坝村基本情况。坪坝村位于中屯镇东北部，距中屯镇政府7.5公里，距镇雄县城5公里，国土面积11.25平方公里。全村辖27个村民小组，有3025户13241人，其中少数民族279户1221人，占总人口的9.2%，劳动力4816人。2016年末，全村有林地5200亩，其中集体林地730余亩；有耕地5263亩，人均耕地0.39亩，主要种植玉米、小麦、马铃薯，人均有粮315公斤，农民人均纯收入5210元。有建档立卡贫困户520户2420人。

二、挂钩扶贫工作开展情况

（一）威信县三桃乡新芬、环房两村挂钩扶贫工作开展情况。一是在精准识别上下功夫。驻村工作队到村后，立即开展入户走访，了解掌握村情民意。通过对原建档立卡贫困户的深入走访调研、查阅档案资料等方式，修改完善了“一户一档”扶贫材料，制定了“一户一策”帮扶措施，摸清了家底，掌握了实情。2017年5月中旬，全市精准识别摸底调查工作展开后，市民政局再次抽调6名工作人员参与新芬村的摸底核查工作中，通过3个多月的艰苦努力，对新芬、环房两村1079户4847人进行了全面的调查核查，共识别新的建档立卡贫困户69户253人，进一步盘清了家底，为打赢精准脱贫这场攻坚战奠定了坚实基础。二是在夯实基层基础上下功夫。协调争取资金65万元，完成新芬村委新办公大楼主体建设。协调争取资金30万元，完成新芬村卫生室建设；协调争取资金30万元，完成新芬村左家、岩脚两村民小组10公里户间路的硬化工程，受益群众达150余户600余人。协调争取资金15万元，完成新芬村河坝至寒婆岭段公里建设。协调争取资金30万元，完成环房村居家养老服务中心建设并投入使用。三是在强化产业培育上下功夫。协调争取退耕还林指标3800亩，完成新芬村3000亩核桃样板、环房村500亩方竹、300亩绵竹的栽种及补植补造工作。协调争取资金 98.4 万元，完成新芬、环房两村 164 户建档立卡贫困户户均 1 头黄牛发放工作，并督促建档立卡贫困户加强对能繁母牛的精心喂养，力争年底户均配种一头小牛。四是在提升能力素质上下功夫。结合中国福利基金会实施的“授渔计划”，协调争取资金 50 万元，组织发动未能升学的初、高中毕业生 25 名参加职业技术培训并帮助推荐工作。积极引导和推荐农村富余劳动力外出务工，增加收入。五是在精准因户施策上下功夫。向云南省老龄事业发展基金会争取“五老”住房难项目建设资金 24 万元，对新芬村 8 户、环房村 4 户无力建房的“老优抚、老村干、老党员、老支教、老劳模”给予每户 2 万元的支持资金；争取昭通市福利彩票管理中心福彩公益金资助大学生项目 5 万元，惠及新芬、环房两村及三桃乡部分建档立卡贫困户及孤儿在校大学生 10 余名。积极引导社会组织参与到精准扶贫工作中来，对接协调昭通市安然公益事业联合会，争取移动台灯、节能灯泡等捐赠物资，折合人民币 2.7 万余元；对接协调昭通市青少年发展基金会、海星行动等公益型社会组对全村贫困家庭学生及重病儿童进行助学助医活动。对接协调深圳市渝水慈善基金会到新芬村走访调研，获赠书架、图书、衣被、菜籽油等物资一批。六是在加强党的建设上下功夫。驻村工作队始终坚持“围绕发展抓党建，抓好党建促发展”这一主题，以“两学一做”专题教育为契机，组织党员及村“三委”干部深入学习党章党规及习近平总书记系列重要讲话精神，着力解决好党员和党组织在思想、组织、作风以及工作等方面存在的突出问题，充分发挥党员的先锋模范作用和基层党组织的战斗堡垒作用。坚持党员定期培训和“三会一课”等制度，切实把善管理、懂经营的优秀青年发展成为党员，把善管理、懂经营的优秀党员培养成为村干部，着力建设一支推动经济发展的创新型农村人才队伍。

（二）镇雄县中屯镇坪坝村挂钩扶贫工作开展情况。市民政局挂钩帮扶村调整到镇雄县中屯镇坪坝村后，市民政局主要领导亲自率队奔赴镇雄县中屯镇坪坝村，就全力打好“百日行动”扶贫攻坚战进行调研和工作安排。为实现坪坝村如期脱贫出列目标，市民政局始终坚持贯彻落实市委“133”

工作法思路，着力解决贫困群众安全饮水、贫困大学生就学和环境整治等问题，并积极向省民政厅申报中屯镇中屯村、坪坝村居家养老服务中心等建设项目，不遗余力打好“百日行动”扶贫攻坚战。一是组织领导高位推动，转阵地不忘责任，全力实施脱贫攻坚。为坚决打赢“百日行动”扶贫攻坚战，局党组先后4次派出80余人次，深入坪坝村开展产业调研及新一轮“挂包帮、转走访”入户调查，共入户走访建档立卡贫困户698户3279人，修改完善建档立卡贫困户调查登记表698份，深入细致分析致贫原因，与贫困户共同商议制定“一户一策”脱贫扶持措施2000余条，发放《昭通市精准扶贫明白卡》《镇雄县精准扶贫政策宣传卡》1300余份。投入资金8.3万元解决坪坝村祠堂、付家寨、中寨、杨柳树和小院子5个村民小组693户2205人安全饮水，投入资金8万元实施村委会周边亮化、绿化和环境整治。投入资金5万元解决了驻村工作经费紧张难题。二是工作队队员积极而为，清家底厘清思路，助力完善脱贫措施。坪坝村是市委确定今年必须脱贫出列的贫困村，时间紧任务重。市民政局驻坪坝村工作队队员充分发挥熟悉扶贫工作的优势，积极主动与村“三委”座谈、深入村组农户调研摸底、认真查阅档案资料、系统学习政策业务、对标对表找问题补短板，进一步摸清了村情家底，做到了情况明底数清，在此基础上，驻村工作队与镇、村干部一道，逐组逐户调查核实情况，对照贫困村脱贫出列“十条”标准及贫困户脱贫“六条”标准，对标对表进一步细化完善了《坪坝村脱贫攻坚实施方案》和“一户一策”帮扶措施，为把挂钩帮扶工作“做深、做细、做实”和坪坝村如期实现脱贫出列打下坚实基础。三是全员抢抓时间节点，倒计时落实责任，扎实开展“百日行动”。根据县、镇党委、政府的统一安排，市民政局驻村工作队与村“三委”密切配合，积极主动开展挂钩帮扶工作。完成6000余名劳动力资源国家统计信息系统录入工作；完成540户2420人建档立卡贫困户国办系统动态管理二次信息采集和修改完善工作；完成76户283人新识别漏评户国办系统动态管理信息采集和录入工作；完成454户2115人贫困人口国办系统动态管理和贫困户脱贫退出考核信息录入工作；完成联户路硬化 55190 平方米，占总任务 117500 平方米的 47%；104 户 D 级危房及无房户危房改造已开工建设并快速推进，占建设总任务 107 户的 97%。五是在坪坝村 2017 年脱贫出列后巩固提升阶段，市民政局还投入资金 100.22 万元相继完成了村委会办公大楼风貌改造、绿化、亮化、净化工程，全面进行卫生环境整治，通过垃圾定点定时清运掩埋、开挖排水沟、铺装下水管道等形式，整治脏乱差，将坪坝村打造成科学规划布局美、村容整洁环境美、创业增收生活美、乡风文明身心美，富裕文明的新农村。

第二篇　社会帮扶

昭通市慈善会紧紧围绕市委、市政府中心大局，认真贯彻落实上级安排部署，紧密结合困难群众实际需求，恪守慈善服务宗旨，突出扶贫济困主题，精心组织项目实施，慈善帮扶活动取得显著成绩，2014 年至 2020 年 4 月支出各类慈善捐赠 41249.47 万元，在基础设施建设、服务脱贫攻坚、安老助孤、医疗救助、助学支教等方面积极开展援助帮扶活动，切实助力我市经济社会发展和脱贫攻坚。

一、大力援建基础设施

协调争取广东省慈善总会捐赠 1600 万元、中华慈善总会捐赠 1000 万元、昆明滇池旅游度假区慈善会捐赠 532.26 万元、云南省慈善总会捐赠 274.46 万元援建昭通市回族中心敬老院；昆明市高新区捐赠 310 万元用于靖安镇大耆老村养老活动场所建设。万达集团捐赠 1000 万元援建鲁甸县综合社会福利院。上海市慈善总会捐赠 2518 万元援建巧家县“8・3”地震重灾区苞谷垴乡卫生院，社会福利服务中心，周家坪村、红石岩村、青山村 3 个村级组织活动场所等 5 个基础设施建设；四川省慈善总会捐赠 1647.48 万元援建巧家县新店镇社会福利服务中心、马树镇社会福利服务中心；青岛市慈善总会捐赠700万元援建巧家县儿童福利院（流浪未成年人保护中心）；青海省慈善总会捐赠300万元援建巧家县大寨镇农村敬老院。宁波市慈善总会捐赠1300万元、浙江慈善总会捐赠700万元援建永善县中心敬老院（含光荣院、社会福利中心、儿童福利院和流浪未成年人保护中心），天津市慈善总会捐赠370万元援建永善县大兴镇敬老院。广州市慈善总会捐赠303.89万元、什邡市慈善总会捐赠217.73万元、昆明经开区慈善会捐赠215.43万元、西双版纳傣族自治州慈善会捐赠104.84万元援建“8·3”地震灾区民政基础设施。大理市慈善会捐赠49.95万元、重庆市慈善会捐赠30万元用于灾区恢复重建。昭通市高速公路投资发展有限责任公司200万元用于昭通市消防救援训练场地建设。云南共生福昭通分公司捐赠1万元用于昭通市壹乐园儿童服务站项目。

协调争取云南省慈善总会用于昭阳区中心敬院消防设施244万元、大山包镇救灾物资储备库200万元、田坝乡敬老院800万元；用于鲁甸县儿童福利院300万元、龙头山敬老院内部设施190万元、龙树镇敬老院内部设施130万元、县老年人日间照料中心内部设施130万元、县未成年人救助保护中心内部设施150万元、其他民政设施200万元；用于巧家县烈士陵园1172.71万元、县儿童福利院782万元、其他民政设施640万元；用于永善县桧溪镇片区敬老院139万元、马楠乡片区敬老院163万元、黄华镇片区敬老院183万元、县救灾物资储备库项目115万元；用于大关县木杆敬老院200万元、县救灾仓库200万元；用于彝良县救灾仓库200万元。用于昭阳、鲁甸、巧家3县区民房建设补助4618户6818万元、关县234户地质灾害农户补助234万元。用于昭阳、鲁甸、巧家、永善4县区村级组织活动场所建设项目补助68个1350万元。用于其他民生项目92.62万元。

市慈善会本级安排资金200万元用于彝良县白水江、荞山和小草坝3个敬老院建设，10万元用于荞山镇安乐场村留守儿童关爱中心，20万元用于荞山镇双河村水库移民安置点居家养老服务设施建设。

二、全力服务脱贫攻坚

协调争取东西部协作（广东、中山、东莞）捐赠资金 1113 万元，其中中山市捐赠 500 万元用于帮扶盐津、大关、绥江、永善 4 县 165 个深度贫困村，新奥公益基金会、东莞市慈善会捐赠 350 万元用于“万企帮万村”，广东省扶贫基金会 100 万元用于永善县贫困户安全住房及脱贫畜圈建设，东莞中虹建设有限公司 30 万元用于援助昭阳区田坝乡 6 村花椒复合肥项目，中山市慈善会捐赠 3 万元用于盐津中和敬老院慰问金，东莞银行、东莞农商行各 50 万元用于鲁甸龙头山镇光明村新时代文明实践站建设，广东信宏智慧建造工程有限公司捐赠资金 30 万元用于镇雄、威信、昭阳、鲁甸县 4 县区扶贫搬迁安置点的爱心超市建设和运营。协调争取产业扶持资金 1307.39 万元，其中云南中烟工业有限责任公司 1000 万元用于援助昭阳、鲁甸、巧家、镇雄、彝良、大关、永善 7 县（区）马铃薯脱毒良种扩繁基地建设，三峡集团公益基金会 222.1 分别用于昭阳区枇杷、花椒、苹果种植和人饮工程等项目，红塔烟草（集团）有限公司（昭通卷烟厂）79 万元用于昭阳区青岗岭乡生猪养殖畜圈建设，平安保险昭通分公司“平安扶贫贷”6.29 万元用于巧家县东坪镇道角养牛合作社。接收东莞巴士有限公司捐赠总价值 790.6 万元公交车 20 辆，用于昭阳、鲁甸、巧家、镇雄、彝良、威信 6 县（区）公交事业；云南世博汽车市场有限公司向我市捐赠总价值 135 万元毛毯 18000 床、大衣 6000 件用于高寒山区小学生和困难群众。接收昭通市高速公路投资发展有限责任公司 1380 万元用于昭阳、镇雄、盐津和绥江 4 县（区）公路基础设施建设及公益救护培训，收云南中烟捐款 1000 万元用于镇雄县、盐津 2 县公路建设。

三、积极开展助医助残

接收中华慈善总会捐赠资金 2000 万元援建巧家县中医院，神华集团捐赠资金 100 万元救治先天性心脏病儿童 50 人次，昭通人寿保险公司捐赠资金 100 万元实施困难群众大病医疗救助（目前已实施 43 人 42.36 万元），云南省慈善总会大病医疗救助资金 18.9 万元救助大病贫困患者 14 人；配合中华爱肝工程健康促进会在昭阳、鲁甸、镇雄、大关等县（区）开展肝病免费普查与公益救助，每人给予 10000 元药物和康复治疗费用，累计救助贫困患者 100 余人次；争取中国基金会为全市 37 名唇腭裂患者免费进行手术及康复治疗；争取上海市慈善基金会资金 80 万元开展昭通乡村医生慈善培训“千人计划”，培训乡村医生 2200 余人次。接收石家庄以岭药业股份有限公司捐赠价值 11.84 万元连花清瘟胶囊 400 盒，用于昭阳、鲁甸 2 县（区）流感防治。市慈善会本级安排资金 2.4 万元用于 2 名失聪困难老人。

四、扎实开展助学助教

先后协调争取北京慈善协会、青岛市城市总会、三峡集团公益基金会、晋江慈善会、昆明高新区、红塔烟草（集团）等捐赠资金 858 万元，援建鲁甸县龙泉中学图书馆、镇雄县以古镇岩洞脚小学、镇雄县五德镇麻柳湾慈爱小学、昭阳区太平办事处金江社区教学综合楼、鲁甸县茨院乡马厂小学、昭通市公安局警察学校教学基地等项目。争取上海市慈善基金会捐赠资金 200 余万元实施“萤光支教”活动，培训乡村教师 3200 余人次。争取温州市慈善总会捐赠资金 119 万元救助鲁甸、巧家两县在校大学、高中、初中贫困学生 541 人次。争取中山市慈善总会联翔基金会资金 10 万元用于绥江县中山博爱小学教学补助和校服购置。争取昭通劲盟装饰有限公司捐赠 7.38 万元用于资助贫困大学生 11 名。争取中国福利基金会对我市贫困家庭中未升学的初、高中毕业进行资助，免费就读学制 2—3 年的职业学院并推荐就业，累计输送贫困学生 235 名。接收云南凯达建设工程有限公司捐赠 5.44 万元图书 2473 本用于威信县金鸡波司登苗圃希望小学。市慈善会本级安排资金 2 万元看望慰问上海船舶学校昭通籍困难学生 16 人。

五、着力开展助孤助困

协调争取云南省慈善总会资金 147.56 万元为昭通市原国民党抗战老兵

发放生活补助258人次，100万元为鲁甸、巧家两县500名孤寡老人每人一次性发放生活补助2000元；中国人寿慈善基金会为20名鲁甸地震孤儿每月每人发放600元补助，直至18周岁；北京爱心飞翼公司捐赠资金12.77万元用于鲁甸灾区孤儿补助；中山市慈善会捐款40.92万元用于留守儿童试点购买社工服务工作。市慈善会本级安排资金10万元用于永善县溪洛渡镇新春村困难群众、马楠乡坪厂村易地搬迁困难群众补助，2万元用于大关县吉利镇房屋失火困难群众。

六、认真落实其他捐赠

接收宋庆龄基金会捐款151.4万元转市委统战部采购灾区物资，三峡集团公益基金会50万元用于购置昭阳区水库移民安置区体育器材，江西书源有限公司捐赠总价值302.4万元书源牌净水器900台用于安装各县（市、区）社会福利中心、敬老院、学校、卫生院、村（社区）活动中心，东莞市航佳净水器设备有限公司捐赠总价值5200万元净水器2000台用于安装全市1343个村（社区）及民政福利机构，云南世博车市巧家“5·18”地震慰问伤亡人员捐赠资金20万元、北京平澜公益基金会捐赠宜宾春晖青少年服务中心实施受灾群众粮油物资313套，广州天台医药公司捐赠价值13.6万元药品膏太蔚牌艾灸液20箱2000瓶用于全市敬老院。

第三篇　东西部协作

易地扶贫搬迁，“搬得出”是关键，“稳得住、能致富”是安置区各相关职能和行政部门要努力实现的目标，加强和完善易地扶贫搬迁后续工作，需要发挥社会工作服务助力脱贫攻坚的积极作用。2020年6月，中山市赴昭通社工服务队（以下简称“中山社工服务队”）不远千里来到昭通市靖安安置区，开启3个月群众服务和当地社工从业人员的培训、督导服务。

一、因势利导，制定服务策略

安置区的居民众多且人员情况复杂，老弱病残群体基数较大，易迁后群众的生产生活、风俗习惯产生了改变，同时，还有环境卫生、社区社会环境适应等方面的问题，中山社工服务队通过与昭通市海星行动公益协会、安然公益协会、少强青少年服务中心、泽青社会工作服务中心等公益组织、社工机构访谈收集了安置区社工服务运作的情况，通过50余次的家访和群众访谈，探明了服务需求。此外，他们还发放并收回102份“昭通市一线社工督导培训需求调研问卷”“昭通市社会组织管理人员督导培训需求调研问卷”有效问卷，进一步了解了昭通市社会组织管理人员、一线社工的督导培训需求，并结合安置区社会工作服务推进的需求，制订了“昭通市易地安置区社会组织、专业社工督导培训方案”，通过18次的专业培训和持续的督导工作，达到培养当地社工人才的目标。

二、凝心聚力缔造幸福空间

在昭通市民政局、昭阳区民政局、靖安安置区临时党工委、管理服务中心的指导和支持下，游华元和梁林伟启动了以靖安安置区为试点，以“三社联动”为服务策略，推进对社区干部、社工、志愿者、楼栋长等服务队伍的专业培训，协助社区工作者掌握群众需求、服务技巧、服务策略等，通过引导安置区的居民融入城镇化的生活方式，从环境改变、生活改变到思想转变，通过社区互助、社区共治实现共建共治共享的社会治理格局。目前，中山社工服务队已在靖安安置区开展了10场社工、志愿者专业能力提升培训，包括如何和社区建立合作关系、个案、小组、社区等三大社会工作服务手法、如何策划社区活动、如何挖掘社区资源、团队建设等系列主题培训，培训人次达500人次；开展社区干部培训4次，包括认识“三社联动”、了解社工、志愿者服务在社区工作中的角色和作用、沟通技巧、社工资格考试等内容，培训人次达200人次；开展社区教育活动8次，服务达3000余人次；针对青少年儿童的特殊性，与海星行动公益协会共同设计、开展了“四点半课堂”；针对老年人群体开展了“笔墨飘香”老年人学书法活动；针对留守妇女开展“暖心妈妈之舌尖上的美食小组”活动，丰富社区妇女的闲暇生活……此外，还开展督导服务80余次，帮助新区社工提高专业工作水平。得到社区干部、社工和易迁群众的一致好评。

三、用心温暖百姓，打造留得住的社工队伍

中山社工服务队结合群众易地搬迁出现的心理调适、落后的行为习惯、生活单一等问题，发挥社工专业服务优势，建立社工服务支持及社区社会心理支持体系，帮扶培养当地社工队伍；与新区社区、社会组织一起完善儿童青少年活动中心、老年人活动中心、妇女之家等公共空间资源，搭建群众参与社区活动、带动群众参与社区事务的活动平台，为安置区群众“住得稳”、提高群众生活质量、缓和群众矛盾、维护社区稳定、促进社区互助、和谐打下坚实基础，让居民以良好的身心更好地适应社区生活。

在中山社工服务队的督导和传帮带下，昭通市海星行动公益协会、昭通市益众社会工作服务中心、安然公益、昭通市少强青少年服务中心、泽青社会工作服务中心等公益组织社工，给安置区群众服务带来实实在在的帮助，对昭通社工的专业能力提升充满信心。“作为昭通本土社工，中山社工的到来，让我们少走了很多弯路，得到了许多发展中迫切需要的专业知识、方法和技巧，让我们更有勇气把未来的服务做得更好，探索我们自己的发展模式，稳步提升安置区居民的归属感和幸福感。从内心而言，我深感荣幸能遇到中山社工团队。”海星行动公益协会靖安安置区指导社工万旭饱含感激地说。

（作者系昭通市民政局工作人员）

昭通市工信局东西扶贫协作工作纪实

杨　伟

按照中央关于东西部扶贫协作的安排，广东省委、省政府决定由东莞、中山两市共同对口帮扶昭通。自2016年9月以来，两省三市深入贯彻落实中央精神，迅速行动、积极作为，促成东莞、中山、昭通三市形成了“1+8”的扶贫协作框架，在产业扶贫协作方面，实行优势互补，联手推进产业对接和资源开发，促进昭通市有序承接产业转移，助力脱贫攻坚。昭通市工信局高度重视，成立了产业扶贫协作领导小组工作，明确由园区科具体负责此项工作。加大与东莞、中山经信部门的对接和协调，积极组织两省三市企业互访，三市工信（经信）部门主要领导亲自带队参与考察对接，部分企业在考察过程中寻到了商机。

2016年11月5—8日，东莞市政企代表团到昭通考察调研。双方开启了企业互访模式，组织企业实地考察，寻求投资合作契机。

2016年12月27—31日，中山市经信局党组成员、信息中心主任陈小军带领中山企业家一行10人前来昭通考察对接。考察组一行先后考察了昭阳区、鲁甸县、彝良县、盐津县相关企业。中山市朗科包装有限公司、广东省中山食品进出口有限公司对在昭通投资形成了初步意向。

2017年7月22日，市委副书记、市长郭大进主持召开第四届市人民政府第5次常务会议。会议决定，由市政府副市长姚珺牵头，市工信委负责，根据会议精神修改完善《昭通市工业项目招商引资优惠政策》，按程序提交市委常委会议讨论；由时任市政府副市长李春林牵头，组织修订完善全市招商引资优惠政策，适时提交市政府常务会议研究。

2017 年 9 月 5—6 日，广东佛山企业家到昭通考察，并与市政府召开座谈会，时任副市长姚珺出席会议，时任工信委主任王崇明汇报情况。

2017 年，昭通市工信委选派了信息技术科科长张方珂同志到中山市道滘镇政府挂职。鲁甸工业园区管委会主任晏正权选派到中山市翠亨区政府挂职。威信县工业园区管委会副主任赵林昭同志选派到东莞市大岭山镇经贸办挂职。水富工业园区规划办主任杨旭易选派到东莞市谢岗镇规划建设办挂职。我委还抽派了总工程师刘宏耀到昭通市协作产业招商工作组，参与滇粤产业园招商推介和东莞、中山来昭企业的对接、协调、服务等工作。

2018 年 7 月 16—19 日，由时任昭通市人民政府副市长龙进带队，市工信委、市招商局、昭阳区政府、云铝集团相关人员组成的考察团，赴广东省佛山、中山两州市招商考察，省发改委区域经济合作处陪同考察。考察组先后考察了佛山市伟业铝厂集团、华昌铝厂有限公司，中山市金龙游乐设备有限公司、兴中集团、和胜工业铝材股份有限公司、锦益铝业有限公司，并与企业和佛山市南海铝材协会进行了座谈。

2018 年 8 月 21—23 日，东莞市组织考察团赴昭通考察对接产业园区建设等工作。考察团由东莞市市经信局党组书记、局长叶葆华带队，由快意电梯股份有限公司、广东瑞恩科技有限公司、东莞市鼎悦实业有限公司、东莞领益精密有限公司、广东外婆湾建设有限公司、东莞市诺丽电子科技有限公司、楚天龙股份有限公司、东莞市台德实业有限公司、东莞市倍益清环保科技有限公司、东莞市龙信数码科技有限公司、爱康集团东莞区、东莞市锐宣信息技术有限公司、东莞市大虾小鱼信息科技有限公司、东莞市中小企业服务机构协会等多家企业及协会组成。考察组一团先后到昭通永孜堂制药有限公司、昭通乔治白服饰有限公司、昭通市博物馆、鲁甸工业园区茨院工业园、鲁甸县龙头山镇等地进行考察。

2018年9月27—29日，中山市经信局信息中心主任陈小军一行带领咀香园健康食品（中山）有限公司、中山牛耳智能科技有限公司、中山市铭海灯饰有限公司、中山奔达打印耗材有限公司、中山市方越电子科技有限公司、中山市罗顿智能科技有限公司、中山市上泽食品有限公司等多家企业到我市考察。时任工信局主任陈杰、副主任舒云辅等人陪同考察组一行到滇粤产业园、昭阳朱提苦荞有限公司、鲁甸鑫辉农特产品开发有限公司等地考察。

2018年11月5日，根据市政府安排，市工信委专门成立了《昭通市绿色能源产业招商引资办法》起草小组，按照“依法、双赢、可控”的原则，认真学习国家、省最新出台的招商引资政策，借鉴部分地区招商引资政策的做法，认真梳理我市招商引资优惠政策及各产业扶持政策，起草小组在充分调研的基础上，于11月中旬完成《昭通市绿色能源产业招商引资办法》（初稿）。12月10日，市政府召集市直相关部门作了专题研究，并将部门意见吸纳进了办法中，经反复修改完善，12月26日提交市政府第27次常务会议审议通过。正式出台了《昭通市绿色能源产业招商引资办法》（昭政规〔2018〕1号），为全市招商引资工作奠定了政策基础。

2019年3月，根据深圳·昭通扶贫协作座谈会议任务分解，认真对照市内及有关地区的优惠政策，草拟了《昭通市东西部扶贫协作产业招商引资办法（试行）》，经多次反复修改及市政府常务会议研究，最终于2019年5月形成定稿，2019年5月30日市人民政府以（昭政规〔2019〕1号）正式印发实施。

2019年7月11—13日，昭通市工信部门组成考察组到深圳开展产业扶贫协作对接工作，考察组由市工信局和昭阳区、鲁甸县、彝良县、盐津县工科局及工业园区人员组成，到深圳市考察了鞋业、家具业、电子产品、硅铝深加工、食品加工等产业。

2019年8月14—16日，在7月中旬昭通市工信局组织工业园区和工信局到深圳开展推介说明的基础上，由深圳市工信局优势产业处处长杨宇清带队，组织第一批 8 户企业到昭通实地考察投资。考察团先后考察了昭阳区靖安安置点、昭阳工业园区、鲁甸卯家湾安置点、彝良发界安置点、盐津水田坝安置点。昭通市工信局、昭通市政府驻深圳联络处陪同考察，考察期间，双方进行了深入沟通和交流，并向企业进一步作了政策解读。

2019 年 9 月 24—26 日，中山市经信局组织企业赴昭通实地考察，考察组由中山市工业和信息化局局长徐成彬带队，由美迪斯智能装备有限公司、广东益华百货有限公司、中山创晟农业科技有限公司、中山市上泽食品有限公司、中山市美亚特包装制品有限公司等多家企业组成。昭通市工信局局长张景松、副局长何连贵及市政府驻深圳联络处主任舒志升陪同考察组一行先后到昭阳区靖安安置点、大关上高桥工业园区、大关县翠华茶叶有限责任公司、盐津县水田坝安置点、鲁甸县卯家湾安置点进行实地考察。

2019 年 11 月 26—28 日，东莞市工信局组织企业赴昭通实地考察交流。考察组由东莞市工业和信息化局副局长刘锦棠带队，由东莞新日和泰隆贸易有限公司、东莞阿李自动化股份有限公司、广东远峰电子科技股份有限公司、广东光大企业集团有限公司、东莞市美盈森环保科技有限公司、广东长盈精密技术有限公司、东莞市诺丽电子科技有限公司、东莞康景实业有限公司、气派科技股份有限公司、广东安普拓聚合物科技有限公司、东莞市美盈森环保科技有限公司、东莞市莞深产业合作促进会等多家公司组成。昭通市工信局局长张景松、副局长何连贵及市政府驻深圳联络处主任舒志升陪同考察组一行先后到鲁甸考察高投钢结构厂、鲁甸卯家湾安置点、昭阳区红路安置点、彝良县发界安置点、小草坝天麻园区进行实地考察。

2020 年 6 月中旬，东莞市工业和信息化局组织东莞沃德精密机械有限公司、东莞怡合达自动化股份有限公司等市级倍增企业组成考察团，赴昭通市开展投资考察活动，考察团先后赴昭通市昭阳工业园区、昭阳区红路安置点扶贫车间、镇雄县五德大火片区工业园等开展投资考察，针对产业合作、营商环境、劳务输出、人居环境提升等多个方面与昭通工信局、镇雄县工科局等进行了深入沟通交流，寻求产业对接切入点。

2020年8月11—13日，中山市工信局组织中山市升阳电子有限公司、大东海动物营业保健有限公司、禾晟农业科技有限公司、新荣果仁食品有限公司、人民医生（中山）医疗科技有限公司、中山泽宇文化传播有限公司6家企业到昭通开展产业合作对接，期间到昭阳工业园区、昭阳区红路安置点、鲁甸县卯家湾安置点、盐津县工业园区、永善产业园区、永善红光安置点、靖安安置点进行实地考察，并就中医药产业、高原特色农业（荞麦、玉米种植）、家具生产、书包及课桌椅生产等方面进行深入对接，最终考察团在集装箱养鱼、家具及书包生产及医疗等项目上表达出合作意向，并将在近期内再次组织考察团针对意向项目进行专项考察。

2020年9月12—15日，中山市广东农神实业有限公司、中山泽宇文化传播有限公司、佛山市享镁金属制品有限公司、中山市东来工业地产运营有限公司、中山市禾晟农业科技有限公司等6家企业组成考察团到昭通，考察团先后到昭阳区靖安安置点、盐津及绥江扶贫车间进行实地考察。

全市易迁安置点拟建设扶贫车间60万平方米，到2020年10月已建成33.1万平方米，共引进企业43户，解决就业5600人。其中9个万人以上易迁安置点已建成16.6万平方米，共引进企业33户，解决就业5243人。

（作者时任昭通市工业和信息化局办公室主任）

农工党昭通市委脱贫攻坚概述

农工党昭通市委

2015 年 11 月 27 日，中共中央召开中央扶贫开发工作会议，提出了新时期精准扶贫、精准脱贫的基本方略，到 2020 年实现“两个确保”（确保农村贫困人口实现脱贫，确保贫困县全部脱贫摘帽）的目标，吹响了脱贫攻坚战的冲锋号。

2016 年 1 月 30 日，习近平总书记同各民主党派中央、全国工商联负责人和无党派人士代表共迎新春时指出，要完善民主监督，加大对重大改革举措、重要政策贯彻执行情况和“十三五”时期重要约束性指标等的监督，促进相关工作。

6 月 21 日，各民主党派中央开展脱贫攻坚民主监督工作启动会在京召开。会议明确 8 个民主党派中央分别对口 8 个全国贫困人口多、贫困发生率高的中西部省区，重点就贫困人口精准识别、精准脱贫等情况开展民主监督。

为推动工作有序开展，中共中央统战部、国务院扶贫开发领导小组办公室出台了《关于支持各民主党派中央开展脱贫攻坚民主监督工作的实施方案》，明确列出了民主党派开展脱贫攻坚民主监督的主要内容，即贫困人口精准识别情况、贫困人口精准脱贫情况、贫困县摘帽情况、落实脱贫攻坚责任制情况、重大政策措施执行情况、扶贫资金项目管理使用情况。

随着脱贫攻坚工作的启动，农工党昭通市委充分发挥党派优势，认真履行监督职能，按照“寓帮于监”“寓监于帮”的工作要求，主动作为，把健康扶贫作为参与精准扶贫的重点领域，精准发力，集中攻坚。近5年来，先后开展健康扶贫专项调研10余次，提出提案近30件；向昭通贫困地区困难群众捐款460万元；先后开展惠民义诊活动20余次，义诊人数达4500余人次，发放健康科普资料10000余份，免费向困难群众发放价值10余万元的药品。

一、充分发挥界别优势，全力推进健康扶贫

近5年来，农工党昭通市委始终坚持实事求是思路，充分发挥智力密集，联系广泛的优势，依托农工党党员医疗专家多的特点，充分发挥医药卫生界人才荟萃的优势，把健康扶贫作为参与精准扶贫的重点领域，精准发力，集中攻坚。

在协调做好农工党中央的指导下，我委先后组织专家到各县区开展健康扶贫专项调研10余次，重点关注如何帮助提高贫困地区基层医疗卫生服务能力建设，如何推进优质医疗资源下基层，如何推动“医疗、医保、医药”政策上对因病致贫、因病返贫贫困户给予倾斜。先后向市人大、市政协等提交提案、建议近30件，多个提案得到了市委、市政府的高度重视，获得优秀提案表彰。

先后组织医疗专家到昭阳区、水富市、鲁甸县、永善县、绥江县、盐津县、镇雄县等县区的贫困乡村开展走进基层扶贫义诊20余次，共义诊5000余人次，发放1.2万余份健康宣传资料，免费向困难群众发放价值3.1万余元的药品，深受百姓好评。还多次组织农工党党员、社会爱心人士开展爱心捐赠、捐资助学活动，累计向我市困难群众、贫困学生捐赠教育经费和学习物资10万余元。

根据中共昭通市委统战部的安排部署，农工党昭通市委派出机关工作人员于2015—2017年到水富市太平镇二溪村驻村扶贫，全力帮扶水富市太平镇二溪村从一个“交通靠走、通信靠吼、娱乐靠酒”的穷山村，到如今宽敞的水泥路直达村寨，家家户户修建了安全稳固的新房，村民文化活动广场、4G通信、垃圾房等设施全面建成投入使用的现代化村庄。农工党昭通市委既全程参与了这个村的脱贫攻坚，也见证了人民生活发生的巨大变化。

二、做好基层组织履职，配合做好调研工作

2016年7月26日，农工党中央对口云南省脱贫攻坚民主监督工作座谈会在昆明召开，标志着农工党中央对口云南省脱贫攻坚民主监督工作正式启动，同时也确定了农工党广东省委对口帮扶昭通。农工党昭通市委作为基层组织机构，主动作为、积极协调，先后到昭阳区、鲁甸县、巧家县、大关县、绥江县、镇雄县、彝良县、威信县、水富市，多次深入基层，聚焦革命老区、深度贫困地区开展入户抽样调查、实地考察开展脱贫攻坚民主监督调研。

在我委的积极协调帮助下，2017年5月农工党中央到昭通市镇雄县开展了脱贫攻坚民主监督工作，到镇雄县雨河镇乐利村开展驻村调研，走遍了乐利村全部的24个村民小组，共走访63户农户（包括建档立卡户和非建档立卡户），户户填写调研问卷，与村民群众、村医、教师、村干部等座谈10余次。

2018年5月，全国人大环境与资源保护委员会副主任、农工党中央专职副主席龚建明到绥江县了解当地因病致贫的情况和中医入户服务百姓的情况。11月到大关县新民村中药材种植基地和琦鑫黄牛养殖专业合作社调研。了解大关县中药材种植分布、群众参与度、贫困户入股、红利分配、产品销售、企业发展等情况。

2019年3月，全国人大常委会副委员长、农工党中央主席陈竺专程来到新迁建的昭通市镇雄县人民医院（四川大学华西医院区域联盟中心医院），了解医院规划、建设、运行情况和当地健康扶贫工作开展情况，并强调要探索新一代智慧医疗背景下高质量和低成本相结合的医疗服务模式以更好造福人民群众。11月，全国人大常委会委员、农工党中央专职副主席、精准扶贫精准脱贫工作领导小组副组长杨震等农工党中央调研组一行，到昭阳区永丰镇海升苹果基地、彝良县小草坝、昭阳区靖安跨县区易地扶贫搬迁安置区、彝良县发界安置区调研了解相关情况。

2020年1月，农工党中央委托南京邮电大学魏莉教授一行到镇雄开展脱贫攻坚民主监督调研。6月，全国人大常委、农工党中央专职副主席杨震率农工党中央调研组到昭通市镇雄县就脱贫攻坚进展情况、统筹脱贫攻坚与疫情防控工作情况开展调研。

在我委的积极推动下，农工党中央经过多方的努力，成功与四川大学华西医院建立了对口帮扶协议，挂牌成立四川大学华西医院区域联盟中心医院，对镇雄县开展健康扶贫帮扶，实现医疗资源共享。

在我委的积极争取下，农工党中央向我市捐赠了价值300万元的1500枚人工晶体。全国人大常委会副委员长、农工党中央主席、中央精准扶贫精准脱贫工作领导组组长陈竺，全国人大常委会委员、农工党中央专职副主席、农工党中央精准扶贫精准脱贫工作领导组副组长龚建明出席了捐赠仪式。

三、积极发挥党派优势，协调助力脱贫攻坚

农工党昭通市委多次邀请农工党广东省委到昭通调研指导工作，通过市委会的努力争取，农工党广东省委先后深入昭通市威信县水田镇龙洞村、水田村，入户抽样调查30个建档立卡户，实地考察贫困户的家庭人口、农

业生产状况、经济状况、吃穿和住房状况、适龄青少年教育情况、基本医疗和社会保障状况，以及扶贫政策落实等相关情况，并对比检查了建档立卡贫困户档案，拿到了第一手资料。同时也促成农工党广东省委会向威信县捐资 60 万元用于村卫生室建设，捐赠 150 个爱心书包助力小书包大梦想助学帮扶；促成农工党深圳市委员会捐赠 5 万元用于捐资助学。

2018 年 5 月，农工党广东省委携同心圆工程与广东省卓如医疗慈善救助基金会等机构合力开展的“健康中国基层行 · 百市千县精准健康扶贫行动”走进水富县，为水富市捐助善款 100 万元，为 200 名前期义诊筛查出的贫困眼疾患者发放了医疗慈善救助卡，并组织开展了 25 场义诊，已有 140 位进行了手术治疗的贫困眼疾患者接受慈善救助。

8 月，农工党广东省委到鲁甸县龙头山镇光明村花椒产业基地、粤滇绿色供港蔬菜基地、麻布院子东西部扶贫协作示范点开展产业扶贫调研，随后又到照壁小学，了解学校办学招生、教学和建设情况；同时开展了入户问卷调查，入户抽样调查 30 个建档立卡户。

11 月，由农工党广东省委，广东省同心圆工程筹资 60 万元在威信县扎西镇巷子村、墨黑村、玉京山村、大湾村和高田乡鸽诚村、鱼井村援建的 6 所卫生室，经竣工验收并正式投入使用。在授牌仪式上，广药集团还向援建卫生室捐赠价值 3 万多元的药品。

2020 年 8 月，农工党广东省委到镇雄县调研并向镇雄县医疗机构捐赠价值 5 万元的医疗药品。

四、积极履行职能，全力做好脱贫攻坚监督

近 5 年来，农工党昭通市委始终坚持实事求是思路，依托农工党中央对口云南、农工党广东省委对口昭通的契机，坚持“寓监于帮”的思想路线

指导开展民主监督工作。持续开展了点、面结合的调查研究，驻村扶贫、驻村入户调查、走访建档立卡户、非建档立卡户、医疗教育机构，与村民群众、村医、教师、村干部座谈、问卷调查、满意度调查；开展了政策宣讲、扶贫义诊、结对帮扶、对口帮扶、爱心捐赠、爱心助学等具有党派特色的脱贫攻坚监督工作。同时，立足党派自身人才智力优势，选取监督重点区域、难点问题精准发力，发现问题分析问题，拿出了管用的意见建议，为昭通的脱贫攻坚作出了榜样。

（由农工党昭通市委供稿）

助力脱贫攻坚一直在路上

民革昭通市委

自脱贫攻坚工作开展以来，民革昭通市委坚持以习近平新时代中国特色社会主义思想为指导，深入学习贯彻习近平总书记关于扶贫工作重要论述，始终牢记初心使命，践行中共昭通市委“133”工作思路，凝聚力量充分发挥党派优势，聚焦参政议政和脱贫攻坚专项民主监督工作，用心用情用力助力脱贫攻坚，书写了出彩的民革答卷。

一、深化认识，凝聚力量助力脱贫攻坚

全面建成小康社会，最艰巨的任务是脱贫攻坚。昭通作为国家和云南省脱贫攻坚的主战场，脱贫攻坚是最大的政治任务、最大的历史使命、最大的民生工程、最大的发展机遇。

绵力齐聚，定能众志成城。民革昭通市委领导班子充分认识脱贫攻坚工作的重要性和艰巨性，将自身特色优势与履行职能职责紧密结合，聚力脱贫攻坚工作。在全委会、常委会、中心组学习、支部组织活动等会议上安排脱贫攻坚专题学习内容，学习贯彻习近平总书记关于扶贫工作重要论

述，深刻认识脱贫攻坚战的伟大意义。学习传达中共中央、中共云南省委、中共昭通市委打好打赢脱贫攻坚战的新思路、新要求和新举措，加强民革党员对脱贫攻坚各项政策的了解和掌握，引导他们更加坚定、更加自觉地把思想和行动统一到决胜全面建成小康社会的宏伟目标中来，做昭通脱贫攻坚战的亲历者、参与者。

昭通民革党员多是机关事业单位工作人员，很多人既有所在工作单位分配的脱贫任务，又参加民革昭通市委组织的脱贫工作。全市民革党员立足本职岗位，积极响应民革昭通市委的倡议，进深山、走村寨、入农户，以实际行动投身全市脱贫攻坚战役中，在脱贫攻坚一线践行自己的使命。

二、履职作为，围绕脱贫攻坚建言献策

民革昭通市委把参与脱贫攻坚作为服务大局、展现作为的重要平台，一方面围绕脱贫攻坚作调研建真言献良策；另一方面深入一线开展脱贫攻坚专项民主监督，以实际行动积极参与全市脱贫攻坚工作。

积极引导各基层支部、民革党员中的人大代表、政协委员通过多种形式反映脱贫攻坚政策落实中和产业扶贫、教育扶贫、医疗扶贫、保障兜底中存在的突出问题、突出矛盾和主要困难，提出解决问题的意见建议。2015 年以来，在省、市、区政协提交涉及脱贫攻坚方面的提案 30 余件，其中《关于推进我市金沙江下游生态农业建设的建议》被评为市政协第四届二次会议好提案、《关于加强农业科技创新、推动我市现代农业发展的建议》被评为市政协三届四次会议优秀提案。完成昭通市社科联脱贫攻坚专项课题《新型城镇化发展模式和路径研究》（入编“昭通市第四届哲学社会学科课题成果选编”）、《长江经济带发展战略视域下的金沙江下游昭通市扶贫攻坚研究》《昭通市乡村振兴与脱贫攻坚衔接融合研究》（入编 2019 年度昭通市第十届哲学社会科学脱贫攻坚专项课题）。组成调研组到县区调研产业、就业

扶贫的情况，提交《昭通市实施产业扶贫的思考》《推进就业扶贫助力昭通脱贫攻坚》的调研报告。民革界别的政协委员参加了市政协2018年脱贫出列摘帽工作情况视察、市政协白鹤滩水电站移民搬迁安置工作推进和有关政策落实及提案办理情况视察。

脱贫攻坚民主监督是民主党派民主监督工作的新探索，具有重要的政治意义和现实意义。为保障民主监督工作的顺利开展，成立了由市政协副主席、民革昭通市委主委彭霓任组长，副主委任副组长的脱贫攻坚民主监督工作领导小组，选取参加脱贫攻坚工作的民革党员组成调研组开展脱贫攻坚专项民主监督工作。在工作中，召开专题会议研究选取切入角度，围绕解决“两不愁、三保障”的突出问题和困难、脱贫攻坚中扶贫对象是否精准、易地扶贫搬迁安置后续工作等深入贫困地区、贫困群众中，了解情况查找问题及原因，提交调研报告3篇，提出意见建议16条。先后到昭阳区洒渔镇、靖安镇等乡镇，靖安易地扶贫搬迁安置进行了实地走访调研。到昭阳区永丰镇、靖安镇进行暗访，疏导群众情绪。

按照“寓监督于帮扶之中，寓帮扶于监督之中”的工作原则，在民革昭通市委联系的“同心天伦”项目地昭阳区五星苗寨，开展了“同心天伦”五星村义诊，现场诊疗群众67人，发放资料500余份。与昭阳区政协等单位联合举办习近平新时代中国特色社会主义思想宣讲进苗寨暨“我们的中国梦·文化进万家”活动。协调联系民革云南省委到昭阳区举办“同心·家风建设进昭阳大讲堂”5场讲座，到鲁甸县埂底村和挖水村小学、昭阳区五星村小学捐赠3万元的图书1500余册。

三、开展服务，彰显民革博爱情怀

岁月不居，时节如流。多年来，民革昭通市委发挥自身优势，结合“博爱·牵手”行动，不断拓宽社会服务领域，从民生小切口入手，精准对接困难群众所急所需所盼，为脱贫攻坚“添一把柴、加一把火”，树立了民革的良好形象。一是资金帮扶。整合力量协调项目资金，助力基础建设。为大关县寿山镇争取“一事一议”、整村推进、危房改造项目资金175万元，争取乡级卫生院、中坪村村级卫生院、垃圾处理站建设资金210万元。帮助水富市太平镇二溪村解决垃圾房恢复重建资金5万元，支持水富向家坝镇杨柳村党建活动室建设经费1.5万元。帮助解决大关县悦乐镇、永善县茂林镇、水富市太平镇脱贫攻坚精准识别工作经费共4.5万元。二是热心公益。协调联系民革上海市委组织民革党员、社会爱心人士献爱心，为二溪村贫困家庭适龄儿童学生捐赠价值7.7万元的冬装225套。争取民革上海市委“博爱图书，十年百馆”公益项目到盐津、永善两县四所小学捐赠图书5100本。新型冠状病毒肺炎疫情发生后，组织全市民革党员爱心捐款2.06万元，及时捐赠大关县悦乐镇用于购置防疫用品，助力当地复产复工。三是关爱医教。协调联系云南中医学院专家组成专家组到镇雄县、盐津县开展义诊和健康教育讲座。组织民革党员在水富太平镇二溪村、永善马楠乡桃山村开展义诊活动。邀请昭通市实验小学两位名师到在水富太平镇二溪村小学上示范课。

脱贫路上，凝心聚力同心同行。民革昭通市委将进一步提高政治站位，增强责任意识、担当意识，贯彻民革中央举全党之力抓参政议政的要求，坚持问题导向，关注民生、服务社会，为奋力推动昭通滇东北崛起，实现高质量发展，谱写好中国梦的昭通篇章作出应有的贡献。

（由民革昭通市委供稿）

坚持精准聚焦　强化人才支援

——广东中山与云南昭通开展对口帮扶工作的经验启示

中共中山市委党校

精准扶贫是习近平总书记关于扶贫工作重要论述的核心内容，对于做好东西部扶贫协作和对口支援工作，习近平总书记强调要明确重点，精准聚焦。广东省中山市自2016年对口帮扶云南省昭通市盐津、大关、永善、绥江四县以来，深入学习贯彻习近平总书记关于扶贫工作重要论述精神，坚持把东西部扶贫协作摆在重要位置，坚持精准定位、突出重点，聚焦精准、深化帮扶，充分发挥人才在对口帮扶中的支撑作用，经过中山的对口帮扶，受援的昭通四县达到脱贫标准，全部退出贫困县序列。全面总结中山市与昭通市开展对口帮扶工作的成绩和经验，有利于进一步深化两地合作交流和共同发展，共同开启新时代改革发展新篇章。

一、坚持因地制宜，明确帮扶重点，对口帮扶精准发力

中山地处改革开放的前沿阵地，经过改革开放40多年的发展，积累了丰富的工业化、信息化、城镇化、农业现代化建设经验。在与昭通的对口帮扶合作中，中山发挥自身在建设现代化城市中的先进经验，举全市之力

与昭通开展全方位、多领域、深层次的扶贫协作，结合受援地经济社会发展实际和当地资源禀赋，按照“昭通所需、中山所能”的原则，精准选取帮扶项目，精准组织项目实施，推动中山城市资源与昭通脱贫攻坚需要精准对接，确保受援地被帮扶群众不断提高获得感、幸福感、安全感，助力昭通打赢脱贫攻坚战。

一是产业扶持精准。昭通位于云南省东北部、金沙江下游右岸，地处云、贵、川三省接合部的乌蒙山区腹地，自然环境优美、资源禀赋突出。中山紧扣受援地资源优势，结合中山现代农业、加工制造业等方面的资源，着力培育高原特色农业和适宜的脱贫产业，苹果、马铃薯、竹子、特色养殖、天麻、花椒等“6个百亿元”高原特色产业纵深发展，“半城苹果满城香”的“苹果之城”“温饱薯变致富薯”的“洋芋帝国”加速崛起，破解了“一方水土难以养活一方人”的困境。中山市还创造性地提出“以商引商”的扶贫模式，组织发动东部企业落地昭通，积极援建扶贫车间，为昭通延伸产业链条、增加产业附加值、推动关联产业持续健康发展奠定了坚实基础，推动昭通资源优势转化为产业发展优势。

二是劳务协作精准。昭通劳动力资源优势明显，中山积极挖潜劳务协作渠道，开展昭通—中山劳务协作，组织受援地群众到中山等地外出务工，探索形成聚焦精准对接、实现机制协同，聚焦精准组织、实现动员协同，聚焦精准推动、实现市场协同，聚焦精准落地、实现稳岗协同的“四精准四协同”劳务协作模式，提高劳动力转移组织化程度。组织开展劳务用工培训，免费招收昭通籍学生到中山就读职业院校并推荐就业。

三是资金投入精准。对口帮扶以来，中山聚焦解决“两不愁、三保障”突出问题，从教育、就业、增收、医疗等老百姓关心的民生需要入手，加大财政资金投入，援建饮水安全、住房安全、乡村道路、学校、贫困村卫生室等基础设施，支持开展贫困户危房改造，组织开展教育、医疗行业“一对一”帮扶，提升昭通发展后劲和民生保障水平。

二、补齐短板弱项，强化第一资源，大力实施人才支援

近代以来，中山人才辈出、群英荟萃，改革开放以后也创造了被誉为广东“四小虎”之一的发展成绩，中山的经济社会发展历程充分表明人才是第一资源，重视发挥人才作用才能获得更好发展。对口帮扶昭通4年多来，中山根据精准帮扶需要，把人才支援作为扶贫协作的重要支撑，实施人才支援“百人计划”。一是加大人才支援交流力度。采取长期挂职和短期支援相结合的方式，拓宽人才支援领域，除了支教、支医外，还选派了农业、国土、住建、规划、经管、市场监管、残疾服务等领域的专业技术人员到昭通开展人才支援，形成了全方位、多类型、宽领域的人才支援大格局。二是严把人才选派关。把政治素质好、业务能力强、作风扎实、不怕吃苦作为选派人才的基本标准，优先选派高级职称人才。组织开展“中山博士团走进昭通”活动。三是创新人才支援途径。在昭通建立名师名医专家工作室、工作站，借助互联网加强远程联系，积极开展两地交流，促进中山与昭通两地观念互通、思路互动、技术互学、作风互鉴。四是加大对受援地基层干部、专业技术人员的培训力度。利用双向交流、挂职锻炼、举办培训活动等方式，提高受援地专业技术人员素质能力，为受援地打造一支留得住、能战斗、带不走的人才队伍。

三、牢记初心使命，激发奋斗精神，巩固脱贫攻坚成果

习近平总书记指出，为什么人的问题，是检验一个政党、一个政权性质的试金石。打赢脱贫攻坚战、全面建成小康社会体现了我们党全心全意为人民服务的根本宗旨。虽然中山对口帮扶地区实现了全部脱贫，但受援地

产业发展的基础还需要不断夯实，受援地人民对美好生活的需要在不断增长，要充分认清东西部扶贫协作的战略意义，持续做好支援巩固工作。一是更好发挥中山对口帮扶作用。围绕贯彻落实“十四五”发展规划和2035年发展愿景，用心、用情、用功、用力解决好制约受援地产业发展和人民生活改善的障碍，久久为功，推动区域协调发展、协同发展、共同发展，不断满足受援地人民群众对美好生活的需要。二是坚持好、发展好中山对口帮扶昭通的实践经验。积极搭建合作平台，做好产业扶贫、劳务扶贫、教育扶贫、消费扶贫、社会帮扶等工作，夯实受援地区全面建成小康社会基础。三是建立健全城乡融合发展体系。发展壮大乡村产业，改善乡村发展环境，强化乡村人才支撑，引导乡村人才返乡创业，团结带领受援地人民群众积极投身乡村振兴，推进东西部扶贫协作和对口帮扶走深走实走远。

（由中共中山市委党校课题组供稿）

第二编　谋划与部署

摘帽不摘帮扶　巩固脱贫成果

——中山市委书记赖泽华到昭通调研对接扶贫协作工作

广东省第六扶贫协作工作组

经过近4年不懈努力，截至2019年12月，中山对口帮扶的盐津、大关、永善、绥江四县全部脱贫摘帽，在广东派出的6个东西部扶贫协作城市中，中山市率先实现对口帮扶县全部脱贫摘帽目标。摘帽后扶贫协作怎么干?

初夏时节，乌蒙大地山峦叠翠，万物勃发。2020年6月4—6日，中山市委书记、市人大常委会主任赖泽华率中山党政代表团到云南省昭通市调研扶贫协作工作。双方表示，要深入学习贯彻习近平总书记在决战决胜脱贫攻坚座谈会上的重要讲话精神，按照全国东西部扶贫协作部署要求和粤滇省委、省政府工作安排，努力克服新冠肺炎疫情影响，在现有基础上继续巩固脱贫成果，不断提高脱贫质量，坚决夺取脱贫攻坚战全面胜利。

昭通市委书记杨亚林陪同调研。中山市领导唐颖、陈文锋、杨文龙、李长春，昭通市领导朱家伟、张绍雄、成联远、吴静、尹朝禹等参加有关活动。广东省第六扶贫协作工作组组长、中山市人大常委会副主任、昭通市委常委、副市长蔡宏全程陪同调研并作工作汇报。

行程中，中山代表团先后到昭通市职教中心，大关县玉碗镇老街村生猪代养场、农产品冷链物流基地，盐津县牛寨乡绿源乌骨鸡产业园、水田易地扶贫搬迁安置点，昭阳区5万亩马铃薯高标准示范基地、靖安易地扶贫搬迁安置区、永丰海升苹果基地等地，就易地搬迁项目援建、就业安置、产业协作、教育帮扶等工作情况进行调研。

6月4日上午9：30，赖泽华一行首先来到昭通市职教中心调研。2017年以来，中山市累计投入财政资金9500多万元，以“0+3”“3+1”模式，招收2102名昭通初中毕业生到中山九所公办职业学校免费就读并推荐工作。同时还通过校企合作办班，开办了“格力班”“威力班”等一些特色职业教育班级，去年一年，昭通籍学生勤工俭学和实习收入超过950万元，真正实现“一人学成有技，就业致富全家”。

赖泽华来到学生中间，问他们有没有去过中山，并向同学们介绍中山市是伟人孙中山先生的故乡，地处珠江三角洲，工业制造业比较发达，亟须技能型人才加入，鼓励他们好好学习，掌握一门技术，欢迎到中山工作生活、成家立业。赖泽华说：“我在中山等你们！”同学们齐声回答：“要得！”

上午11：00，赖泽华一行到大关县调研东西扶贫协作工作。在听取中山援建项目建设情况汇报后，赖泽华一行对项目建设推进情况给予充分肯定，要求相关部门要积极支持项目建设；建立科学有效的利益链接机制，把最终的利益惠及贫困群众身上；帮扶项目的资产要确权到位、规范管理，确保项目资产保值增值，巩固大关脱贫攻坚成果。

玉碗镇老街村生猪代养场为东西部扶贫协作产业援建项目，占地42亩，总投资563万元，由中山市2019年援助资金建设，共建设2个分别存栏1100头规模的现代化生猪养殖圈舍以及医疗器械、消毒设备、监控设备等附属配套设施。在促进全县生猪养殖的产业化、规模化、组织化发展的同时，涉及村委会将租赁收益用于实施带动贫困户脱贫，助力当地群众增收，带动地方经济发展。

大关县农产品冷链加工物流基地为东西部扶贫协作产业投资项目，由中山火炬开发区下属的中山市健康科技产业基地发展有限公司出资建设，项目建设地点位于大关县翠华镇。项目打造集冷冻、冷藏、加工、包装、销售于一体的现代物流中心。项目建成投入使用后，将解决大关县优质农特产品走向市场的瓶颈问题。

下午 3：00，赖泽华一行到盐津县调研东西扶贫协作工作。

在牛寨乡新华村绿源乌骨鸡产业园区，赖泽华对绿源生态农业综合开发（盐津）有限公司正在推进的乌骨鸡全产业链闭环生态农业项目进行了详细了解。

绿源乌骨鸡产业园位于牛寨乡新华村，是 2019 年通过引进深圳广深互联云计算有限公司注册成立的东西部扶贫协作企业，计划总投资 15560 万元，占地 65.5 亩，结合互联网＋大数据，致力打造集乌骨鸡养殖、屠宰、深加工、冷链、餐厅、新零售、全民养鸡上下游整合的全产业链。预计年屠宰能力达 800 万羽，生产加工自热鸡汤罐头 1400 万罐，冷冻冷藏乌骨鸡 300 万羽。同时，采取公司＋合作社＋农户的“双绑定”利益联结机制，可解决 200 余人就业，利益联结养殖户 5 万人。

赖泽华希望公司进一步找准市场定位、结合互联网＋生态农业，打造集科研、饲料生产、生态养殖、屠宰加工、冷链物流、市场营销于一体的完整封闭式全产业链项目，为盐津做大做强乌骨鸡产业项目创造利好条件。

下午 4：00，赖泽华一行到盐津县水田易地扶贫搬迁安置点调研。赖泽华先后到中山援建学校水田第二小学、东西部协作就业基地、感恩超市等地，听取学校教育、劳动就业、健康扶贫、产业发展、易地扶贫搬迁等情况介绍。

中山市在水田安置点援建项目包括：

1. 扶贫车间。通过招商引资引进粤滇竹文化有限公司等四家企业，投入专项财政资金 69 万元（技能培训经费），对卡户劳动力进行竹编培训，并对产品进行回收。计划培训 200 人，目前已完成培训 107 人。

2. 水田安置点小学。整合东西部协作资金投入 1500 万元建设综合楼。目前已建设完成，可解决搬迁户 1224 名适龄儿童就学。

3. 水田安置点幼儿园。整合东西部协作资金 1000 万元建设综合楼，解决搬迁户 540 名学龄前儿童就学。

4. 水田安置点爱心超市。东西部扶贫协作社会捐赠募集价值 369 万元物资，建设爱心超市1个，群众按管委会制定的积分积累规则赚取积分，用于兑换物资。

5.水田安置点青少年活动中心。投入东西部协作资金10万元，建设面积约110平方米，集多媒体学习、图书阅读等为一体的青少年活动中心1个。

6.“七个一”配套物资。安排资金及物资586.52万元（其中资金310万元）用于解决3097户贫困户家庭配套“七个一”（电饭煲、电磁炉、沙发、餐桌椅、床、衣柜、鞋架）难题，降低群众搬迁成本。

赖泽华表示，与盐津县开展东西部扶贫协作，是一份沉甸甸的政治责任和社会责任，是一种合作缘分。下一步将继续深化对接沟通，创新帮扶形式，巩固脱贫成果，按照“盐津所需，中山所能”的原则，按照中央、省、市的工作部署，继续帮助盐津补齐发展短板、夯实发展基础，加快携手奔小康的进程。

6月5日上午9：00，赖泽华一行前往昭阳区5万亩马铃薯高标准示范基地。“看了5万亩连片土豆种植基地，大片的土豆花开，朵朵白云在天空飘着，景色秀丽，让人大开眼界。”赖泽华在昭通调研时表示，昭通市的产业发展规模大、品质高，体现了昭通市委、市政府在谋划产业上因地制宜，找准定位，让土豆不“土”，土豆变成了“金豆”“致富豆”，成为昭通的名片，抢占了制高点，走向国际化。

6月5日上午11：00，赖泽华来到昭阳区靖安跨县（区）易地扶贫搬迁安置区调研。靖安跨县区易地扶贫搬迁安置区是全国最大的跨县易地扶贫搬迁安置区，承接昭阳、大关、永善、彝良、盐津、镇雄6县区、39个贫困乡镇、229个贫困村的搬迁群众9256户40549人（建档立卡6976户31160人、同步搬迁2280户9389人），其中中山对口帮扶的大关县5318户22635人、永善县2436户10868人、盐津县86户351人。2019年11月21日完成分房，2019年12月18日启动搬家。

调研组一行在靖安新区规划展示厅观看了宣传片，听取新区建设和搬迁入住等相关工作情况介绍。在易迁群众服务大厅了解了服务窗口、学生就学、劳动力就业、技能培训以及社区管理和服务工作情况。在恒大集团援建蔬菜大棚，了解蔬菜种植、产量以及搬迁群众务工情况。

中山市捐赠3000万元援建靖安新区中山博爱小学，共设置42班2100个学位，项目预计6月底全部竣工。目前，博爱小学已按相关规定严格落实疫情防控措施，1071名易迁群众子女（小学生）已于4月29日按时入学。

赖泽华对靖安新区的规划、管理、各项为民举措给予高度肯定。他表示，靖安新区各项工作细致周到，真正为老百姓提供了便利，真正把精准扶贫的“精准”做到了实处。安置区的老百姓其乐融融、幸福指数很高。昭阳区靖安跨县（区）易地扶贫搬迁安置区如此大规模的安置区，老百姓能够安居乐业，经济效益、生态效益也都很好，体现了昭通市委、市政府领导谋事之周、谋划之全、档次之高、规模之大，感受到了昭通的速度、昭通的质量、昭通的后劲以及昭通的前景。

6月5日下午3：00，赖泽华一行到昭阳区永丰海升苹果基地调研。

6月5日下午4：30，中山市—昭通市东西部扶贫协作联席会议在昭通市会展中心召开。赖泽华表示，这次来到昭通调研考察，既是贯彻落实党中央脱贫攻坚决策部署和两省对口协作任务安排的具体行动，也是一次开阔眼界、增长见识的学习之旅、合作之旅。面对脱贫奔康的时代考题、百姓之问，昭通市委、市政府科学谋划、统筹全局，因地制宜、精准定位，实干担当求实效，向最难处勇攻坚，让我们看到了昭通速度、昭通质量、昭通后劲和昭通前景。

赖泽华指出，近年来，中山坚持把东西部扶贫协作摆在重要位置，坚持“昭通所需、中山所能、全力以赴”，推动对口帮扶四县实现脱贫摘帽。接下来，要深入贯彻习近平总书记关于扶贫工作重要论述，严格落实好摘帽不摘责任、摘帽不摘政策、摘帽不摘帮扶、摘帽不摘监管“四个不摘”要求，一鼓作气、乘势而上、通力协作，持续巩固脱贫攻坚成果，确保夺取全面胜利。一是突出产业扶贫，把更多帮扶资金用在产业协作上，将昭通特色产业和中山产业转型升级结合起来，引导两市优势互补、互利共赢。

二是提升劳务协作水平，克服疫情深层影响，继续推进劳动力转移，重点做好援企稳岗工作。三是坚持扶贫与扶智相结合，进一步加强干部、人才交流，持续深化人员互动、技术互学、观念互通、作风互鉴。四是创新职教合作模式，做好昭通在中山就读学生的就业指导和岗位推荐，推动两市职业教育深度协作长期开展。五是加大结对力度，聚焦巩固“三保障”成效、大型易地扶贫搬迁安置点等后续帮扶工作，动员更多社会力量参与，将结对帮扶力量延伸、下沉到基层。六是做好全面脱贫与乡村振兴的有效衔接，推动减贫战略和工作体系平稳转型。

赖泽华表示，扶贫协作工作开展以来，广大驻昭通干部作为脱贫攻坚一线的主力军，舍小家为大家，用实际行动展现了政治素质、担当意识和奉献精神，树立了中山干部的良好形象。市委、市政府将一如既往关心关爱大家的成长，让踏实肯干、担当有为的干部享有应有的地位、应有的尊严、应有的舞台、应有的机会，鼓励更多优秀干部到条件艰苦的一线磨砺意志、增长才干。

杨亚林代表昭通人民对调研组一行的到来表示欢迎，对中山市长期以来的关心、支持、帮助和厚爱表示衷心的感谢。杨亚林表示，在党中央坚强领导，云南省委、省政府大力支持和广东省、中山市等各级各方强有力帮扶下，昭通在坚决啃下全国最硬的脱贫攻坚“硬骨头”方面，已经取得了决定性胜利。过去 3 年多里，中山派遣到昭通的帮扶干部、支医支教队伍，带来了务实严谨的工作作风，带来了饱含真情的倾力帮扶，融入昭通、情系昭通，做昭通人、说昭通话，给昭通老百姓留下了深刻印象。这种深情厚谊，昭通各级党委政府和全市人民将永远牢记。当前昭通正处于决战决胜脱贫攻坚“百日总攻”的关键时期，希望中山在产业协作、就业稳岗、职教发展、消费扶贫、人居环境整治等方面加大帮扶力度，帮助昭通实现从“过大关”到“迎大考”的过渡，全力交出脱贫攻坚高质量答卷。

广东省第六扶贫协作工作组组长、昭通市委常委、副市长蔡宏介绍，2016 年 9 月中山与昭通结对开展扶贫协作，经过近 4 年的不懈努力，到今年5月，中山对口帮扶的盐津、大关、永善、绥江4个县全部脱贫摘帽，在广东派出的6个扶贫协作工作组中，率先实现对口帮扶县全部脱贫摘帽目标。

中山市累计投入各类资金10.1亿元，其中财政援助资金7.7亿元，社会帮扶资金2.4亿元。建设易地扶贫搬迁示范安置点4个、村级卫生室117个、中山博爱学校3所，实施校舍建设项目34个，改造农村危房1145户，支持当地建设产业园区2个、实施扶贫项目300多个。引导34个产业项目落地昭通，援建扶贫车间12个，引导企业完成投资16.8亿元，销售昭通农特产品价值1.7亿元。组织26271名贫困群众到广东等地外出务工，与昭通、东莞一起探索形成了“四精准四协同”劳务协作经验，得到了国务院胡春华副总理肯定。累计免费招收2102名昭通籍学生到中山就读职业院校并推荐就业。选派教育、卫生、农业、国土、住建、规划、残疾人康复等专业技术人才294人到昭通开展支援，培训昭通干部人才23916人次，建设名师名医专家工作室、工作站24个，组织开展学术交流、教学讲座、义诊会诊等活动100余场次。发动中山镇区、部门、学校、医院、企业、村、社区、社会组织等各方力量，与昭通市全面开展结对帮扶，推动对口帮扶县、县级医院、县级学校和182个深度贫困村实现“四个结对帮扶全覆盖”。

（由广东省第六扶贫协作工作组供稿）

从脱贫攻坚迈向发展共赢

——杨亚林率党政代表团到广东考察对接工作

广东省第六扶贫协作工作组

2020年9月6日，昭通市委书记杨亚林率昭通市党政代表团到中山市考察对接，并于当日下午举行两市会见座谈。中山市领导赖泽华、危伟汉、唐颖、陈文锋、杨文龙、李长春、冯煜荣、蔡宏、叶红光，昭通市领导朱家伟、张绍雄、成联远、陈真永、吴静等参加有关活动。

赖泽华代表中山市委、市政府，对昭通市党政代表团到访表示诚挚欢迎。他说，昭通和中山千里一家亲、共圆一个梦。在前期的扶贫协作中，昭通“奋勇争先、敢争一流”的魄力，“脱贫攻坚、异地搬迁”的胆识，“改变旧山河、焕发新面貌”的志气，给我们留下了深刻印象。中山要学习昭通这种不畏艰辛、勇往直前的精气神，与昭通同心协力，共同完成脱贫奔康这一具有划时代意义的历史使命，向党中央、国务院，广东、云南省委、省政府和两市人民交上满意答卷。在此基础上，希望两市进一步延续帮扶协作所结下的深厚情谊，抢抓粤港澳大湾区建设机遇，在产业发展、平台建设、劳务对接、科技文化旅游交流等方面加大合作力度，常来常往、不分彼此，共同建设美好家园、创造美好未来。

杨亚林代表昭通市委、市政府和全市人民，对中山给予昭通的倾情帮扶表示衷心感谢。他说，在中山等各级各方的鼎力帮扶下，昭通脱贫攻坚取得了决定性胜利，全市629万人民特别是185万脱贫群众，永远铭记和感恩。当前，昭通正按照云南省委、省政府赋予的促进“滇东北崛起”的历史使命，不断改善基础条件，加快城镇化产业化进程。希望借助中山的经验、做法、力量，在产业联动、劳务协作、教育卫生合作等方面加强合作，变“中山所能、昭通所需”为“双方所能、双方所需”，找到互通点、结合点，实现共同发展、双赢共赢。相信两市在脱贫攻坚中建立起的友谊和基础，一定会在今后探索形成新的合作发展机制，产生更大的成效和亮点。

两市强调，要深入学习贯彻习近平总书记重要讲话和重要指示批示精神，贯彻落实党中央、国务院关于东西部扶贫协作的战略决策部署，按照粤滇两省工作要求和安排，在脱贫攻坚取得决定性胜利的基础上，进一步抢抓发展机遇、深化学习互鉴、拓展合作层次，为促进区域平衡协调发展作出新的更大贡献。

调研期间，昭通市党政代表团一行先后到南头镇、火炬开发区、翠亨新区，考察宏基 e 谷国际企业港、广东长虹电子有限公司、纬创资通（中山）有限公司、火炬职业技术学院实训基地、金马游乐集团、深中通道登陆点等地，就拓展下一步合作进行了交流对接。

（由广东省第六扶贫协作工作组供稿）

中山市与昭通市开展扶贫协作对接

广东省第六扶贫协作工作组

2020 年 9 月 15—17 日，中山市委副书记、市长危伟汉率党政代表团到云南省昭通市开展扶贫协作对接，就深入学习贯彻习近平总书记重要讲话和重要指示批示精神，贯彻落实党中央、国务院关于脱贫攻坚决策部署及省委、省政府工作安排进行调研。昭通市委书记杨亚林等一同调研。

行程中，中山党政代表团前往海升苹果基地、昭璞绿道文旅开发项目、大关县饲料加工厂、东西部扶贫协作产业园、琦鑫农产品生产有限公司、靖安跨县区易地扶贫搬迁安置区进行调研，实地感受昭通脱贫攻坚成效，现场就苹果、牛肉等农产品以及生态旅游项目的产业合作进行交流对接。

苹果产业是昭通市打赢脱贫攻坚战的重要产业支撑之一。危伟汉首先来到海升苹果基地，听取昭通苹果产业发展、种植技术等方面情况介绍，实地察看了苹果分选线运行、气调库建设，了解了苹果产业助农增收等情况。调研组对昭通苹果独特的口感、品质赞不绝口，对昭通产业发展取得的显著成效给予了高度评价。

近年来，中山市通过举办展销会、建设昭通农产品体验馆、支持发展电商平台、发动机关企事业单位购买、在全社会发出消费扶贫倡议、组织拍摄以昭通苹果为主题的纪录片等多种方式，探索、动员多方力量参与消费扶贫，源源不断地将昭通苹果、天麻、大米、牛肉、半边红李子等绿色优质高原农特产品销往中山市内乃至粤港澳大湾区，将昭通打造为市民的米袋子、菜篮子、果盘子基地，将消费扶贫作为支持昭通产业发展、促进贫困群众持续脱贫增收的重要举措。

大关县东西部扶贫产业园区项目总投资估算为58330万元，规划面积1270.79亩。2020年通过东西部扶贫协作资金新建混凝土框架结构宿舍楼9240平方米及配套设施和新建2、3、4号标准厂房共16144平方米。目前，产业园已进驻企业13家。

大关县无抗饲料加工厂是在东西部扶贫协作大背景下引进的昭通猪猪侠农牧科技集团有限公司饲料加工项目，是第一个成功入驻大关县东西部扶贫产业园区招商引资的项目。预计今年年底前建成投产，年生产能力可达24万吨，可提供就业岗位100人以上。

调研组走进琦鑫农产品生产有限公司，了解企业的生态养殖、“支部+合作社+公司+基地+农户”的生产经营模式、牛肉系列产品等。2018年，在东西部扶贫协作资金支持下，琦鑫农产品生产有限公司建设年产1000吨生产量的产品深加工厂，采取集体经济组织建设的模式带动发展养牛产业。目前，加工厂房已建成投产，产能达每年生产肉制品1000吨，吸纳就业人员32人，其中建档立卡贫困户17人，同时新带动2000户农户养殖黄牛4000头以上，2019年合作社社员户均增收5500元以上。

在靖安跨县区易地扶贫搬迁安置区，中山党政代表团前往靖安新区规划展示厅，了解集中安置的历程，随后前往靖安安置区临时管委会、昭阳区靖安安置区服务管理中心、思源社区党群服务中心，对产业园建设、教育服务、就业安置等搬迁群众保障工作进行调研。

代表团还前往中山市援建项目——靖安新区中山博爱小学，了解项目进展情况。学校已于4月29日按时开学，共设置42个班2100个学位，配置教师104名，帮助易地搬迁家庭的1071名小学生实现就近入学。

在调研过程中，危伟汉详细了解农户收入、就业安置、产业协作、公共服务供给等情况，他表示，脱贫攻坚越到紧要关头越要坚定信心、真抓实干。要深入学习贯彻习近平总书记重要讲话和重要指示批示精神，严格落实好摘帽不摘责任、摘帽不摘政策、摘帽不摘帮扶、摘帽不摘监管“四个不摘”要求，不能停顿、不能大意、不能放松，持续巩固脱贫攻坚成果，确保脱贫攻坚成效经得起考验。要加大扶贫协作的深度和广度，深入做好易地扶贫搬迁后续帮扶，下更大功夫、想更多办法携手昭通巩固提升脱贫成果，推动脱贫攻坚和乡村振兴有机衔接，奋力夺取脱贫攻坚战全面胜利。

中山市委常委、军分区司令员孔德雨，广东省第六扶贫协作工作组组长、昭通市委常委、副市长蔡宏，中山市副市长叶红光，中山市政府秘书长李俊，昭通市委副书记朱家伟，市委常委、市委秘书长尹朝禹陪同调研。

（由广东省第六扶贫协作工作组供稿）

中山市开展盐津县东西部扶贫协作调研工作

广东省第六扶贫协作工作组

2020年9月15日，中山市副市长叶红光率调研组到昭通市盐津县调研东西部扶贫协作工作，其间看望慰问了广东省第六扶贫协作工作组成员。

广东省第六扶贫协作工作组组长、昭通市委常委、副市长蔡宏，昭通市副市长吴静，广东省第六扶贫协作工作组副组长、昭通市委副秘书长曾庆文，昭通市扶贫办副主任申云虎，盐津县人大常委会主任陈国均，广东省第六扶贫协作工作组成员、中山市派驻盐津县挂职县委常委、副县长陈文权等陪同调研。

调研组一行先后来到牛寨乡牛塘村滇凤乌骨鸡种源技术开发有限公司、新华村绿源乌骨鸡产业园区、水田易地扶贫搬迁安置点东西部协作就业基地、团结社区医院、中山援建学校水田二小、感恩超市等地，听取相关情况介绍，详细了解东西扶贫协作取得的成效、存在的困难和问题，并就如何继续深化东西扶贫协作提出了意见和建议。

在牛寨乡牛塘村滇凤乌骨鸡种源技术开发有限公司，调研组详细了解了种鸡选育、孵化脱温、饲养管理、疾病防治等情况。在牛寨乡新华村绿源乌骨鸡产业园区，调研组听取了产业发展规划和产业园区建设情况汇报。

在水田新区易地扶贫安置点，调研组一行深入团结社区医院、感恩超市、学校、扶贫车间等地，紧紧围绕劳动就业、学校教育、健康扶贫、产业发展、易地扶贫搬迁等开展实地调研，对东西扶贫协作在各个领域中取得的成效给予充分肯定。

为帮助昭通市易地扶贫搬迁安置点提升社区治理水平，中山市今年选派了 12 名社工到万人以上的易迁点开展培训指导工作，其中，向盐津县水田新区援派 4 名社工。叶红光向中山社工了解社区工作情况。

自 2016 年 9 月中山市与盐津县开展东西部扶贫协作以来，中山市积极组织各单位与盐津县开展结对帮扶工作，在劳动就业、教育发展、健康扶贫、产业发展、感恩教育等方面取得了显著成效。

调研组表示，通过此次调研，看到了东西部扶贫协作工作开展以来的丰硕成果以及盐津各项事业的快速发展。今后将按照“盐津所需、中山所能”原则，按照中央、省、市的工作部署，继续关心、帮助盐津补齐短板，夯实发展基础，助力盐津各项事业蓬勃发展。

调研期间，叶红光还前往广东省第六扶贫协作工作组办公点，了解扶贫协作工作进展情况，看望慰问中山援派干部，并就做好消费扶贫工作与中国农业银行昭通市分行有关负责同志进行了座谈交流。

（由广东省第六扶贫协作工作组供稿）

勇做疫情防控“逆行者”
争当扶贫协作“排头兵”

——蔡宏部署收官之年扶贫协作工作

广东省第六扶贫协作工作组

突如其来的新冠肺炎疫情，给脱贫攻坚带来新的困难和挑战。疫情防控最吃劲的关键阶段，扶贫协作工作怎么干？2020 年 2 月 14 日，广东省第六扶贫协作工作组召开工作会议，传达学习和研究贯彻落实习近平总书记重要指示精神及国务院扶贫开发领导小组《关于做好新冠肺炎疫情防控期间脱贫攻坚工作的通知》要求，强调越是艰险越向前，勇做疫情防控“逆行者”、争当扶贫协作“排头兵”，坚决完成收官之年各项任务。

广东省第六扶贫协作工作组组长、昭通市委常委、副市长、中山市人大常委会副主任蔡宏出席并作工作部署。会议由广东省第六扶贫协作工作组副组长曾庆文主持，中山市委农办主任、农业农村局局长陈永华，市委农办常务副主任王少强及相关负责同志，广东省第六扶贫协作工作组成员，携手奔小康行动组团牵头镇区挂职干部参加会议。

蔡宏听取了工作组成员、中山市农业农村局、扶贫办协助昭通开展疫情防控工作汇报。他指出，疫情防控阻击战同时也是扶贫协作竞技场。在这场比赛中，我们开了个好头、跑出了好成绩。大家要再接再厉，越是艰险越向前，勇做疫情防控“逆行者”，争当扶贫协作“排头兵”，坚决圆满完成今年各项目标任务。

在大家发言的基础上，蔡宏就进一步做好 2020 年中山市对口帮扶昭通市扶贫协作各项工作，确保圆满完成中山市委、市政府交给的任务，讲了四点意见："就是认清一个形势、明确一个目标、抓好八项工作、强化六个意识。"

一、认清一个形势，既要正确认识，又要坚定信心，更要积极作为

从与昭通3年多来扶贫协作情况来看：2017年我们考核为一般；2018年全面整改，加大力度，考核为较好；2019年通过一年的努力，从目前情况来看，很可能是较好，也不排除考核为一般的可能。虽然在广东省我们处于靠后水平，但在全国是绝对的中等水平，而且与广东做得好的佛山、珠海差距非常小，通过努力完全可以争取更好的成绩，但如果稍有放松，很可能被考核为一般，甚至差，将无法向中山市委、市政府交代。总的来说，目前我们工作有一定基础，但形势不容乐观，绝对不能大意，更不能松懈，必须持续加大力度，全力冲刺，才能圆满完成任务，才能向市委、市政府交上一份满意的答卷。

从与东莞的竞争来看：我们2018年打了翻身仗，2019年还是有一些大意，对东莞的认识还是不够准确，在深圳数据统计和接待省领导等方面没有抓住机会，造成了一些工作被动。我们与东莞共同帮扶昭通，既是天然的合作者，也是天然的竞争者，不竞争就没有立足之地。今年我们必须要继续和东莞竞争，我们不必总量比县均，一定要在县均数据上全面超过东莞。这就需要我们每个县都全力以赴，决不允许哪个县拖后腿；需要我们每项工作都全力以赴，决不允许那些工作拖后腿。

从内部各县工作情况来看：各县工作各有特色，又存在一些不平衡，自己做得怎么样，大家要认真分析，取长补短，积极进取。这里我强调一

下，我们做工作，一定要讲方法讲措施，不要讲客观讲条件，我们要的是结果，有没有本事，能不能干事，以结果论英雄。市里工作组成员，你们每个人负责一些工作，工作做得怎么样，以结果论英雄，一定要主动作为，拿出成绩。

二、明确一个目标，既要统一思想，又要措施过硬，更要苦干巧干

刚才我已经分析了工作组面临的形势、各县面临的形势，形势严峻，加之今年的任务更为重大。因此，今年我们的工作力度不能减，减不得。那么要干到什么程度，达到什么目的。

从全国脱贫攻坚要求来看，今年是打赢脱贫攻坚战、决战决胜全面小康、实现第一个百年奋斗目标的收官之年，也是东西部扶贫协作全面冲刺、全国大考之年，中山扶贫协作干得怎么样，可以说关键在今年，就看今年了。

从广东省的要求来看，要求今年继续加大力度，确保始终走在全国前列。而且很快要对各市进行考核，考核的目的就一个，就是要推着各市进一步加大力度。

从中山市委、市政府的要求来看，书记市长明确指示，一定要在全国考核中“争取好、确保较好”，刚才我也分析了我们面临的形势，有一定基础，但要圆满实现市委、市政府的目标要求必须加大力度、加倍努力。

从各县来看，2016 年、2017 两年可以说是打基础，2018 年、2019 两年见成效，全部脱贫出列，2020 年就是出成绩的一年，全国验收后，必然论功行赏，各县工作做得怎么样，肯定是要拿出来看的。

总的来说，今年我们的工作定位和目标，就是要坚决贯彻落实市委、市政府在全国考核中“争取好、确保较好”的目标要求。按照这个基调来认

真完善工作计划，拿出过硬措施，认认真真抓好工作落实。不管是各县，还是工作组每名成员，都必须围绕这个目标谋划工作，抓好落实，决不允许各怀心事、另搞一套；决不允许任何县、任何人不作为、拖后腿。

三、抓好八项工作，既要抓疫情防控，又要抓当前工作，更要抓全年目标任务落实

（一）全力以赴抓好疫情防控。关键抓好 4 个方面的工作。一是抓好自身安全。我们无论是在中山，还是到昭通一线，一定要严格落实各项防控措施，确保自身安全。这项工作请覃立剑负责督促落实。二是抓好疫情防控物资保障。根据昭通需要，全力以赴组织捐赠，帮助昭通筹集防控物资。这项工作请曾副组长牵头，各县共同落实。三是抓好医疗人才支援。按规定尽快组织还没有返岗的医生返岗工作，同时协调卫生部门选派一批医生到昭通支援 2 个月，待疫情缓和后，争取组织中山疾控和高水平医院派专家到昭通交流指导。这项工作请志强负责。四是抓好疫情防控工作宣传。小峰前期宣传很有成效，下步除了面上宣传外，再挖掘一些典型，争取在国家扶贫办、中山昭通两市媒体都有些报道。

（二）迅速修改报审出台 2020 年工作计划。一是严格对照市委、市政府目标定位提出具体指标。二是发给镇区和部门的征求意见指标要高于我们计划指标 5 个百分点，为各镇区和部门留有修改和讨价还价的余地。三是严格做好计划征求意见和报审各个环节的材料存档和记录工作。四是工作组各块工作的具体负责人，要认真对照自己负责的工作，全面研判对应任务分解能否支撑你这项工作，能否达到较高水平。请对所负责工作对应指标进行逐项深入研究，科学提出建议，并拿出有力的依据。五是今年工作必须提前，各项指标完成时限，原则上在 6 月 30 日前。

（三）抓紧修改签订新的 1+8 协议。督促两市部门对接，达成协议。总的来说，就是要通过这次重新签协议，督促 1+8 部门真正发挥作用，做点实事。时间上，最迟 3 月中旬要全部签订协议。

（四）全力抓好资金和项目落实。一是抓紧对接落实今年财政援助资金。二是抓紧协调修改出台新的资金使用办法。三是各县在一周内，抓紧上报今年项目，2 月底前工作组研究确定具体项目。四是抓好项目监督管理，每个项目必须实地监督四次（确定前实地看一次、开工后看一次、中途看一次、完工看一次），每次去都要有记录；整个项目要有台账，每个项目要有档案。

（五）全力抓好劳务协作。疫情对正常的劳务工作造成了很大影响，同时也为组织化输出劳动力创造了条件。现在不是组织化很难输出劳动力，而且广东对劳动力需求也非常大，今年的缺口肯定会更大。应该说广东、昭通都有需求，我们关键是做好用工对接、培训、补贴政策落实、统计取证等工作。一是劳务协作的各县指标数要提高 50% 以上，劳务协作工作，将会是今年关注度极高的重点工作。因此，我们内部任务数必须提高。二是要发挥中山人社局作用，组织更多劳务公司到昭通开展工作。三是要发挥昭通各县人社局作用，用少量资金撬动这项工作。

（六）全力抓好产业合作。一是请各县配合抓好已经招商落地企业复工复产工作，有什么困难积极帮助协调解决，需要工作组帮协调的，直接给我联系。二是请覃立剑抓紧提出今年产业合作、招商引资工作方案，如何抓，怎么完成全年任务，拿出具体可行措施，我们再抽时间研讨下，今年在产业招商方面一定要有突破。

（七）全力抓好考核发现问题和审计整改。从交叉考核通报的情况来看，中山及对应县被点 10 个问题，我们这 10 个问题，主要是产业、资金和档案。通报也反映出我们工作组工作还有很多方面不实、不细，对政策的把握还有不深、不透的问题。下步材料汇总过程中，各级要签字，市里要按工作分块收集，再给何政汇总，责任要清楚，任务要明确。

（八）总结提炼中山经验、中山品牌。研究中山扶贫协作工作全国定位、亮点、品牌，总结中山帮扶机制、经验做法、扶贫干部作风精神等，研究东西部扶贫协作下步的工作定位、工作重点和措施，拿出两篇有分量的理论或调研文章，争取在国家级平台刊登，以强有力的理论研究推动和指导我们更好地做好工作，更好地宣传推介中山工作。

四、强化六个意识，既要讲政治，又要守纪律，更要有本事

打铁还需自身硬。做好扶贫协作各项工作，关键看各位，核心要持续加强自身建设。这里，简要提六点要求，与大家共勉。

（一）要强化政治意识。扶贫协作是一项政治性非常强的工作。大家工作中一定要有这种政治敏锐性。哪些工作必须马上抓、全力抓，哪些工作可以从长计议，心中要有底。要坚决落实中山市委、市政府目标要求，高度重视昭通市委、市政府关心关注的工作，把有限的力量用在刀刃上；高度重视两省两市领导调研指导筹备服务和工作情况反馈；找准自身定位，集中力量做好工作，作出品牌、作出成绩。

（二）要强化学习意识。市工作组每周第一个工作日开展一次集中学习，每次学习安排一个专题，一人领学扶贫协作政策，其他同志围绕专题作发言。把每周集中学习这个制度建立起来，坚持下去，通过不断的学习，努力使每名干部对自己负责的工作一清二楚，真正成为行家里手。

（三）要强化团队意识。日常工作中大家严格分工落实，重要紧急工作紧密合作。我们第六扶贫协作工作组只有一个目标，就是在全国考核中争取好、确保较好，圆满完成中山市委、市政府交给的任务。具体工作中，有什么困难，我们一起解决。对镇区抽调的干部，除了省里补助我们多次

汇报、无法协调落实外，其他所有待遇都必须一视同仁。

（四）要强化纪律意识。严格遵守廉洁自律各项规定，决不允许在廉政方面出问题。严格遵守作风建设各项规定，从严要求自己，决不允许做有损中山干部形象的事。严格遵守请销假制度，决不允许自行其是，不批先走，走读扶贫，搞自由主义。严格遵守工作纪律，全面抓好工作落实，决不允许有令不行、有禁不止。

（五）要强化登顶意识。古人讲，取其上得其中、取其中得其下。我们干工作，一定要有登顶意识，一定要有要干就干到最好的信心和决心，决不允许任何人坐而论道，整天这也不行、那也很难，每个人都必须履好职，按照市委、市政府要求做好自己负责工作，决不允许拖后腿，更不允许不研究、不跟进，最后造成恶劣后果。

（六）要强化安全意识。要确保疫情安全，坚决保护好自己。要确保交通安全，开展工作一定要在安全的前提下进行。要确保政治安全，从严要求自己，远离腐败，切实加强作风建设。

今年是脱贫攻坚大考之年，全面建成小康社会实现第一个百年奋斗目标的收官之年，也是扶贫协作最后冲刺、极其重要的一年。我相信，通过大家一年的不懈努力，一定能够圆满完成中山市委、市政府交给的重大政治任务，一定能够在推动脱贫攻坚这一人类伟大事业中建功立业、成长进步，更好地实现自己的人生价值。

（由广东省第六扶贫协作工作组供稿）

中山与昭通开展对接扶贫协作调研工作

广东省第六扶贫协作工作组

2020年10月26—28日，中山市委常委、市政协党组副书记、统战部部长梁丽娴率中山市工商联考察团及企业家一行15人到昭通市调研，先后到靖安新区、大关县、永善县就易地扶贫搬迁群众生活生产、东西部扶贫产业合作、教育帮扶、扶贫车间等考察对接扶贫协作工作。

广东省第六扶贫协作工作组副组长、昭通市委副秘书长曾庆文，昭通市委统战部副部长、市工商联党组书记、常务副主席陈文庄陪同调研。

在靖安新区，梁丽娴了解了新区规划建设和搬迁群众日常生活，中山援建博爱小学配套设施建设、新教学楼建设、学生上课等情况，到扶贫车间查看立时电子和九江科技有限公司企业生产、运营和用工情况，并到大关吉利镇搬迁群众家中了解搬迁群众生产生活相关情况。

云南省昭通市靖安新区是目前国内最大的易地搬迁安置点，安置人数超过4万人，其中不乏从高海拔深山中迁移至此的居民。新区众多的人口，让教育等公共服务配套的建设迫在眉睫。

扶贫先扶智，2016年，中山与昭通结对开展东西部扶贫协作。2019年，援建靖安新区中山博爱小学提上了议程。2020年，学校1号教学楼已正式投入使用，4月29日，1071名易迁群众子女（小学生）按时入学靖安新区中山博爱小学。目前，学校仍在建设完善中，规划42个教学班，共2100个学位，以满足靖安新区易地搬迁户适龄儿童的教育需求。

考察团在调研过程中发现，靖安跨县区易地扶贫搬迁安置区还有一些超劳动年龄（男 60 岁以上，女 55 岁以上）且无就业、无子女赡养的特困孤老建档立卡贫困户人员，仅靠低保，生活还很拮据。经过初步筛查，发现属于这类老人共有 123 名。于是，中山市工商联（总商会）达成帮扶意愿，将为这批老人推出“关爱孤老行动”，每人每月发放 150 元爱心补助，一共持续 3 年。

在大关县农产品冷链物流基地、县中医院、悦乐镇大坪村中山浙商希望小学、上高桥乡东西部扶贫协作产业园、琦鑫农产品生产有限公司，梁丽娴通过走访查看、听取情况介绍，深入了解东西部扶贫协作相关项目建设运营、扶贫成效、后续管理情况，并看望中山援派的支医医生和支教教师。

在永善县，调研组走进县城红光易迁安置点和中山博爱学校，实地察看安置点建设规模、配套设施、群众就业、后续发展，以及学校软硬件设施配套、教育教学工作等情况，详细了解永善易地扶贫搬迁安置工作推进情况。

梁丽娴对中山对口昭通东西部扶贫协作所取得的成效给予充分肯定。她表示，通过考察交流拓宽了两地政企沟通途径，希望中山与昭通发挥和利用好两地优势，进一步加强沟通交流和扶贫协作，总结和推广好扶贫协作好的经验、做法，强化消费扶贫和社会帮扶力度，建好长效带贫机制，巩固好脱贫成果。

调研期间，中山市工商联还捐赠帮扶资金 100 万元，将用于支持大关县琦鑫黄牛养殖农民专业合作社肉牛养殖、永善县红光新区易迁安置点配套基础设施、绥江县和胜蔬菜种植等项目，助力脱贫攻坚收官工作。

（由广东省第六扶贫协作工作组供稿）

协作再发力　打好收官战

——中山多镇区“组团”到昭通开展携手奔小康对接

广东省第六扶贫协作工作组

在决胜全面小康社会、决战脱贫攻坚收官之年的关键时刻，中山市各组团镇区分赴昭通市对口帮扶县，深入开展携手奔小康行动协作再发力，打好收官战。

火炬区组团携手大关县

10 月 15—17 日，阜沙镇人大主席梁灶带率市、镇人大代表以及镇人大办一行到昭通市大关县开展扶贫工作实地考察调研活动，了解扶贫资金使用情况，为推进两地扶贫协作沟通，助力打赢脱贫攻坚收官战贡献人大代表力量。

调研组一行实地考察调研了悦乐镇大坪村完小（中山浙商希望小学）、云上广农业发展有限公司、云南创标实业有限公司电杆厂等近 10 多个中山在大关县的扶贫项目，详细了解扶贫资金使用情况及其成效。

昭通市山地面积占 96%，其中大关县城找不到 1 平方公里平地。按照“搬不动山就搬人”的脱贫思路，昭通市规划建设集中安置区 28 个，其中靖安新区安置的4万多人中，大关县就占了一半。为更好帮扶大关县，提高搬迁户幸福感，阜沙镇对每一已搬迁入户的家庭捐赠洗衣机1台，帮助改善生活条件，提高生活质量，助力全面小康。

寿山镇柑子村飚水岩引水工程是阜沙镇援建项目。村主任介绍，柑子村共有500多户、2000多人，以前柑子村人都是“靠天”饮水，他们在自己屋顶修上池子，天一下雨就把雨水储蓄起来备用，饮水安全问题突出。遇到天干，村民们就吃不上水了。为了解决柑子村饮水问题，阜沙镇援建柑子村飚水岩引水工程，在15公里以外的地方找到水源，从那里建了10多公里的饮水管道到达村子，从此家家户户都通了自来水，极大地解决了当地居民的用水问题，全面提高了饮水安全水平。

除了通过捐赠洗衣机、解决饮水问题等有形方式扶贫，还在大关县建有农产品冷链物流基地、寿山镇立时技术有限公司扶贫车间、蓝鹰服饰扶贫车间、玉碗镇生猪养殖场等，在建的还有筇竹产业示范园等产业项目，竹产业前景广阔，极大地促进了当地人就近就业，带动群众增收，实现真扶贫、扶真贫、真脱贫。

石岐区组团携手盐津县

10月28日，石岐街道党工委书记劳国南、五桂山街道党工委书记方英恩、大涌镇党委书记王英康共同组织石岐组团考察团到盐津县开展考察调研，进一步全面深入了解掌握盐津县的脱贫情况，查漏补缺，巩固脱贫成果。盐津县委书记杨仕翰，县委常委、县委办主任张宗江，广东省第六扶贫协作工作组成员、中山市派驻盐津县挂职县委常委、副县长陈文权陪同调研。

考察团一行考察了盐津县水田新区易地搬迁点、东西部扶贫协作水田新区就业基地、盐津县人民医院胸痛中心介入室等东西部扶贫建设项目。

水田新区是盐津县内最大的易地搬迁点，共计转移贫困户 3068 户 14136 人。近年来，中山市从东西部扶贫协作财政帮扶资金中出资 2500 万元援建了水田二小和水田幼儿园；石岐组团向水田新区捐赠了 840 万的现金和物资，同时帮助水田新区建立了“东西部协作水田就业基地”。就业基地总面积 3568.03 平方米，目前已有 4 个企业进驻，为贫困户带来 200 个就业岗位。

盐津县人民医院介入室是中山市石岐组团、盐津县人民政府、中山市人民医院和盐津县人民医院共同签订的东西部扶贫协作医疗技术合作项目。

2018 年和 2019 年，石岐组团先后两次发动企业、社会组织和热心人士筹集社会扶贫资金共计 600 万元，用于帮扶盐津县人民医院介入室建设。中山市人民医院免费帮助盐津县培养介入室等各类医务人员共计 58 名。2020 年 6 月 22 日，该介入室正式启用，有效提高了盐津县乃至整个昭通地区胸痛医疗救治水平。

落雁乡是石岐街道开展镇乡结对帮扶的对口帮扶乡。近年来，石岐街道通过结对帮扶和社会帮扶，帮助落雁乡解决群众出行难、生产设备落后、贫困大学生读书难、扶贫农产品销售难等问题，开展农村厕所无害化改建、劳动力转移等工作，直接带动落雁乡贫困人口 1541 人成功脱贫。

此前，10 月 17—19 日，沙溪镇党委副书记、镇长徐业恒率镇相关部门及企业家代表一行赴昭通市和盐津县开展东西部协作扶贫调研活动。调研组一行先后实地考察牛寨乡乌骨鸡全产业链生态园区、水田新区易地搬迁安置点、团结社区感恩超市、中和镇赵溪村肉牛养殖示范基地、中和镇艾田村三角梅扶贫车间、中堡村村企结对小项目、昭通市规划馆、消费扶贫项目昭通苹果种植基地，调研党组织阵地建设、扶贫项目开展运营、帮助引进企业建设规划、帮扶项目的落实、了解脱贫攻坚成效和贫困群众生产生活情况，专程拜访了中山市派驻昭通市东西部协助扶贫工作指挥部，并到盐津县豆沙镇中心完小看望派出的支教老师。

徐业恒一行对昭通市和盐津县扶贫攻坚工作取得的成绩给予充分肯定，感叹在短短几年时间里，昭通和盐津都发生了惊人的可喜变化。表示将保持劲头不减、力度不降，做好脱贫巩固后续工作，一如既往全力支持东西部协作扶贫工作，共同攻克最后贫困堡垒，打好脱贫攻坚收官战，为当地脱贫工作贡献沙溪力量。

近年来，通过持续的攻坚，盐津县累计稳定脱贫 23377 户 107098 人，86 个贫困村（社区）全部出列，贫困发生率由 34.5% 下降至 1.02%。脱贫攻坚取得了决定性胜利。

东区组团携手绥江县

10 月 23 日，中山市坦洲镇党委书记黄泽培和板芙镇党委副书记、镇长张义强带领两镇代表团到绥江调研考察扶贫协作工作，参观扶贫协作项目，走访慰问群众，并召开东西部扶贫协作联席会议，研究下步对口帮扶协作工作。

在绥江县·坦洲镇、板芙镇携手奔小康联席会议会上，县委副书记、县长马康凤向两镇代表团介绍了绥江脱贫攻坚和东西扶贫协作工作开展情况。马康凤说，东西部扶贫协作工作全面展开以来，双方积极主动对接协作、密切联系、深化交往合作，强领导，东西协作明方向；重交流，支援互访入人心；重“造血”，优势互补促增收；强监管，项目精准惠民生；拓路径，社会参与聚合力。中山东区组团从社会事业、劳务输出、产业扶贫、教育扶贫、干部人才交流等方面，对绥江给予了很大的帮助和支持，为绥江的脱贫攻坚作出了积极贡献，代表绥江 17 万群众对中山的关心和厚爱表示诚挚感谢。

黄泽培、张义强分别介绍了两镇经济社会发展情况，充分肯定了绥江脱贫攻坚工作取得的成绩，认为绥江发生了翻天覆地的变化，干部担当作为，干劲十足，产业发展欣欣向荣，劲头十足，人民群众安居乐业，幸福感十足，绥江发展大有希望。三方表示，将全力落实东西扶贫协作相关要求，进一步加强沟通、密切往来，加强思想交流、文化交融、商贸交往、资源交换，实现产业发展、劳务输出、文化教育等领域的新合作，以互助协作实现互利共赢。

在联席会议上还举行了捐赠仪式，坦洲镇、板芙镇分别捐赠 258 万元、277 万元的扶贫协作资金和物资。

两镇代表团还到中城镇福兴社区、竹笋深加工项目施工现场、云绣娘手工坊和板栗镇板栗村猕猴桃种植基地、罗坪村易地搬迁安置点调研了产业发展、扶贫车间、民生发展等情况。同时看望慰问了选派到绥江县开展技术支援的支教老师和支医医务工作者，嘱咐大家严格按照绥江县委、县政府的有关要求，从工作上、生活上严格要求自己，认真做好上级交办的各项工作和任务。

绥江县委副书记邹云坤，县委常委、常务副县长杨绪春，广东省第六扶贫协作工作组成员、中山市派驻绥江县挂职县委常委、副县长谢力生参加联席座谈或陪同调研。

小榄组团携手永善县

10 月 12—14 日，中山市古镇镇党委副书记、镇长阮志力和横栏镇党委副书记、镇长巫广庭率队到永善调研对接东西部扶贫协作工作，永善县委副书记、县长傅再胜，县委副书记孟兴平，县人大常委会主任侯志怀，县常委、常务副县长王启仁，广东省第六扶贫协作工作组成员、中山市派驻永善县挂职县委常委、副县长汤如烈陪同调研。

调研组一行到永善县红光新区易迁安置点和永善中山博爱学校考察，并看望支教老师，详细了解学校基础设施情况。到永善县易地扶贫搬迁安置东西部扶贫协作共建产业园区、东莞赢凯电子科技有限公司扶贫车间、康迪服装有限公司扶贫车间，全面了解永善脱贫攻坚和产业发展情况。

10月22—24日，中山市黄圃镇党委书记吴坤科和西区街道党委书记黄伟东率队到昭通市永善县调研对接东西部扶贫协作工作，永善县委书记戈昌武，县委副书记孟兴平，县人大常委会主任侯志怀，县常委、常务副县长王启仁，广东省第六扶贫协作工作组成员、中山派驻永善县挂职县委常委、副县长汤如烈陪同调研。

10月23日，在永善县电力大楼举行了永善县——小榄组团（黄圃镇和西区街道）东西部扶贫协作联席会议。汤如烈根据东西部扶贫协作深入实施7个加力行动向调研组汇报了2020年永善县和小榄组团东西部扶贫协作开展情况。汤如烈指出中山小榄组团和永善县党政主要领导高度重视，对标对表《2020年中山市东西部扶贫协作全面加力行动方案》，制订出台了《永善县·小榄组团2020年东西部扶贫协作全面加力行动方案》，明确工作任务，细化工作措施，精准精细抓实协作工作。今年按照方案落实开展各项工作，并取得了阶段性成果。下阶段聚焦产业合作、劳力协作、消费扶贫等工作，加强沟通联动，确保完成东西部扶贫协作制定目标任务。

黄伟东和吴坤科先后作了交流发言。他们分别表示，脱贫攻坚是习近平总书记亲自谋划、亲自指挥、亲自推动的重大战略，是我们党对全国人民的庄严承诺和向世界的郑重宣誓，我们必须树牢“四个意识”，坚定“四个自信”，做到“两个维护”，坚决打赢脱贫攻坚战。此次永善之行，见到一幕幕惊人的可喜变化，感触颇深。今年是脱贫攻坚的收官之年，作为小榄组团东西部扶贫协作的一分子，将一如既往全力支持东西部协作扶贫工作，进一步加强产业合作扶贫，组织劳务协作，加强人才支援，整合扶贫项目资金，推动干部挂职交流，建立扶贫长效机制，提升东西部扶贫协作效能，为永善县脱贫摘帽、携手共奔小康贡献力量！

联席会议上举行了捐赠仪式。黄圃镇向县红十字会捐赠了爱心资金 175 万元、物资 75 万元；西区街道向县红十字会捐赠了爱心资金 250 万元。

会后，黄圃镇考察团到了结对帮扶的溪洛渡镇白沙村考察，并慰问卡户。西区街道考察团到了结对帮扶的桧溪镇得胜村考察，并慰问卡户。

（由广东省第六扶贫协作工作组供稿）

建好扶贫产业园　增添脱贫动力源

赵光彬

一、昭阳区产业发展基本情况

昭通地处“南丝绸之路”要冲，是云南最早连接中原、沟通世界的“北大门”和商贸重镇，也是早期云南文化三大发源地之一，曾创造过灿烂的“朱提文化”。但是，由于历史的原因，昭通逐渐落伍了，成为云南省欠发达地区和脱贫攻坚的主战场。昭通市昭阳区的发展现状也同全市一样，面临历史悠久与发展滞后、区位优越与交通不便、资源富集与产业弱小、文化厚重与教育落后、山川秀美与生态脆弱并存的现状，是云南乃至全国贫困人口最多、贫困程度最深、贫困面最大的地区之一。

东西部扶贫协作是先富帮后富、最终实现共同富裕目标的大举措。2016年，按照党中央、国务院统一部署，东莞市石碣镇、石龙镇、茶山镇结对帮扶昭阳区开展携手奔小康行动，在干部交流、人才支援、资金支持、产业合作、劳务协作等方面给予支持和帮助，为昭阳区脱贫攻坚工作注入了源源不断的活水源泉，带动昭阳区高质量发展。2019年，昭阳区实现全区脱贫摘帽，全区累计脱贫46914户194778人，实现70个贫困村（含深度贫困村39个）达到出列标准，145个贫困村贫困发生率均低于3%，全区综合贫困发生率从 2014 年年底的 22.01% 降至目前的 1.27%，达到整体退出标准。至 2020 年 6 月底，昭阳区已实现贫困人口脱贫全部动态清零。

二、东西部产业合作
是打赢昭阳区脱贫攻坚战的必然选择

以东部发展优势弥补西部发展短板，以东部先发优势促进西部后发崛起，变“输血式扶贫”为“造血式扶贫”，必然以产业合作的方式推动。承接东部产业转移，既是帮助昭阳区发展现代制造业、改善经济结构、增强发展能力的需要，更是为了稳定和完善国家制造业链条的需要，是有效巩固经济发展国内大循环的具体举措。

（一）东部地区产业升级为制造业转移提供了可能。东莞市、中山市等东部地区在产业创新动能转换、工业提质增效、服务业能级提升、互联网新业态培育等方面开展产业转型升级，需要腾笼换鸟由“制造”到“智造”转变，其传统制造业必然向外转移，转移的目的地有东南亚、非洲和内地等多项选择，昭通承接东部产业转移无疑是好选择之一，把创新主动权、发展主动权牢牢掌握在自己手中，是执行国家战略的重大战略部署。

（二）昭阳区有良好的承接东部产业转移条件。昭阳区与东莞、中山在劳动力、土地、厂房租金、用电用水、招商政策等方面具有明显优势。一是劳动力成本。昭阳区员工月平均工资 2500—3000 元，东莞、中山员工为 4000—4500 元，劳动力工资成本低。二是土地以及厂房租金成本。昭阳区土地出让起始价原则上每亩不高于 10 万元，东部镇街土地出让起始价每亩 100 万元以上。厂房租金方面，在昭阳区落地的东部企业，前三至五年免厂房租金。东部厂房租金约每平方米每月 20 元，土地成本以及厂房租金价格的巨大差异有利于昭通吸收、承接东莞劳动密集型企业的梯度转移。三是用

电成本。昭阳区一般工业用电年度均价 0.35 元 / 千瓦时，东莞一般工业电价为 0.89 元 / 千瓦时。四是政府政策成本。用工补贴方面，对使用建档立卡贫困劳动力且稳定就业 6 个月以上的企业，给予每人每月不高于 500 元补助；使用建档立卡贫困残疾人的企业，给予每人每月不高于 800 元补助；培训建档立卡贫困人员，稳定就业 6 个月以上的企业，一次性给予每人 1000 元培训费用奖补。固定资产奖补方面，固定资产投资 5000 万元以上的企业，可按当年实际投资额的 10% 申请奖补，每个项目不超过 500 万元。标准化厂房建设方面，自建标准化厂房的企业，给予每平方米 400 元补助。五是企业融资成本。对于符合产业发展方向的新办企业，昭阳区可以整合产业资金，采取多种形式参与，共建共管，实现共同发展、风险共担。新办企业贷款，按照中国人民银行公布的当期基准利率的 50% 给予贴息两年。

东西部各自具有产业协作资源优势，又是国家战略，必然寻求两种优势资源的有效嫁接平台，打造产业园区成为必然选择。

三、东西部产业合作的主要做法及成效

（一）打造园区平台，激活产业升级“新引擎”。按照“中央要求、广东所能、昭通所需、企业所愿”的原则，积极引导广东电子信息、鞋帽服装等劳动密集型产业的龙头企业优先向昭阳转移，将易地搬迁安置与产业发展紧密结合起来，着力打造昭阳扶贫产业园。昭阳扶贫产业园，规划面积 61.7 平方公里，已开发面积为 6 平方公里，采取东部出技术支持规划、给予必要资金支持、面向东部目标企业定向打造等方式共建，集昭阳区红路安置区、工业园区、职教园区、苹果特色小镇于一体，并在贫困村、组多点布局扶贫车间协同发展，形成“一园、四区、多点”总体空间格局，就近就地解决贫困人口就业，使巨大的人口压力转化为人力资源优势。扶

贫产业园在为红路易地扶贫搬迁安置点搬迁劳动力11955人提供就业岗位的同时，还可为全区贫困劳动力和农村富余劳动力提供大量的就业岗位，使巨大的人口压力转化为人力资源优势。

（二）强化优质服务，力求招商引资“新突破”。建设扶贫产业园企业服务中心，为服务企业提供平台保障，加大产业招商项目协调推进力度，按照“一个项目，一名领导，一个服务团队，一套服务方案”的工作思路，明确重点项目挂钩领导，为企业提供“零距离、无缝隙、保姆式、一条龙”的服务。研究制定《昭阳区招商引资优惠办法（试行）》，针对东西部协作企业实行减免标准厂房租金、根据企业需求进行用电分户改造降低生产成本；对在扶贫产业园区务工的建档立卡贫困户，严格实行“以奖代补”政策，每年给予6个月的稳岗补贴，促进职工技能不断提升，收入不断增加。按照推动东莞鞋业、电子产品配件等产业链向昭阳转移的招商思路，2017年成功引进东莞华坚鞋业，转移部分整鞋生产线到昭阳区，目前年产值达到6000万元、税收达到800万元。2018年成功引进东莞立时电子手机数据线等电子配件生产线，同步引进立勤、立鑫等企业进行电视机、手机、电脑整机等生产。2019年，华坚鞋业集团、和亿日用制品有限公司、顺华智能科技有限公司、乔治白服饰有限公司、立时技术有限公司、立勤液晶显示技术有限公司、立鑫智能科技有限公司、伦恩纸业有限公司、扶贫项目运营有限公司等入驻优势企业达12家，依托东莞引进企业建成扶贫车间5个，引进液晶显示屏生产、通信电子设备加工、苹果冷藏与保鲜分选等高科技先进技术。2020年，为支持昭通抗击新冠肺炎疫情影响，新引进深圳市衣着经典服饰公司在昭通投资成立云南天宇医疗器械有限公司，现已具备日产口罩24万只，防护服500套的生产能力。实现企业实际投资超过10亿元，带动和促进脱贫人口累计达3万余人。

（三）注重减贫带贫，焕发产业脱贫“新活力”。发挥政府主导，社会、企业参与的作用，探索“公司+贫困户”“贫困户+农民合作组织+企业”的全方位投入模式，推动产业融合发展。整合资金投入，引导社会帮扶力量，大力发展苹果及蔬菜等地方优势特色产业，建成苹果基地5万亩、胡萝卜基地3000亩、蔬菜大棚2213栋，苹果冷链物流及加工基地1个，为实现产业升级和脱贫攻坚发挥了重要作用。积极探索推广“定向培训+订单就业”“龙头企业+扶贫车间”等发展模式，利用帮扶资金专项开展贫困劳动力培训1667人、致富带头人100名，辐射周边群众，提升产业技能和管理水平；帮扶702名贫困学生到广东职业院校上学，斩断代际贫困。依托产业抓就业，2019年，立时电子、深圳隆讯视通、讯尔科技、华坚鞋业等26户劳动密集型企业解决就业4060人，其中贫困人口1672人。

拂面春风好借力，正是扬帆远航时。产业协作是东莞与昭阳东西部扶贫协作的一个精彩缩影，是两省两市携手攻坚、携手奔小康的真实写照。面对脱贫攻坚艰巨任务，昭阳区抢抓脱贫攻坚历史机遇，依托东西协作产业合作机制，以交流为保障，深化合作成效；以招商为抓手，打造产业聚集平台；以就业为核心，促进贫困人口向产业工人转变；以共赢为目标，实现企业与困难群众利益共享，实现了以产业促脱贫、以产业促跨越持续共赢发展局面。站在新的历史起点上，昭阳区必将开创产业协作更加辉煌的新篇章，必将向党中央交上一份新时代脱贫攻坚优质答卷。

（作者时任昭通市扶贫办社会扶贫科科长）

大事小事皆用心

——中山扶贫干部用脚步丈量乌蒙山踏出致富路

广东省第六扶贫协作工作组

2016年，中山市正式对口帮扶昭通市大关、盐津、永善、绥江4县。截至目前，中山市已向昭通市累计选派党政干部54人。

从珠三角走进乌蒙山，扶贫干部成为中山开展东西部扶贫协作工作的中坚力量。他们勇当脱贫攻坚一线的“战斗员”，甘作山区贫困群众脱贫致富的“挖井人”，争当产业扶贫的“挑担人”。他们用脚步丈量乌蒙山，踏出了一条前无古人的扶贫助人之路。

集中力量办好产业扶贫“大事”

广东省第六扶贫协作工作组组员、中山市扶贫干部、昭通市绥江县委常委、副县长谢力生——

6月下旬，绥江县南岸镇胜利村，山坡上的弥漫着一片果香，漫山的果树枝头挂满了即将成熟的“半边红”李子。第一季的李子的采收已经接近尾声，但是仍有来自广东的客商开车上山收购。绥江县委常委、副县长谢力生又一次来到村里，了解今年李子的收成，这个李子林里留下了谢力生数不清的脚印。

时间轴拉回两年前。2018 年 5 月，谢力生刚刚到绥江县挂职，为了尽快熟悉绥江情况，摸清绥江的产业家底，他每天早出晚归，在不到两个月的时间里，跑遍了全县所有的镇村。

绥江山高坡陡、平地稀缺，特色产业小、散、弱，产业链尚未形成。品质优良的半边红李子、猕猴桃等农产品，因此难以走出大山。了解到发展“痛点”，谢力生迅速帮助当地李子合作社联系广东商家，推动绥江“半边红”李子销往广东市场。一个多月后，一辆载重 10 吨的冷链车开进了新滩镇鲢鱼村，绥江“半边红”李子中山运输专车首发。谢力生随后又牵头联系，在中山举办了李子试吃、现场销售等系列活动，终于帮助绥江“半边红”李子在中山打开销路。

两年来，谢力生紧抓产业扶贫这条主线，大力扶持当地贫困群众种植半边红李子、猕猴桃、五星枇杷等农特产品，鼓励养鸡、养牛、养兔等特色养殖，推动“输血式”帮扶升级为“造血式”帮扶，大大拓宽了绥江农产品销售渠道和贫困人口增收脱贫渠道。

广东省第六扶贫协作工作组组员、中山市扶贫干部、昭通市永善县委常委、副县长汤如烈——

100 多公里外的金沙江畔，海拔 2000 米的高二半山，新拉村蓝莓基地里的万亩蓝莓果树正舒展枝叶，等待最后的成熟。

“这里气候湿润、光照充足、没有污染，十分适宜种植蓝莓。”永善县委常委、副县长汤如烈，对这项扶贫产业如数家珍。2017 年 4 月，永善县开展招商引资，成功引进了永善县美林蓝莓基地项目，万亩蓝莓果园从此扎根高原山坡。

2018 年 5 月，汤如烈随广东省第六扶贫协作工作组来到永善县。为了将蓝莓打造成山区群众的扶贫果，他积极推动蓝莓基地建设，争取中山市东西部扶贫协作资金 1018.8 万元，折股量化给莲峰镇、水竹乡共 11 个贫困村 2547 户建档立卡贫困户，组建专业合作社。通过“龙头公司+基地+农户”的崭新合作方式，采取土地流转、吸纳群众务工等方式，在企业与农民之间建立起紧密的利益联结。

“每户贫困户自己不用出一分钱，就自动拥有了公司4000元的股份。土地流转有租金，务工收入有薪金，入股分红有股金，集体有收益金，通过‘一地生四金’的扶贫机制，万亩云端果园正在带领大山群众脱贫。”汤如烈说道。

当好贫困山区和外界的“联络员”，集中力量办好产业扶贫这件“大事”，谢力生和汤如烈以实际行动，诠释着中山东西部扶贫协作的深层要义。

尽心尽力做好改善民生“小事”

广东省第六扶贫协作工作组组员、中山市扶贫干部、昭通市大关县委常委、副县长唐国伟——

大关县寿山镇麻柳湾，站在海拔900米的国道边，可以俯瞰岔河的全貌。洛泽河河谷将两座大山分隔在两边，在直线距离并不遥远的对面山坡上，几个村落在缭绕的云雾里隐约可见。但是要开车到达对面的山村，起码还要几个小时。

“刚来的时候，他们连日常吃水的问题都无法解决。”唐国伟指着对面山坡上的柑子村说。大关县境内“五河”纵贯，层峦叠嶂，全县超过99%的面积被山地覆盖，甚至找不到一块面积超过1平方公里的平地，连县城都建在山坡上。寿山镇柑子村，又是大关县最典型的深度贫困村之一。全村有858户居民，上千人的生活却一直被饮水用水问题所困扰。“靠天吃水”，下雨的时候蓄一点水，水量无法满足使用不说，水质也十分堪忧，农业灌溉更是大问题，当地村民只能勉强种植一些花生、土豆、玉米等耐旱作物，收入水平可想而知。

2018年5月，唐国伟到任大关县委常委、副县长。山区群众脱贫还有哪些短板？怎么解决“两不愁、三保障”？这些问题摆在了面前。他马不停蹄开展工作，一边熟悉有关政策、学习文件精神，一边翻山越岭、走村入户，紧扣民生扶贫等主题开展深入的调研。

了解到柑子村饮水难的问题后，唐国伟觉得自己义不容辞要当好这个“挖井人”。他带着中山帮扶干部和当地村干部一起寻找水源，走遍方圆 15 公里，终于找到了合适的水源地，并安排扶贫资金修建饮水工程，将水引到柑子村。一年后，村里的老百姓家家户户都通上了自来水。

这样的“小事”，也发生在中山对口帮扶的其他县区。

广东省第六扶贫协作工作组组员、中山市扶贫干部、昭通市盐津县委常委、副县长陈文权——

在盐津县中堡村，多年以来，村里的几座桥涵时常被洪水冲垮，学生上学、村民外出十分不便，也造成了很大的安全隐患。作为中山派驻的扶贫干部，盐津县委常委、副县长陈文权把这件“小事”放在了心上。经过多次调研、对接，他联合其他扶贫干部积极争取中山市东西部扶贫协作“村企结对”社会帮扶资金 11 万元，在中堡村建设了共计 5 座涵洞桥梁。花钱不多，工程不大，但是这一举措，却实实在在降低了村民进出货运的成本，减轻了农民的经济负担，大大改善了村民的交通出行条件。

为了助力当地竹产业发展，陈文权积极争取中山市东西部扶贫协作援助资金，推动竹林营林生产管护道建设。相比山区造价动辄数百万元一公里的市政路，在竹林里修建一条宽 1.5 米的水泥路，实在微不足道。但就是这样的“小工程”，帮助当地的优质竹笋走出大山，走向外面更广阔的市场。

在很多人眼里，这样的工作可能是花小钱办小事，但在中山扶贫干部和当地贫困群众眼里，这却是事关民生的“大事”。用心用情做好改善民生的每一件“小事”，才能为东西部扶贫协作“大计”夯实根基。

（由广东省第六扶贫协作工作组供稿）

此生无悔到昭阳

——昭阳区委常委、副区长赵玮辛东西部扶贫协作工作纪实

广东省第五扶贫协作工作组

2018年5月26日，是我此生中一个难忘的日子，那天接到东莞市委派我到昭通挂职扶贫的通知，当时的我很激动，也很高兴。我曾在2017年4月到过昭通，热情好客的昭通人，干净整洁的昭通城与边远山区贫穷落后的鲜明对比，给我留下了深刻的印象。我深信，到昭通参与东西部扶贫协作工作，一定能在我人生中留下难忘的记忆。

5月29日，我从东莞到了千里之外的昭通市报到，6月1日分派到昭阳区，挂任昭阳区委常委、副区长。主要协助管理招商引资、对外开放、经济合作、对口协作、滇粤产业园建设等工作，协助管理区招商局、政府扶贫开发办公室。在广东省第五扶贫协作工作组的领导下，以我为队长的驻昭阳区东西部扶贫协作工作队紧紧围绕“昭阳所需，东莞所能，互惠共赢”的目标，扎实开展东西部扶贫协作工作。

到岗第一天起，我便开始从多方面了解昭阳区的情况。细阅《昭阳年鉴》，了解到昭阳区是全省27个深度贫困县（区）和73个国家重点扶持县（区）之一，有建档立卡贫困人口48695户201222人等情况后，我深感责任重大，使命光荣，我怀着满腔热血，兢兢业业地投入工作中。

两年多来，我遍访了全区20个乡镇（街道），深入60多个贫困村、300多个贫困户了解情况，分析致贫原因，通过调研，我深刻认识到，要做好扶

贫工作，必须立足当地资源禀赋，以市场为导向，因地制宜，通过发展产业来脱贫，增强贫困地区的造血功能，才是贫困村脱贫致富的科学选择。我也产生了“巧妇难为无米之炊”的感受，缺人才、缺资金、缺项目是制约贫困地区发展的重要因素。因此，两年多来，始终聚焦人才、资金、项目和产业，聚焦“两不愁，三保障”开展工作。

资金做保障，项目绘新卷

2018 年以来，东莞累计投入昭阳扶贫协作财政专项资金共 1.181 亿元。其中，2018 年 3160 万元，完成贫困村小学新建学生宿舍 4 所、教学楼拆除重建 2 所、运动场及设施建设 1 所，实施完成就业稳岗补助 223 人，新建北闸镇红路、永丰镇新民安置点卫生室共 2 个，完成村组道路 3 条 3.6 公里、桥梁 1 座，实施 1100 万元建设的“东西部扶贫协作苹果示范基地”1 个。2019 年 4250 万元，其中 1590 万元用于苹果产业发展项目，贫困残疾人增收项目 150 万元，教育基础设施宿舍及教学楼项目 808 万元，村级卫生室达标项目 352 万元，就业扶贫稳岗及培训项目 1100 万元，道路建设 250 万元，实施贫困村生产道路 4 条。截至 2020 年 6 月 30 日，到位资金 4400 万元，拟用于 11 个项目，资金覆盖产业、教育、医疗卫生、易地扶贫搬迁配套设施、劳动力转移就业等方面，惠及建档立卡贫困户 20.2 万人。确保东莞财政帮扶资金充分让百姓受益，提升脱贫致富内生动力，切实做到真扶贫，扶真贫。

依托园区，招商引资，以产业协作助脱贫

产业是实现稳定脱贫的重要支撑，到昭阳区调研的第一站，我到的是滇粤产业园，了解园区产业发展、招商引资情况。2018 年 6 月 12 日，我第一

次组织广东企业赴昭通参观考察，最让我感到欣喜的是，我接待考察的第一家电子生产企业——立时电子于2018年8月28日落地生产。到目前，组织来访考察企业达300余批次，成功促成东莞立时电子、立勤液晶、立鑫智能、中和电子、时瑞（瑞邦）电源科技发展有限公司等12家广东企业落地，总投资16亿多元，预计年产值可达8亿元，年税收0.5亿余元。昭阳滇粤产业园从无电子产业发展到现今产业链已初具规模，第一家落地的立时电子也在两年时间从1个厂区发展到3个厂区，电子产业发展势头喜人。目前正在洽谈的企业中有6家企业有意向落地，已达成签约落地生产2家。2018至今，实现引进企业实际投资达8.055亿元，吸纳贫困人口务工达2650人，带动和促进脱贫人口达3万余人。

依托东西协作，昭阳区已形成的电子产业链，多次得到各级领导的肯定。

劳务协作，输出一人，脱贫一户

劳务输出往往能“输出一人，脱贫一户”。为加快昭阳区劳务输出步伐，促进农民工有序转移，助力脱贫攻坚，为此，我竭力推动劳务协作工作，通过召开就业扶贫暨劳动力信息动态管理工作会、东西部劳务协作洽谈会等，协调东莞企业到昭阳区进行推介。同时在资金方面加大支持力度，2019年5月30日协助制定出台《关于印发2019年劳动力培训转移就业奖补政策的通知》，通过东西协作资金发放稳岗补贴，鼓励和引导群众到东部或就近就业。2019年，我协调结对帮扶的石碣镇、石龙镇、茶山镇外，还对接长安、虎门、厚街、沙田、中堂、望牛墩、麻涌7个镇街，42家企业与昭阳区开展劳务协作活动，提供岗位10万余个，工业园区提供岗位1300余个，靖安新区扶贫车间提供岗位1800个。2020年年初，新冠肺炎疫情影响劳动力外出就业，在区主管领导的组织带领下，我主动对接东莞人社部门，筛选优质企业并向全区推送岗位信息，和区分管人社部门的副区长通力合作，组织100余家企业开展定向招聘，通过专列、专车输送劳动力，有组织向广东输送劳动力1万余人。

大力推广扶贫车间建设，通过企业发展带车间、车间发展促脱贫，积极协调实力雄厚的龙头企业，争取外包订单交由“扶贫车间”加工生产。另外，发动农村劳动力到企业参加务工生产和技能培训，培训合格后把外包订单带回扶贫车间或家中生产，实行按件计薪，开展“居家式”生产加工。如小龙洞乡小木村和大寨子乡卜鲁期村、大寨村共向产业园输送培训技术骨干100余名，争取到数据线订单30余万件，带动500余名留守贫困群众就近就业，让“家门口就业，村子里挣钱”成为现实。截至2020年7月，建立扶贫车间6个，共吸纳劳动力就业1560人次，其中贫困劳动力840人次。

牵线搭桥，农产采购，消费扶贫

云南有春城昆明，也有秋城昭通，昭通一年四季都像秋天一样凉爽宜人，冬无严寒、夏无酷暑。这里地处云贵高原，海拔高，昼夜温差大，日照时间长，是中国南方最大的优质苹果生产基地之一。春天，这里是漫山遍野的苹果树花开，6月以后，是“半城苹果满城香”，处处挂满甜度好、香味浓、密脆多汁的“昭阳红”。昭阳区苹果种植面积已达70多万亩，总产量达72万吨。8月的青岗岭、靖安，遍地紫色的、白色的花那样迷人，花下，是松软可口的马铃薯，昭阳区的马铃薯种植面积达40亩，年产量达60万吨。大山包，平均海拔3100米左右，秋天，荞花、燕麦层层叠叠、色彩斑斓。凉山片区，花椒串串；龙山寨，葡萄串串，香气扑人。苏甲、大山包、布嘎、守望那一群群原山态养殖的牛、羊、鸡，和昭阳蓝蓝的天、清清的水、净净的空气，交织成一幅幅美丽的风景。

昭阳区是一个农业大区，农产品非常丰富，养殖业是农民脱贫致富的重要支柱产业。在下乡工作时，我经常会看到老百姓头顶着烈日在田间地头劳作，汗水挂在脸上，非常辛苦。怎样帮他们把好产品卖出一个好价钱呢？如何将昭阳的美食送到东部地区，让大家品尝到这些绿色产品呢？于是，我积极发动东部社会各界和亲朋好友采购昭阳区的农特产品，帮助贫困人口脱贫增收。通过对接，成功促成东莞市泽景公司、广东佰顺农产品供应链集团有限公司、广东万达丰农投蔬果有限公司、东莞润丰蔬菜批发市场、大岍农公司等企业与昭通的企业、合作社采购昭通苹果、蔬菜等农产品。同时通过大力宣传，广东的社会团体以及亲朋好友纷纷直接购买或帮助宣传昭阳农特产品。2018 年以来，通过东西部扶贫协作，销售到广东的农特产品达 3.1 亿吨以上，实现销售收入 2.15 余亿元，带动贫困人口 3.6 万余人增收。

打出创新组合拳，社会帮扶聚合力

“看似寻常最奇崛，成如容易却艰辛。”在昭阳区近 3 年，有很多的酸甜苦辣。记得第一次到田坝乡，我感受最深刻的就是窗外那悬崖峭壁，看得我心惊胆战，还好最后平安到了目的地。还记得有一次，我陪着一位花椒生产专家去田坝指导花椒生产，那天刚好遇到大雾天气，能见度只有 10 米左右，走在大雾迷茫、弯弯曲曲的山路上，我的心一直怦怦怦跳个不停，问司机小王要不要停下来，小王安慰我说，没事，路我很熟。本来 2 个多小时的车程，我们整整走了 6 个多小时才到。田坝乡的贫困情况深深地触动了我，田坝乡成了我常去的地方。为帮助田坝乡发展花椒产业发展，我先后协调社会力量筹集了 40 多万元资金为农民购买化肥，还在种植技术上给予支持。值得欣慰的是，在大家的共同努力下，田坝乡广大群众逐渐学会了花椒的种植管理，对花椒种植的积极性空前高涨。目前，田坝乡的花椒种植已达到 17600 亩，亩产干花椒可达 220 斤，全乡花椒产业收入可达 1.2 亿元。2018 年 8 月 20 日走访洒渔镇时得知洒渔新立、新海小学学生冬季住宿环境恶劣，我立即联系广东光大企业集团有限公司，协调东莞企业捐赠 20 余万元购买了宿舍供暖设备给 5 所高寒地区小学。调研得知，很多贫困学生穿不起校服，便协调了东莞企业捐赠 30 余万元，购买校服、运动鞋、发电机、餐桌、学习设备以及课外书等学习用品，给炎山中寨小学等多家边远山区学校的贫困学生。2018 年 7 月中旬，得知有 12 名高考成绩优秀学生，因家庭困难上不起大学，我便在广州为这 12 名学生寻找到了资助人，帮助这 12 名学生每人 5000 元资助，他们都顺利进入大学学堂。同时为在东莞学习的 70 多名学生联系企业，暑假期间到企业务工。古人说“赠人玫瑰，手留余香”，很开心社会各界爱心人士都弘扬了中华民族扶贫济困的传统美德，积极参与扶贫济困爱心捐赠活动中来，形成脱贫攻坚的强大合力。两年多来，我协调筹集社会资金和物资捐赠近 9000 万元，竭力为解决当地贫困群众养老、教育、医疗、产业、就业、农业增收等问题贡献了自己的绵薄之力。

求得一人才，撬动一大片

挂职时间飞快，我深知，尽管万般不舍，我终究是要离开这个第二故乡的。为此，我从强化人才建设入手，致力于打造一支带不走的工作队。2018 年以来，协调东莞共选派 20 名优秀骨干，到昭阳负责扶贫协作、教育、医学方面的工作指导，为充分发挥技术人才“传、帮、带”作用，我亲自带头筹划，组织教师医生开展各类宣讲、慰问、义诊活动。2018 年以来，支教老师们组织开展业务提升培训达 7 场次，培训教师 420 名；支医医生们组织开展业务提升培训达 12 场次，培训医生 1350 名。开展“走进昭阳”支医支教活动专题讲座 2 期 173 人次、公开课 83 人次，医疗安全培训 224 人次。帮助区中医院增设儿科，引进“无痛病房”“小针刀”、骨科、神经外科、优质护理服务等先进医疗技术；成立了“无痛膝关节置换手术室”“东西部扶贫协作手术室”。每一名支医支教人员都在自己的岗位上发光发热，以百分百的热情投入工作中，在昭阳留下了令人赞叹的东莞印记。为开阔干部眼界视野，2019 年 10 月我邀请到广东省委党校 6 名教授给昭阳区 674 名干部进行培训，同时协助昭阳区组织 4 名正科级干部分批到石碣镇挂职锻炼；组织 115 名优秀教师、医生工作者分批到广东东莞、中山进修学习；组织 318 名贫困学生，到东莞、中山就读职业学校。

东西部扶贫协作是国家推动区域协调发展、协同发展、共同发展的大战略、大举措。能有幸参加此项工作中，力所能及地贡献出自己的力量，我感到很荣幸、很自豪。心之所向，行之所往。在昭阳区江先奎书记、陶毅区长的带领下，在全区干部群众的共同努力下，昭阳区今年年初已顺利实现脱贫摘帽。3 年扶贫路，是我收获满满的 3 年，感谢党组织给我这个机会，让我见证了西部脱贫致富和崛起的历程，让我感受到昭通人的坚韧和拼搏，也让我看到了东西部协作开出的那朵灿烂的友谊之花。扶贫路上，我将一如既往，不忘初心，牢记使命，砥砺前行，奋力书写出莞昭两地携手奔小康更加精彩的篇章。

（由广东省第五扶贫协作工作组供稿）

牢记初心使命　砥砺负重前行

——记鲁甸县委常委、副县长钟雅哲

广东省第五扶贫协作工作组

2018 年，钟雅哲从中山市来到昭通市鲁甸县，挂任县委常委、副县长。两年多来，她克服高原反应和生活上的种种困难，按国家东西部扶贫协作要求，在广东省第五扶贫协作工作组的带领下，在鲁甸县委、县政府领导的关心支持下，借东西协作之力，投入对口帮扶资金 2.24 亿元，新建、改扩建学校和卫生室 19 个，改造危房 415 户，硬化贫困村道路，实施安全饮水，解决“两不愁、三保障”惠及贫困群众 8 万余人；引进和帮扶当地建设产业项目 17 个，投资超 5 亿元，增收带贫 2.4 万人；协助劳务输出 6.14 万人；干部及专业技术人才交流学习扎实有效；结成 11 个镇镇、14 个村村、41 个企村、13 个校校、6 家医院对医院帮扶对子。2018 年国务院副总理胡春华到鲁甸调研东西部扶贫协作工作，对两地取得的成效给予了高度肯定。

在协助广东省第五扶贫工作组和东莞市完成既定的工作前提下，钟雅哲还在医疗、教育、产业、消费扶贫、集体经济发展、劳动力就业等领域，积极主动对接与引进，致力于为当地造血，推动鲁甸脱贫攻坚验收在全市排名第一。

一、医疗帮扶有力度、有亮点，成效显著

在短短两年时间，在钟雅哲的努力协调下，新增了7个面向全县、镇、村三级的医疗帮扶项目，成为健康扶贫的有力抓手。

一是建设鲁甸·东莞眼视光诊疗中心，千里送光明。钟雅哲引进东莞光明眼科医院，成立了鲁甸·东莞眼视光诊疗中心，在全县各乡镇卫生院建立眼科工作室，募集捐赠400万元眼科设备。诊疗中心已接诊超过17800人，完成白内障筛查1500多例，开展眼科手术1200台，1000多人通过免费手术重见光明。治愈一个人，解放一个家庭，眼科帮扶项目切实为当地群众带来了光明，得到了广东省委书记李希同志、东莞市委书记梁维东同志的高度认可。

二是建设鲁甸·东莞皮肤中心，填补学科空白。鉴于鲁甸县皮肤病比较多，钟雅哲便马上联系了东莞皮肤专科医院，推动东莞皮肤专科医院与鲁甸县人民政府签订皮肤健康医疗帮扶框架协议。通过捐赠设备、派医生和护士到东莞皮肤专科医院密集跟岗培训一年、东莞皮肤专科医院专家进驻鲁甸开诊带教及对全县医生进行皮肤专科培训等帮扶模式，推动鲁甸县建设了第一家皮肤中心。

三是建立鲁甸·东莞胸痛中心联盟，建设国家级胸痛中心。钟雅哲还联系引进了拥有国家级胸痛中心的东莞市人民医院帮扶鲁甸县人民医院建设国家级胸痛中心，并签订了帮扶协议，帮助鲁甸县人民医院胸痛中心建设，并完成了胸痛中心联盟授牌。

四是建立鲁甸·东莞妇幼专科联盟，创建二甲医院。钟雅哲通过多方努力获得东莞市妇幼保健院的大力支持，院长亲自率专家团队两次亲临鲁甸妇幼保健院指导创建二甲医院，并委派两名妇科医生和一名儿科医生进驻鲁甸妇幼保健院任副院长开展帮扶。

五是建立鲁甸·东莞精神卫生中心，填补学科空白。2020年9月，钟

雅哲又联系引进东莞市第七人民医院（精神病院）帮扶鲁甸县人民医院建立精神卫生中心，对鲁甸县人民医院开展精神卫生工作规划、基础建设、管理提供建议和指导，支持鲁甸县人民医院开展精神卫生服务。

六是建立鲁甸·东莞康园中心，服务卯家湾安置区残疾人，开办鲁甸县特殊教育幼儿班，填补特殊教育空白。钟雅哲引进东莞市残联帮扶鲁甸在卯家湾建立康园中心，服务安置区1000多名残疾人（包括精神病人300多人），开办特殊教育幼儿班，让鲁甸县残疾人在家门口得到专业的康复、教育、托养、就业服务。

七是建立鲁甸·东莞红十字会应急救护培训中心。引进了东莞红十字会帮扶鲁甸县人民政府建立鲁甸·东莞红十字会救护培训中心，并签订协议，成立鲁甸·东莞红十字会应急救护培训中心建设领导小组和项目工作组，对鲁甸应急救护培训中心建设规划、管理、技术等提供建议和指导。

二、教育帮扶有温度、有创新，成绩斐然

从进驻鲁甸伊始，钟雅哲一直致力于教育帮扶，引进了东莞职业技术学院和广东南博集团职业教育来昭通考察，进行帮扶。依托两地政府，由东莞职业技术学院与昭通职教中心及大容家宝集团实行校校合作、校企合作，以“1+1+1”的模式，帮扶昭通职业教育，解决每年5万多初中毕业生就读中职问题。广东南博集团每年提供50个免费就读中职名额给鲁甸学生。协助广东省第五扶贫协作工作组募集捐资3000万元，帮助3.6万人的卯家湾易地扶贫搬迁安置区新建一所小学，解决搬迁群众子女就学问题。募集捐资为卯家湾安置区3200余名中小学生配备校服和鞋子。积极寻求推动优质教育资源进驻鲁甸。

三、产业帮扶有深度、有成效，带贫效果好

钟雅哲引进东莞企业投资和东西部扶贫协作资金投入，产业帮扶初见成效。

一是引进东莞企业在鲁甸投资兴业。钟雅哲引进广东中玲集团在鲁甸投资兴建占地138亩的农产品交易中心，预计投资1.8亿元，项目建成后，将成为当地的农产品集散地，促进当地农产品销到东部沿海；引进东莞朝发皮具公司和东莞宏日手袋厂进驻卯家湾安置区产业园，东莞朝发皮具公司预计投资6000万元，用工600人，东莞宏日手袋厂，预计投资6000万元，用工500人，为卯家湾搬迁群众提供就业岗位。

二是利用东西部扶贫协作资金帮助当地发展产业。钟雅哲协调东西协作资金投入1450万元，种植5000亩高标准苹果核心示范园。项目投产后可受益带贫6000多人，通过流转土地及吸纳务工直接增收带贫738人。还争取了东西协作资金投入2470万元，建设500个食用菌种植大棚项目。项目投产后受益带贫14234人，通过流转土地及吸纳务工直接增收带贫200余人。争取了2000万元建设卯家湾安置区（3.6万人）标准化扶贫车间厂房，夯实招商引资基础。项目投运后可提供就业岗位约600个。

三是引进帮扶共建安置区产业园区。2020年8月，钟雅哲引进了东莞市工商业联合会和东莞市高盛集团有限公司，帮扶鲁甸工业园区管委会采取“合作共建、协同运营”的方式进行合作，加强产业园的开发建设和运营管理，引导选择合适产业、企业进入园区发展，尽快形成鲁甸县经济发展重要增长点。

四是引进鲁甸县乡村旅游资源开发帮扶项目。钟雅哲引进了东莞市旅游协会、东莞市旅行社行业协会、东莞市旅游饭店协会三家协会，共同帮扶鲁甸县人民政府开发鲁甸县乡村旅游资源，在鲁甸全域范围内分别打造娱乐休闲片区、湿地公园片区、民宿酒店、康养度假服务片区、夏令营野

外拓展以及保留村落六大主题区，构建食、住、行、游、购、娱一体化的旅游服务产业体系，进一步开发鲁甸县乡村旅游资源，打造鲁甸县旅游品牌，推进鲁甸县旅游业快速发展。

四、消费扶贫有思路、有远见，助农效果好

鲁甸是农业县，到鲁甸的第一年，钟雅哲就开始探索如何把农产品销出去，亲自到村调研农产品种植、加工、销售、物流，联系东莞工会直接从农民手里采购农产品超过1万件，实现助农销售400余万元。今年，钟雅哲积极对接东莞农产品配送企业采购鲁甸农产品，签订采购协议书5份，涉及总金额超8500万元，并召集鲁甸农企和合作社与采购企业见面，对接打通线上线下销售渠道。

考虑到鲁甸县核桃树多，品质上乘，但由于近年核桃价格的下跌，全县的核桃出现滞销，为解决这一难题，钟雅哲创新模式，组织开展了核桃树认养项目，联系东莞市工商联与鲁甸县俊缘种植专业合作社签订了核桃树认养协议，促成双方建立持久、稳定、有效的购销关系，实现互利共赢。

五、有对策、有创新，集体经济发展好

为帮助鲁甸县97个村集体经济发展，钟雅哲引进了东莞市农业局主管村集体经济的科长对鲁甸12乡镇97村的干部进行村集体经济发展培训，探索安全可行的适合当地发展的村集体经济发展模式。同时，有效利用镇镇结对、村村结对、企村结对帮扶资金，投入村集体经济合作社，扶持当

地产业发展，解决当地农民就近就业，一举多得，走出一条村集体经济发展的新路子。

鲁甸地处乌蒙山集中连片特殊贫困地区的腹心地带，是云南省 27 个深度贫困县之一。两年时间，钟雅哲不忘初心、砥砺前行、苦干实干，协助鲁甸县补齐了脱贫攻坚的短板，赢得了发展的先机，交出了高质量脱贫摘帽的成功答卷，出色完成组织赋予的重任。一次次的实践验证了钟雅哲同志对党忠诚、勇于担当、矢志不渝的初心，牢记使命、坚韧不拔、砥砺前行的恒心！

（由广东省第五扶贫协作工作组供稿）

东莞扶贫干部张伟华的“战疫”故事

张伟华

从繁华的东莞市到国家级贫困县镇雄县，从机关到县区基层、从干净整洁的办公室到贫困乡村的田间地头，在镇雄县挂职3年来，他认真贯彻中央和省市委关于脱贫攻坚的指示要求，对照精准扶贫、精准脱贫的总体要求，创新工作思路，在精准施策上出实招、在精准推进上下实功、在精准落地上见实效，扎扎实实推进东西部扶贫协作工作各项措施的落实，助力镇雄县实现高质量脱贫。他——就是东莞派到镇雄县挂职县委常委、县人民政府副县长张伟华。

打赢脱贫攻坚“战役”

经过严格的选拔，2018年5月，张伟华受广东省委、东莞市委委派到云南省昭通市镇雄县——这一全国脱贫攻坚的主战场挂任镇雄县委常委、副县长，分管东西部扶贫协作工作，挂联黑树镇，任黑树镇党委第一书记。自到镇雄县开展工作以来，牢固树立扎根基层、服务群众的理念，在精准扶贫工作中理思路、谋发展，带着深厚的感情做工作，深入群众，帮困解难，全身心投入东西部扶贫协作工作和脱贫攻坚工作。他常说："挂职也挂心，组织把我安排在东西部扶贫协作岗位上，是组织对我的信任，那我就要用心用情用力在这个岗位上干出成绩，作出贡献，不辜负广东省委、东莞市委、市政府的重托，不辜负镇雄干部群众的期盼。"

张伟华在镇雄县脱贫攻坚战役中，履职尽责、踏实肯干，有力推进东西部扶贫协作工作，交出了亮丽"成绩单"。在东西部扶贫协作和脱贫攻坚工作中，不忘初心，牢记使命，持之以恒履行好特殊使命，高质量做好东西部扶贫协作工作；在镇雄县东西部扶贫协作工作中，尤其是在发展集体经济、招商引资发展产业、发展职业教育、劳务协作等"造血"板块，做到先人一步、快人一马，对标对表，挂图实干，推动东莞市镇雄县东西部扶贫协作迈向新台阶，为决战脱贫攻坚、决胜全面小康，注入更强动力。

俗话说"全国脱贫看云南，云南脱贫看昭通，昭通脱贫看镇雄"。镇雄县是全国脱贫攻坚的主战场。张伟华发扬挂职干部"不怕苦、不怕累、不怕难、不怕险"的脱贫攻坚精神，亲自到部门和乡镇指导东西部扶贫协作资金项目申报，确保协作项目早部署、早安排、早实施。项目实施期间，张伟华常常到东西部扶贫协作项目点进行实地考察、实地督导，督促项目实施，确保东西部协作项目如期完工。

在张伟华有力推动下，东莞市累计投入镇雄县的财政帮扶资金（含市级财政和携手奔小康的镇级财政帮扶资金）2.3165 亿元，重点投入产业发展、基础设施、劳务输出、教育帮扶、医疗帮扶等领域，先后建成规范化种植大棚 334 亩；建设产业园区 1 个、生猪代养场 6 个、扶贫车间 19 个，扶持 127 个贫困村发展村集体经济；建成易地扶贫搬迁示范点 1 个、中学食堂 1 个；建成村卫生室 72 个、文明实践超市 84 个、产业道路 13.8 公里、村活动场所 18 个、饮水工程 3 个；开展致富带头人培训 500 人、贫困人口技能培训 3303 人、乡村医生医疗技术培训 1172 人、中职学生学前培训 771 人；发放贫困残疾人补助 161 人，购买残疾学生感统设备和语言训练设备各 1 套，实施贫困残疾人家庭无障碍设施改造 650 户；成建制转移 9409 名贫困人口到东莞就业并发放稳岗补贴，开发县内乡村保洁员公益性岗位3859个；购置垃圾清运车47辆，建设贫困村公共厕所70个、道路亮化工程4个。此外，引导20家东部企业来镇雄投资发展，企业实际投资（增资）达4.9955亿元，创建并成功运作16家公司和17个扶贫车间，带动2000余名贫困劳动力实现就地就近就业。帮助镇雄贫困劳动力13453人转移输出到广东就业，组织点对点输送，贫困劳动力4296人实现“从家门直接到厂门”就业。帮助销售镇雄特色农产品2317万元，带动贫困人口6048人。发动东莞335家单位、企业、社会组织帮扶镇雄，捐赠帮扶资金和物资8228万元，其中，232家企业和社会组织结对帮扶镇雄96个国家挂牌督战村，捐赠资金和物资5228.86万元，总计投入96个督战村资金7767万元，村均投入为81万元，受益人口达5万余人。其中，2020年投入资金8000万元建设大地和大火地易地搬迁点产业园，占地面积95亩，项目建成可带动贫困劳动力2000人就近就业，项目建成将成为镇雄工业的新平台、新动力。投入4246.24万元在以古镇、五德镇等5个镇建设生猪代养场6个，项目建成后年产生猪50万头，带动贫困劳动力600余人就近就业，项目将助力镇雄发展生猪产业上新台阶。

张伟华高度重视发展产业，他多次强调“发展产业虽面临很多困难、承担很大风险，但发展产业是最佳最彻底的帮扶，授人以鱼不如授人以渔，这些风险我愿意承担”。为发展产业，张伟华同志首先选择在发展集体经济和发展农业产业上寻求突破。2018年下半年，东莞市委、市政府开始加大对镇雄的帮扶力度，在上半年1000万元财政资金的基础上新增2000万元财政帮扶资金。张伟华迅速提出方案，重点倾斜产业和发展村集体经济项目。为此张伟华多次向广东省第五工作组和县委、县政府汇报，最终取得一致同意，当年就投入1000万元建设324亩的农业大棚，投入675万元支持13个贫困村发展村集体经济项目（参股农业企业和专业合作社的生猪养殖等项目）。大棚建成后租赁给合作社种植蔬菜及水果，年租金63万元作为村集体经济收入，项目带动贫困劳动力76人就近就业。13个贫困村集体经济项目年收益达 68.2 万元，成为 13 个贫困村第一笔村集体经济收入，同时带动贫困劳动力 237 人就近就业。自此，在张伟华的努力下，东莞市帮扶镇雄县的财政资金中有 14100 万元投入发展产业和集体经济，占比超过 60%。产业的发展既帮助解决就近就业，增强了脱贫攻坚收入支撑；也为增加村集体经济收入，提升基层党组织社会治理能力，夯实了党在农村的执政基础。由于张伟华同志十分重视发展产业，有同志开玩笑称他为“产业县长”。

曾在农业农村部门工作多年的张伟华通过分析镇雄县产业短板后，提出加大招商引资力度、推动镇雄产业加快发展的理念。近 3 年的时间，张伟华主持或参与成功引进且正常运作的企业 16 家、扶贫车间 17 家，企业实际投资达 4.9955 亿元。特别是今年突如其来的新冠肺炎疫情造成企业经营困难，招商引资（含增资）困难重重，给镇雄脱贫攻坚出了一道加试题。但张伟华通过真诚的感召、真情的服务和数年的积累，成功逆袭。2020 年，成功引导 16 个企业到镇雄投资（含增资）共计 2.636267 亿元（比 2019 年增加 179.97%），吸纳 460 名贫困人口就近就业，带动 796 户 4380 名贫困人口稳定脱贫。通过贴心服务，帮助东莞豪亿、镇雄宝涛和镇雄三晟 3 家企业克服项目用电用水等方面的困难，在呢噜坪产业园加快建设标准化厂房。引进技术 4 项。援建或引进扶贫车间 17 个（比去年增加 212.5%），吸纳就业 700 人，其中贫困人口 447 人。

张伟华先后接受过新华社、光明日报、南方日报、东莞电视台、东莞日报的采访，他讲得最多的就是招商引资、发展产业的酸甜苦辣。镇雄县位于云南省最北端，地处边远山区，本地市场十分有限，对外物流窗口不多，导致镇雄产业发展困难。张伟华总结其招商引资特别突出“真诚感召、真情服务”，以真诚打动客商，以真情留住客商。镇雄宝涛服装公司项目就是一个最好例子。张伟华认识来自香港的广东潮州宝涛公司苏礼宏先生后，通过多次坦诚的交流，用真诚感动了苏先生。2019 年春节后，广东潮州宝涛公司苏先生及其家人应邀到镇雄县来考察和洽谈。2019 年 5 月，广东潮州宝涛服装有限公司与镇雄县人民政府签订了“镇雄宝涛服装有限公司呢噜坪扶贫车间项目”协议。镇雄宝涛服装有限公司成为昭通市和镇雄县第一家港资企业。这个项目正是东西部扶贫协作推动产业合作的最典型的案例，这个项目的成功落地也成为以情招商的典型案例，为后期的多个项目的成功落地树立了标杆。不论在签约仪式上，还是在平时交流过程中，苏先生及其夫人，都表示“要不是县委翟书记、县政府张县长以及东莞派来的常委副县长张伟华真诚感召、真情服务的话，我们是不会来这里投资产业，毕竟路途遥远，远离家乡，物流成本高，缺乏产业链配套，要经营好，困难不少”。类似的还有昭通民心光电项目的招引。东莞豪亿光电有限公司李董事长及其夫人均是镇雄县林口乡人，虽一直有关注家乡的发展，但因对家乡的营商环境等心中尚存疑虑，一直下不了决心回乡投资。张伟华在8月亲自登门拜访，并在这期间每天保持沟通联络，终于用真诚感召，促使他们夫妇最终下定决心回家乡考察项目。2019年9月下旬，东莞豪亿光电有限公司李董事长一行3人受邀，专程来镇雄县考察。2019年11月9日，豪亿光电有限公司公司正式与镇雄县政府签订“镇雄县民心光电项目”协议书。该项目由东莞豪亿光电有限公司在镇雄县呢噜坪易地搬迁点配套扶贫车间项目地块购买20多亩土地，首期投资3000万元建设光学器件项目。第一期项目建成后，可接纳200人以上劳动，并能提供一定的GDP和税收贡献。

众所周知，项目签订了协议还只是长征路上迈出了第一步。张伟华为企业提供真情服务，也被东莞日报誉为“保姆式服务”。例如镇雄宝涛服装有限公司项目从办理营业执照、到办理港资资本账户和结外汇手续遇到了超出预期的困难和障碍。主要原因是该项目是港资项目，昭通市一些部门和机构没有办理过这一业务。作为这个项目的服务领导，张伟华亲自与昭通市市场监管局、昭通市人民银行、昭通市外汇管理局、昭通市农业银行等机构协调，逐一破解各种困难和问题。张伟华还亲自帮助解决立项、供电、供水、环境保护评价等，贴心服务、真情服务温暖了投资者的心。为强化广东潮州宝涛公司投资者的信心，张伟华还发动牛场镇召开招工现场会，为宝涛公司牛场镇扶贫车间解决了生产所需的劳工；商请县委、县政府额外提供旧府街道鲁家院子车库 1000 平方米，给宝涛公司先行开展电脑绣的岗前培训和生产，大大增强了其信心。2019 年 11 月 9 日，张伟华亲自陪同东莞豪亿公司李董事长夫妇到镇雄县市场监管局顺利办好镇雄民心光电有限公司工商营业执照。此后，持续跟进该公司报税、土地出让、地块平整、用电、用水、规划设计等全过程，扫清各种障碍。2020 年 7 月 3 日，民心光电项目正式动工。为支持民心光电培训熟练工人，张伟华支持该公司先行运作镇雄县林口乡木黑村扶贫车间，帮助其解决动力电、劳动力招聘等问题。木黑村车间投资 1000 万元，已在 2020 年春节后正式投产运行，现已聘请 40 名本地人就近就地就业，在 2020 年疫情严重影响下，显得尤其难能可贵。

抗击新冠肺炎“战疫”

2019 年，一场突如其来的新冠肺炎疫情席卷了中华大地，打破了春节本该欢乐、祥和的气氛，大家谈“疫”色变，但有这样一群人，他们放弃了与家人少有的团圆机会，义无反顾地投入了这场没有硝烟的战役中。

2020 年 1 月 29 日年初五，当时作为镇雄县黑树镇党委第一书记的张伟华同志提前结束了休假，还没来得及回县城的宿舍，就直接从毕节机场赶赴与贵州省接壤的水箐和石板井两个“卡点”参与疫情防控，“卡点”值班人员在防控物资短缺的情况下依然坚守在天寒地冻的室外，他看在眼里、记在心上。第二天一大早，张伟华叫上黑树镇党委书记陈孝禄等一行四人，再次到了水箐和石板井两个“卡点”，这一次他给两个“卡点”带了一件特殊的“物资”，那就是党旗，当党旗在寒风中飘动起来时，大家深受感动和鼓舞，更加坚定了打赢疫情阻击战的信心和决心。

拥有170万人口的镇雄县，疫情防控点多面广，防控物资消耗巨大，为缓解镇雄县口罩、手套、防护服、消毒液等防控物资匮乏的情况，张伟华一边指挥黑树镇疫情防控工作，一边积极协调爱心企业、人士，及对口帮扶镇雄县的东莞镇街捐赠防控物资，支持镇雄疫情防控。他自己本人先带头捐款10100元人民币，助力镇雄县打赢疫情防控阻击战。在张伟华同志的积极协调下，多家爱心企业、人士积极响应，捐赠疫情防控所需物资。潮州宝涛公司捐赠口罩5000个、防护服285套；镇雄宝涛公司捐赠口罩5000个；镇雄县广进科技有限公司捐赠一次性口罩12650个、N95口罩20个、乳胶手套1000双；东莞成静光电公司捐赠KN90口罩100个；东莞豪亿光电公司捐赠KN90口罩100个；广东共创光学有限公司李立明捐赠口罩3600个；温氏股份佛山市正典生物技术有限公司捐赠35件消毒液。同时，广东宝涛公司向昭通市捐赠10000双手套，其中8000双定向捐给镇雄县疫情防控指挥部；东莞豪亿光电公司向昭通市捐赠一次性医用口罩10000个，其中8000个定向捐给镇雄县疫情防控指挥部；东莞市清溪镇向昭通市捐赠kf94口罩150个、一次性口罩2700个、一次性隔离衣2000件、消毒粉4桶、免洗消毒凝胶1000支；东莞市企石镇向昭通市捐赠护目镜100个、消毒粉100箱，其中50%定向捐给镇雄县疫情防控指挥部；东莞市谢岗镇向昭通市捐赠护目镜20个、速干手消液80箱，其中50%定向捐给镇雄县疫情防控指挥部。

在这场疫情防控阻击战最吃紧的时候，全国上下交通几乎陷入瘫痪，受影响最大的就是企业，企业能否度过这个寒冷的冬天，牵动着张伟华的心，他一家一家地打电话询问有什么困难，在他的协调帮助下，民泰、佑康等养殖企业饲料顺利运达，多家种养殖专业合作社的农产品得以外输，并为多家企业协调银行贷款渡过难关。当镇雄县转入低风险区后，作为企业知心人的张伟华又为企业复工复产操碎了心，每天不定时地跟踪是否已出台相关文件，并帮助企业咨询相关的行业主管部门办理复工复产手续，自始至终他没有落下一家企业。

在这场脱贫攻坚“战役”和抗击新冠肺炎“战疫”中，奋战在一线的张伟华，无畏坚守、忘我奉献、敬业守责，展现着新时代奋斗者的昂扬姿态。

（由广东省第五扶贫协作工作组供稿）

东西携手拔穷根　驻巧工作显真情

——记巧家县委常委、副县长卢广基

广东省第五扶贫协作工作组

2018年6月，时任东莞市公路管理局党委委员、副局长的卢广基被选派到云南省昭通市巧家县挂职锻炼，和其他帮扶干部一样，成为全省乃至全国扶贫大军中站在扶贫主战场的最前沿激烈奋战着的一员。昭通市巧家县是全国贫困人口最多、贫困面最广、贫困程度最深的地区之一，在莞巧两地党委政府的坚强领导下，东莞市帮扶巧家县工作队牢记使命、聚焦精准、突出重点、协同创新、争先创优，全力推进东西部扶贫协作各项工作，有效助力巧家县脱贫攻坚战取得关键之年的关键性胜利，谱写了两地扶贫协作新篇章。

劳务输出促就业

“援巧为什么？在巧干什么？离巧留什么？”卢广基带着这样的思考，结合实际开出“巧家所需”和“东莞所能”两张清单。巧家县共有62.5万人，贫困劳动力10.0781万人，占到总人口的六分之一，由于经济欠发达，产业规模小，吸纳就业能力差导致劳动力过剩；被称作“世界工厂”的东莞，制造业发达，已经成为全球最大的制造业基地之一，用工需求量大。为构建东莞市和巧家县劳务对接长效机制，促进巧家县劳动力有序转移到东莞就业，卢广基与东莞企业和社会机构进行大量的沟通协调，挑选了一大批优质的东莞企业到巧家县的各个乡镇举办招聘会。“一人就业，全家脱贫”，但刚开始工作并没有这么顺利，让卢广基印象深刻的是第一批企业进乡镇进行招聘时，被当地人狠狠地泼了一盆“冷水”。“上个厕所回来，两百多人的招聘会现场只剩二三十个人了，当地人不信任我们，直言来招聘会现场是给乡政府‘面子’。”卢广基与派驻巧家的挂职干部周伟智开始在贫困乡镇中进行调研走访，积极寻找问题和原因，周伟智派驻到巧家前是樟木头人社分局劳动监察股的一名干部，找到问题根源后，周伟智迅速联系樟木头镇政府相关部门，找到了 5 名在东莞务工的昭通人，还专门拍摄了一组昭通人在东莞务工、生活的视频短片，这些视频短片在巧家县各个乡镇播出后，立即消除了当地人的顾忌。

今年 20 岁的小李在东莞的工厂流水线当操作工，每月能拿 4000 元左右的工资，他对现在的工作认可度还是挺高的，有长期做下去的信心。小新说，“相比在家守着一亩三分地，面朝黄土背朝天，我更想走出来，看看外面的世界，探索人生新的可能。”2020 年，面对突如其来的新冠肺炎疫情，卢广基积极协调，做好农民工和用工单位之间的桥梁和纽带，做到“送岗上门”“送需到企”，2 月 27 日，巧家县东坪、药山等乡镇的 274 名务工人员在巧家县客运站免费乘坐“外出务工返岗专车”，前往东莞、深圳等地返岗就业；截至目前，已向东部“一站式、点对点”直达输出人员 709 人，其中贫困人口 391 人，返回东莞务工人员 425 人，贫困人口 224 人。

产业合作注活力

推动巧家发展，产业是核心。2018 年年底，卢广基刚到巧家不久，便参与协调将东莞百果园饮食有限公司的老板和高级技术员请来了，他们分析了马树坝子一带的土壤、气候情况，并结合他们公司的市场大数据，百果园的技术员和分析师认为，马树坝子一带的气温恒定，水源和日常都非常适合草莓种植，最关键的是，在百果园的大数据分析中，草莓是全国水果市场里缺口比较大的水果。技术员认为，马树坝子属于国内少有的，能在夏季产出草莓的地带，市场前景必定非常广阔。东莞企业的专业方案，犹如一把钥匙，打开了马树坝子周边村民的致富之门。2019年年初，在前期试种成功的基础上，马树坝子一带全面拉开了草莓种植的序幕，并按照“党支部+合作社+企业+贫困户”的路子，完成了土地流转、开展草莓种植、解绑农户劳动力等一系列目标任务。云南巧家夏季草莓产业项目，投入东西部协作资金500万元，目前种植面积已达万亩，2020年10月还将完成初、深加工基地的配套建设，同时开展无土栽培等技术的研发，届时将初步形成一条集种植、加工、生产、研发于一体的产业链。万亩草莓种植基地成型后，常年可吸收务工人数7800人以上，年增加务工收入近2亿元，对于周边农户而言，无疑是最快、最直接、最方便的致富之路。

党参系深根性植物，喜凉爽湿润气候。喜在土层深厚、质地疏松、肥沃的填土上生长。苞谷垴乡立体气候变化明显，年均气温15℃，年均降雨量885.4毫米，适宜党参种植，2020年，苞谷垴乡在洼落村试点集中种植党参150亩，带动周边100余户群众分散种植150亩，建成中药材种植试验示范基地300亩、苗圃100亩。为了形成产业链，计划投资217万元，修建党参扶贫车间，车间建成后可提供就业岗位200个，可实现务工收入1.8万元/人/年，实现务工收入360余万元，同时兼顾村集体经济。最初党参扶贫车间计划投资是180万元，经过调整请示，该项目还须增加37万才能完工，但帮扶资金已经全部批复完毕，还差11万元怎么办呢？卢广基趁着回家休假期间，前往石排镇积极协调争取，最终为苞谷垴乡争取到了这11万元。

卢广基认为要把引导企业落地投资作为推动当地产业发展升级的“提速器”，4年来先后引进了会泽温氏畜牧有限公司、南京云田网络科技股份有限公司、东莞市百康肉类销售有限公司、深圳前海智远行乡村发展咨询有限公司等6家企业，为巧家的发展注入活力，增强了造血功能。

人文关怀暖人心

初到巧家时，由于之前的工作内容与扶贫工作差距较大，卢广基有些许的不适应。为破解僵局，他为自己制订了一个“走一走”计划，深入巧家县16个乡镇调研，尽快摸清巧家县的基本情况。蒙姑镇牛泥村是卢广基的挂钩包保村，他听说了见义勇为英模杨高飞的事迹后，就一直记挂着要去看望。2018年除夕下午1点40左右，蒙姑镇牛泥村安家山突发大火，大学放假在家的杨高飞听见护林员的喊声，冲出家门抄近路爬上半山腰。现场的过火面积三四亩，浓烟滚滚，也有很大明火，而且地势险峻。杨高飞被大火包围时，护林员清楚地听到他喊了两声“救命”。几分钟后，杨高飞滚到一个稍微平整的地方。大家赶到时，他还说了话，“快救火”“我是杨高飞，打120，救我。”杨高飞儿时的好朋友王开财，在现场给正在参与救火的杨高飞父亲杨得富打电话。杨得富最初还不相信，“我儿子不是去县城还没回吗？”还给妻子打电话询问，才知道儿子刚回家就来救火了。丧子之痛，让杨得富感觉天都塌了，“我宁愿救火时死的是我呀！”村民们劝他注意身体，儿子是为抢救全村财产而死，是英雄。“哎，今年寒假，儿子原本想在外面打工挣学费，要是我不催他回家过年，他就不会出事了。”杨得富说，他一家的经济收入主要靠种烤烟和他当村民小组长、护林员的工资。去年，长子考入汉口学院，他决定哪怕砸锅卖铁也要供儿子读完大学。“我们村大学生并不多，杨高飞这好的大学生，没想到说没就没了。”同村24岁村民王开财，和杨高飞家住得很近，两人从小玩到大。在他心目中，杨高飞性格温和，说话温言细语，从不骂脏话；对人很热情，脸上总是笑眯眯的，还喜欢帮助别人。以前读书放假回家，总是主动帮助同村的弟弟、妹妹们辅导功课，鼓励小孩子们多读书多学知识，才有希望走出大山。杨高飞一直是全村老乡心中的“好教材”、读书好榜样，也是全村老乡心目中将来有出息的希望之星。“可惜，这一切都已不在了！”王开财很是惋惜。2020年春节前夕，卢广基再次到蒙姑镇走访慰问了杨高飞的家属，“感谢杨高飞同志为国家和集体利益所作出的贡献，虽然他牺牲了，但他的精神永远活在我们心里。这些年来，党和政府无时不关心你们，祝你们全家过上一个幸福、祥和的春节！”卢广基说，关注贫困群众物质生活的同时更要注重其精神世界，要把贫困群众的心焐热、劲鼓起。

时间如白驹过隙，一转眼，卢广基3年挂职期将满。“3年前，巧家还没有高速公路。如今，格巧高速将巧家县与昆明市东川区连接起来了，打通了巧家农副产品销售难的‘最后一公里’，相信巧家未来会更好。”3年来，卢广基真真切切地看到了巧家每天的新变化、新发展。扶贫协作催生全面合作，优势互补生成新的优势，空间交换拓展新的空间，巧家的变化，就是最生动答卷。

（由广东省第五扶贫协作工作组供稿）

脚步丈量民情　芳华助力脱贫

罗小勇

“人民对美好生活的向往，就是我们的奋斗目标。”党的十八大以来，以习近平同志为核心的党中央，把脱贫攻坚摆到治国理政的重要位置，动员全党全社会力量，打响了反贫困斗争的攻坚战。作为一名普通的党员干部，有幸肩负光荣使命，带着组织的殷切嘱托，投身到这场没有硝烟的战役中来。

2018 年 5 月 29 日，我来到国家级深度贫困县——云南昭通彝良，挂职任县委常委、政府副县长，开展东西部扶贫协作和对口支援工作。从滨海之城到贫困县、从市直机关到偏远乡村，初次踏入这片被誉为“将军故里”“天麻之乡”的红色土地，给我的第一印象就是山清水秀，风光美丽，资源丰富。但是，当我逐步了解彝良县情后，越发觉得在彝良县要取得脱贫攻坚战的胜利任重道远。彝良地处滇、川、黔三省八县接合部的乌蒙腹地，境内山高坡陡、沟壑纵横，最高海拔 2780 米，最低海拔 520 米，相对高差大，立体气候明显，自然灾害频繁。作为国定贫困县、乌蒙山片区集中连片扶贫开发的重点区域、云南省 5 个革命老区县和 27 个深度贫困县之一。截至 2017 年年底，全县尚有贫困乡镇 10 个，贫困村 112 个、深度贫困村 82 个、建档立卡贫困对象 58650 户 254151 人、未脱贫对象 36412 户 152896 人，未脱贫人口总量排全市第二、全省第三，综合贫困发生率 26.87%。如何才能与彝良县四套班子一起带领广大干部群众一起进行脱贫攻坚大决战，使彝良父老乡亲摆脱贫困的面貌，让将军故里焕发生机和活力，让乡亲们与全国人民同步迈入小康社会。作为一名扶贫干部，用真心扶真贫，积极投身彝良县脱贫攻坚的战场，通过“一二三四五”，用3年的时间助力这片贫瘠的土地焕发出别样的生机，是一名共产党员践行初心使命的具体实践！

坚定一个信念

确保到2020年我国现行标准下农村贫困人口实现脱贫，贫困县全部摘帽，让贫困人口和贫困地区同全国一道进入全面小康社会，是我们党向全国人民、全世界作出的庄严承诺。我深知这是一场不能输也输不起的伟大战役，在得知要赴彝良挂职扶贫那一刻就给自己下了决心，必须以“功成不必在我”的精神境界和“功成必定有我”的历史担当，沉下心俯下身走进大山，为彝良如期实现脱贫摘帽贡献出自己的一份力量，以亲身的参与见证这个伟大的历程！

坚持两个到位

“不干，不好意思；干点，意思意思；多干，你啥意思。”这是网上调侃挂职干部的段子。但是不是把挂职当“看客”或者“过客”全凭自己，从我踏上彝良这片红色热土那刻开始，我就告诫自己，坚决不做“走读”干部，牢记“挂职得挂心”，坚持以事业为重、以彝良为家，把挂职当任职、把任命当使命，真抓实干，勇于担当，真正做到身到位，心也到位。

“身”到，就是要躬身力行，沉下身子抓发展。脚下有泥，心中才有底。为了更好地开展工作，到任的第二天我就钻进彝良的沟沟坎坎，把听民声、察民情、访民意作为第一要务，让自己能够迅速了解民情、村情、乡情、县情。因为我深知，要想把扶贫工作做实、做细、做精准，只有深入调研，摸清实情，才能做到心中有数。

群山逶迤，满目葱绿，沿着崎岖陡峭的山路前行，辗转3个多小时才走到农户家中。记得有一次去下乡走访，因为不熟悉的山路又下着小雨，脚滑摔到全身都是泥，回来同事还打趣地问我：“这是去哪插水稻回来了？”下乡、到村、入户走访就成为我的日常工作常态，牛仔裤、运动鞋也成为标配工作服，白天轻车简从深入乡镇，上山下乡进村入户，与群众促膝长谈、访贫问困，晚上认真研究县乡村情，学习国家和省市县脱贫攻坚政策，一个月里最短10天，最长的21天都在下乡走访，吃住在村上，不到半年，我先后走遍了全县15个乡镇、139个贫困村，通过与乡村干部、驻村扶贫工作队队员和贫困群众深入交流，对农业、农村和农民工作有了更深的认识，从全局层面了解了彝良县情、贫情和民情，进一步厘清了工作思路。

“心”到，就是要不忘初心，心系群众勇担当。扶贫干部唯有心到才能用心，下深水积极为地方脱贫攻坚献计出力；心到才能专心，充满真情激情为摆脱贫困出谋划策，脱贫攻坚路任重道远荆棘丛生，有困难、有矛盾、有压力，面对种种，只有始终把群众利益放在首位，面对困难有必胜的信念和前进的步伐，面对矛盾有真诚的沟通和多方的协调，面对压力有良好的解压途径。

2018年6月9日，我到柳溪乡茶坊村二岩组走访贫困户，那是一个少数民族村寨，上去的路陡且急，当地人说要上来得过33道拐，徒步小路上山下山还要手脚并用。常年大雾弥漫，山路泥泞，整个寨子的居住条件和环境卫生都很差，简陋破旧的木房子，因长期使用柴火，墙面都是黢黑的，一张桌子放着锅碗瓢盆等简单的生活用品，一个变形的柜子，几个木质的小凳子架起堆满被子和衣服的床，让人看着特别揪心。没有洗澡房和卫生厕所，多数在外面挖个坑，搭个木板解决。他们常年生活在高山上，鲜少与外界接触，靠一年一季的苞谷、土豆糊口，在这里，看到的除了山还是山，纯朴村民的眼神更多的是无助与期盼。在之后的时间里，我隔三岔五都要来这里走一走、看一看，与当地群众促膝谈心、亲切交流，听取收集他们的工作建议，为他们宣传好脱贫攻坚的各项惠民政策，给他们带来脱贫致富的坚定信心。

2019 年 4 月 11 日，我到洛泽河石人坪组调研，这个被称为云朵下的苗族村寨，地处偏远，居住的 14 户村民世代与大山相伴，几乎过着与世隔绝的生活。走进家里，两个小朋友趴在桌子上写着作业，他妈妈在洗衣服，小女孩看见我们进去说：叔叔，我见过你，你来过我们学校，还给我们发了好多糖，我随即问：你在哪里上学啊，他回答：在太平小学。太平小学未新建之前，占地面积小又年久失修，原有的各种设施也不能满足教学要求，加上学校无法提供住宿，像石人坪组这样交通不便，距离又远的孩子只能另外出钱租房子，这无疑加重了他们的经济负担。

2018 年 11 月，由东莞援建的洛泽河镇太平小学建设项目正式开工，并 2019 年 8 月建成投入使用，新校区的选址，建设我都全程参与，一心盼着让学生能够早日搬进新学校上课。现在孩子们有了安全健康、条件齐备的学习场所，丰富了校园文化，孩子们的学习劲头也更足了。

2020 年 6 月 24 日，我例行到茶坊村二岩组走访群众，老远就听见一个群众喊：罗县长，你又来啦，今天晚上留我家吃饭，跑过来拉着我的手说：要感谢你们呀，感谢党和政府的关心，看看我们这里变化有多大，你看现在房子改造好了，不像你刚来那时黑黢黢的，厨房也改造了，路也修好了，上街赶集都方便多了……这些都要感谢你们的关心和帮助，感谢习近平总书记的脱贫攻坚政策，才会让我们这个村寨有这么大的改变。看着他们脸上的笑容，我感觉自己的付出都是值得的。

克服三种困难

一是饮食：广东那边饮食普遍比较清淡，到了这里一日三餐“无辣不成菜”，饮食偏辛辣和油腻，来这3个月，因为不适应经常拉肚子，瘦了13斤，多年遗留的胃病又加剧了，现在每次出门胃药和藿香正气液已是必备的。

二是语言：广东语言与云南差异很大，彝良有彝、苗、回等少数民族20个，少数民族乡5个，我担任脱贫攻坚第一书记的柳溪苗族乡，就有很多少数民族村寨，刚来的时候基本上都听不明白老乡的方言，他们当地口音重，交流起来非常困难，很多时候他还得靠当地工作人员当翻译。

三是家庭：正值中年，既是单位骨干也是家庭支柱，离家几千里，家中有年迈的母亲，孩子面临高考，爱人身体不好……这每一件想起来对家人都是深深歉意，但既然选择了，就必须坚守、必须克服！特别看到身边许多同志长年扎根山区、跋涉高原，他们同样也是舍小家顾大家，这种忘我工作无私奉献的精神催人奋进，把我对家人愧疚转化为干好工作的动力。

遵守四种纪律

一是遵守政治纪律。脱贫攻坚牵系着中华民族伟大复兴的中国梦，在工作中真正把“四个意识”转化为在党言党、在党爱党的执行力，做到言行合一，向党中央看齐，将东西部扶贫协作的措施落实落细，营造脱贫攻坚风清气正、廉洁高效的工作氛围。二是遵守工作纪律。牢固树立看齐意识，把作风建设摆在突出位置，按照广东第五工作组、彝良县委、县政府统一部署和要求，遵章守纪，勤勉工作。三是遵守生活纪律。时时事事严格要求自己，讲操守，重品行，生活正派，情趣健康。四是遵守廉洁纪律。

进一步筑牢防腐拒变的思想防线，带头贯彻执行廉政建设的各项规定及脱贫攻坚各项纪律规定，不以扶贫为条件谋取任何个人私利。

做好五项工作

一是推动互访对接，东西协作深入人心。全力推进东莞市黄江镇、道滘镇、望牛墩镇和麻涌镇党政主要领导及相关部门、村（社区）负责人到彝良县考察帮扶工作，彝良县党政主要和分管领导也先后赴东莞市对接东西部扶贫协作工作，并召开联系协作会议。通过交流合作，增进了双方的感情。目前，两地互访对接已经形成了政府主导、社会参与、市场运作“三驾马”车共同驱动的协作帮扶格局，东西扶贫协作已家喻户晓、深入人心。

二是培育致富产业，稳定脱贫成效明显。要想帮助贫困户“拔掉穷根”、真正实现脱贫，发展产业是脱贫攻坚长期稳定的保障和根本。彝良自然资源禀赋得天独厚，有天麻、竹子、马铃薯等特色产业，但囿于山大沟深，很多外来客商都望而却步，虽群众脱贫的愿望强烈，但是苦于信息不畅、销路狭窄，不少优质的农产品依然是“藏在深闺人未识”，这在一定程度上制约了农民增收和脱贫攻坚的步伐。如何让这些特色农产品走出大山？如何带动等多群众增收致富？那段时间，通过各种形式和方法，经过不懈地奔走和沟通协调，目前在彝良最大的搬迁安置点投资 2196 万元修建 11260 平方米的东西部扶贫协作车间，成功引进 4 个东部企业进驻彝良县，实现了“零”的突破，涉及种植、服装、农产品加工、电子、养殖、市场交易、电子商务等行业，通过互联网技术，运用电商模式，让彝良的好产品可以走出大山。另外，在荞山、奎乡、洛旺 3 个乡镇也投资 626.45 万元建起 3 个东莞援建扶贫车间，共吸引了 240 万元资金投入，让贫困群众在家门口就能务工增收，吸纳就业带动卡户脱贫成效十分明显。

三是强化人才交流，智志结合夯实基础。积极协调相关部门落实好干部互派、人才交流工作，推动医疗卫生协作、教育协作等工作。长期以来，彝良医疗、教育、农业技术人才匮乏，严重影响经济发展，如何在“授人以鱼”的基础上“授人以渔”，切实提高这里的医疗和教育水平，两年多来，分别组织和邀请了东莞市医学会、市人民医院等5家医疗机构、专家团队共36名医务人员来彝良交流传授，把东莞先进的技术和理念引进来，积极开展短期培训指导活动，共举办课程培训43期，培训人员达2446人。想方设法联系引进各种社会组织参与脱贫攻坚战，东莞阳光公益团队3年来派出22人到深山大沟，走访了解贫困学生家庭的真实情况，共捐款8万元资助学生；我们还组织了走出大山活动和老师培训活动；狮子会在洛旺乡联合村小学捐赠棉被、文具、衣物及走访贫困家庭慰问共计94.7万元；东莞职业技术学院组成了云南昭通“莞昭花香——彝路有你”社会实践服务队在彝良县实验中学开展为期12天的“东莞职业技术学院青年红色筑梦之旅活动”，并看望慰问当地贫困户；广东医科大学青年志愿者联合会启明星志愿服务队来到云南省昭通市彝良县“三下乡”社会实践活动。通过“请进来”和“走出去”的一系列活动，都能带来思想的升华和观念的撞击，为彝良的发展带来了新的生机和希望。

四是健全服务体系，劳务输转带动脱贫。经过调研和走访，我发现农村青年劳动力很多都外出务工，但有部分外出人员工作岗位不稳定，工资收入不高且喜好到江浙一带务工。我们积极与彝良县协调组织举办招聘会，联动东莞结对镇街开展招聘工作。通过举办“百日行动”“春风行动”“金秋行动”等东西部扶贫劳务协作招聘会，吸引黄江、长安、虎门等镇的20余家企业到场开展招聘会，提供了大量岗位。2018—2020年，全年有序组织转移群众到广东务工4300余人（卡户2400余人），其中东莞2800余人（卡户1200余人），中山200余人（卡户190余人）。引导全县转移输出农村劳动力17.45万人，实现务工收入达33.24亿元。组织成立了彝良县驻黄江镇劳务输出和务工人员维权工作站等“四个机构”，有序推进劳务合作；指导县人社局分别与东莞市4个镇街签订了对口帮扶劳务输出和劳动力转移就业协作协议等“三项协议”，共同搭建劳务平台；通过对贫困群众发放交通补贴、稳岗补贴和对中介机构发放劳务输出组织补贴等“三项补贴”，有效解决群众“不想去、不敢去、不会去”，企业“难招、难管、难稳”的问题。

五是凝聚帮扶合力，社会参与持续拓展。推进彝良·黄江“1+5”协议实施，参与制定了《彝良县2018年东西部扶贫协作和社会扶贫工作实施方案》和《彝良县东西部扶贫协作三年行动计划（2018—2020）》两个方案，已形成镇镇结对、村村结对、万企帮万村、社会捐赠等各种帮扶力量助脱贫的新局面。为深化对彝良县的帮扶力度，我积极动员东部社会各界一起为彝良县的脱贫攻坚助力。创新性的新增了对“残疾人帮扶”工作，在实施的东西部扶贫协作教育、医疗项目中落实好残疾人帮扶工作，让每个贫困残疾人家庭都享受到东西部扶贫协作的政策扶持，通过帮助，已让500余名残疾人脱贫；依托我市在彝良县支教支医的教师和医生对全县15个乡镇开展“送教上门”“送医上门”“送康复上门”等活动，让帮扶真正走进贫困百姓家。2018年以来，共有182家企业投身到该活动，捐资捐物共计3100.5万元。

2020年5月17日，云南省人民政府向社会公告了彝良脱贫摘帽的消息，标志着彝良顺利摘掉国家级贫困县帽子，作为亲历者我百感交集，感慨万千，事非经过不知难。扶贫路历经千辛万苦，有难忘，有愧疚，更有收获。彝良农村发生了翻天覆地的变化，我最直观的感受就是，彝良基础设施和公共服务配套逐步提升，群众出行难、用电难、上学难、看病难、通信难等长期没有解决的老大难问题普遍解决，大山深处的贫困群众也搬进新房，村民有干净水喝了，孩子们不再为上学发愁，可以就近到宽敞明亮的教室上课，人居环境明显改善，一个个村庄生机勃发，处处可见村民们舒心的笑容。我从一头青丝到几缕白发现，从眼睛里揉不进一粒沙子到眼泪在眼眶里打转还能面对阳光微笑是收获……正如周总理曾说过：年轻的时候吃一点苦，有一段和人民群众同甘共苦的经历，一辈子受益！

（作者系东莞市扶贫干部，时任彝良县委常委、副县长）

中山扶贫以竹为媒念好“产业经”

中山日报

2018年5月，中山市农业农村局党组成员、机关党委书记陈文权经组织选派，前往云南昭通市所辖的盐津县开展东西部扶贫协作工作，挂任盐津县委常委、副县长。他立足盐津特色资源优势，积极开展竹林、竹笋、竹器等扶贫项目，以竹为“媒”，将山区资源转化为产业优势，增强造血功能，带动群众脱贫致富，助推盐津县脱贫摘帽，现行标准下的建档立卡人口24279户110588人全部脱贫。

修建“富民路”，解决扶贫笋“下山”难题

竹产业是盐津县支撑全县脱贫摘帽的三大富民产业之一。盐津县柿子镇新生村海拔高度1500米，这里常年雨雾缭绕，5万亩的连片竹林郁郁葱葱。2018年以前，村里的笋民采笋只能靠人背马驮，一人最多能背100斤笋，送到山下的收购点，至少要耗费一个多小时。大山里的竹笋长得快，老得也快，新采的鲜笋，保质期只有两天，超出时限就会因为纤维老化而变质，食用口感变差。因此，采笋要和时间赛跑。但采笋季节常常与雨季

重合，泥泞的山路成了阻碍笋农采笋的“拦路虎”。遇上采笋旺季，村民为了赶时间，只能花钱雇人采运，采笋成本居高不下。

要种好扶贫竹，必须先花钱修路。但对于国家级贫困县盐津来说，修路并非易事。

2018年6月，陈文权履新县委常委、副县长之后，如何有效解决全县37万亩竹林扶贫笋“下山难”，成为他需要面对的首要问题。

“好钢用在刀刃上！1.5米宽、0.1米厚，每公里建设资金只要15万元，既避免了大修大建侵损山林，又满足了笋农日常生产管理的需要，这样的投入很值得。”经过实地调研，陈文权决定推动盐津县竹林营林生产管护道的建设。

2018年，陈文权整合东西部扶贫协作援助资金，陆续在庙坝、柿子、豆沙、普洱等乡镇启动了竹林营林生产管护道建设。2019年5月开建，当年年底，新生村的竹林里就通起了水泥路。

下山的路终于通了！摩托车开进了笋山，过去的人背马驮改成了机械运输，摩托车一趟能运300—400斤新鲜竹笋，10多分钟就能到达收购点，运输效率提高了几十倍。不仅省了人工，竹笋在抢跑加速中也更好地保持了新鲜度，卖出了更好的价钱。过去花在路上的运费，被节省了下来。按照10吨的产量来计算，120亩竹林采收的竹笋，至少可帮助笋农增收1万元。

据介绍，中山市共投入2332万多元援建114.05公里营林生产管护道和14.7公里产业道，覆盖柿子等4个乡镇15.2万亩笋山，夯实竹笋产业基础，降低生产管护和运输成本，增加竹笋产业收入，带动了全县4000余户1.59万余人通过竹笋产业增收，其中建档立卡贫困户1800余户8000余人直接受益。

一条条狭窄的水泥路，打通了盐津竹笋下山的“最后一公里”，解决了长期以来制约笋农日常管护、运输的大难题，也提高了竹林的产出率。

2019年年底，新生村村民在进竹林的路口竖起了一块路牌，为营林生产管护道取名“富民路”。

拓展市场半径，将盐津笋销到珠三角

盐津县的优质农产品品种很多，但一直受渠道、品牌、运输成本等影响，走不出大山、走不远，老百姓得不到实惠。于是陈文权想方设法引导盐津企业走出云南，借助广东省东西部扶贫协作产品交易市场、展销平台、网红带货等积极做好产品推介与销售。

2018 年，陈文权在一次到笋山实地调研中，竹笋种植大户秦义洪向他说出了自己的困扰："竹笋的品质很好，但是没有好的平台可以销售。"陈文权建议，秦义洪可以将盐津县的罗汉笋带到中山销售，以中山为阵地开拓珠三角市场。

由于人生地不熟，推销员并不好当，秦义洪在推销竹笋时四处碰壁。陈文权利用在中山的人脉资源，积极联系中山市壹加壹超市、菜丁市场、果美等生鲜销售平台，帮助秦义洪在中山逐渐扎稳脚跟。经过不懈的努力，秦义洪的盐水笋已陆续登陆中山市农产品批发市场、食出鲜风、壹加壹、菜丁市场 App 等多个实体或电商销售平台，2020 年以来罗汉笋在中山市平均月销量都在 3 吨以上。除了中山，他的盐水笋目前已经打入广州、深圳、佛山、珠海等珠三角城市市场。

此外，陈文权还积极推动出台《盐津县东西部扶贫协作消费扶贫奖补办法（试行）》，支持和鼓励盐津企业积极开展农特产品输出。通过目前已采购、帮助销售盐津县竹笋、乌骨鸡、红薯粉条、状元米等农特产品 2410.36 万元（其中销售到广东 722.05 万元），受益贫困人口达 6185 人。

发展竹编产业，织就群众幸福梦

竹编在盐津是一项非物质文化遗产。但当地群众并没有靠着这门手艺脱贫，以前编出来的竹编，由于找不到市场，价格上不来，又耗时耗力，是个“没用”的技术，很多时候是编了自己用、送给亲戚朋友用。

2020 年，陈文权在盐津县水田新区易地扶贫搬迁安置点引进盐津粤滇竹文化有限公司发展竹编产业。竹编厂还研发出 20 种竹编品类，有观赏性较强的竹匾、各式花瓶等，也有实用性较强的簸箕、笔筒、各式竹篓、垃圾桶等，还有兼具观赏性和实用性的各类竹匣、梳妆盒等，还向搬迁群众提供免费的竹编技艺培训，培训合格后上岗就业，生产的产品按照不低于市场价进行收购。

目前，竹编厂的产品除了订单销售，还实现了网上销售，多销往浙江、广东、福建一带，工厂从建起到目前一年多时间里，各类竹编销售量都挺大，畅销的品类卖了两万多件。

2020 年 5 月，盐津县退出贫困县序列。但陈文权并没有因此而松懈，他开始思考如何巩固拓展脱贫成果、衔接乡村振兴的问题。他广泛发动老朋友老同事牵线搭桥，常常利用回中山探亲等时机走访企业。2020 年，4 个东西部扶贫协作投资项目成功落地盐津县，企业实际完成投资 6215 万元，共吸纳就业 313 人，其中贫困人口 54 人，利益联结带动贫困人口 499 人；新增东西部协作扶贫车间 8 个，共吸纳就业 105 人，其中贫困人口 84 人。

（由《中山日报》供稿）

脱下军装十三年　扶贫战场显担当

——记昭阳区扶贫办党组成员、副主任邓炳炎

广东省第五扶贫协作工作组

人才是推动东西部扶贫协作的基础，是实现脱贫攻坚的重要力量。作为扶贫大军中的一员，邓炳炎系广东省东莞市石碣镇武装部副部长，受组织安排于 2017 年 9 月 1 日到云南省昭通市昭阳区工作，挂任昭阳区扶贫办党组成员、副主任职务，主管东西部扶贫协作工作。

自挂职以来，邓炳炎按照“东莞所能、昭阳所需、突出重点、注重实效”的原则，不忘初心、立足本职、主动协调、艰苦奋斗，严格贯彻落实各级关于脱贫攻坚指示精神，紧紧围绕组织领导、人才支援、资金支持、劳务协作、产业合作、社会帮扶、携手奔小康等主要工作内容，围绕“两不愁、三保障”补短板，全面开展扶贫协作工作。

主动请缨，开辟人生“新战场”

真正的军人，不需要穿军装，你也能认出他——石碣赴云南昭通扶贫挂职干部邓炳炎就是这样的人。

30 年前，邓炳炎应征入伍成为一名解放军战士，驻守在祖国的南粤大

地，军旅生涯 17 年，历任班长、排长、指导员、副营级干部。30 年后，他毅然放弃大都市的优越生活，在云岭高原上开辟扶贫协作“新战场”。挺拔的身躯、黝黑的皮肤、深邃的眼神、坚定的意志，军人本色依然显露。

1989 年 11 月，未满 18 岁的邓炳炎从老家湖南长沙望城踏上了军旅生涯，一晃就是 17 年。其间，他参加过 1998 年抗洪抢险救灾，在湖北省仙桃市守护东荆河，苦战 60 多天最终战胜“洪魔”。2006 年，泪别军营脱下军装，转业到东莞市石碣镇做宣传工作，2012 年任石碣镇武装部副部长。

2017 年 7 月，通过认真考虑并取得家人支持，邓炳炎给主要领导发了条短信：“我想申请去云南昭通扶贫，我来自农村，对农村感情深厚，有过 17 年军旅生涯，性格又好动，想到贫困地区去锻炼和提高，尽自己最大努力开展好东西部扶贫协作工作，为决胜决战贫困攻坚发挥作用……”这是一条请缨出战脱贫攻坚战的信息，文字间无不流露出对打赢脱贫攻坚战的信心和决心。通过组织上对他的层层考核，最终，他顺利奔赴云南昭通到达昭阳区，开辟了人生中的另一个“新战场”。邓炳炎说：“扶贫工作确实苦，这都不算什么，能为昭通群众做点实实在在的事情，这是一辈子的幸福。”工作虽然十分艰辛，时间却过得很快，一晃就是 3 年，邓炳炎已变成地地道道的“昭通人”，军人的担当精神指引着他在扶贫路上继续前行。

认真学习政策理论，编制方案精准施策

理论是行动的先导。之前，邓炳炎未接触过扶贫工作，各项工作任务十分繁重，为了把工作做好，好事做实，取得成效，他坚持每天收看新闻，关注国家层面脱贫攻坚新进展，认真学习习近平总书记关于脱贫攻坚的重要论述，不断提高自己，理论武装头脑，行动践行初心。他边学边干、边干边学、创新工作方式，全力推进帮扶工作，并努力完成好各项任务。自

上任开始，他就全身心投入工作中，首先起草了东西部扶贫协作计划和方案。先后拟定了《携手奔小康行动框架协议》《三年行动计划》《社会帮扶实施方案》《产业协作规划》等一系列具有指导性和操作性的文件及方案。近3年来，邓炳炎亲自拟定的各类帮扶协议、计划、方案及资料报表等多达千余份，协调接待各级党、政、企调研考察300余批次，有效推动各项工作并取得了显著成效。

充分做好沟通协调，全面落实帮扶措施

一是依靠党委政府，积极配合协调“架好桥、铺好路”。2017年7月，石碣镇与昭阳区建立了结对帮扶关系，以《携手奔小康行动框架协议》为基础，先后广泛开展“1+8”“1+N”结对帮扶活动，协调东莞市3个镇、11个村、5家医院、6所学校、32家企业及社会团体分别与昭阳区66个乡镇、村、单位结对，帮扶面覆盖贫困村145个、深度贫困村50个，受益建档立卡贫困人口达10万余人，助推脱贫成效明显，在2018年、2019年东西部扶贫协作成效评价与考核中，得到了高度赞扬和充分肯定。2016年以来，协调双方开展交流互访达181人次，落实财政专项扶贫资金项目1.691亿元，发动东部企业捐赠资金和物资达8846余万元，其中，资金2553万元，物资折资6293万元，对接双方开展干部人才交流达83名，开展干部培训3期674人次、教学专题讲座2期173人次、公开课83人次及医疗安全培训224人次，引进并帮助昭阳区中医院增设儿科、“无痛病房”及“小针刀”等先进技术。精准对接开展“点对点”劳动力转移输出，累计组织输出劳动力11014人到广东就业，其中建档立卡户3770人。

二是依靠亲朋好友牵好线、作推介，引导东部企业到昭阳区投资兴业。邓炳炎心中始终有一个结：捐钱捐物的“一站式输血”帮扶，仅解燃眉之

急，不能从根本上解决贫困问题。要可持续发展、激发群众内生动力、怎样让帮扶真正发挥“造血”功能？面对产业薄弱，他心里比谁都着急，决心从引进企业打开突破口，组织起草了《东莞·昭阳东西部扶贫协作招商引资方案》，积极对接成立了招商引资领导小组。通过多方协调对接，5 次带领昭阳区考察小组到东莞开展招商引资考察。2017 年年底，成功引进东莞立时（香港）科技有限公司落地昭阳工业园，开创了政企合作投资建厂的新模式。经过一年发展，立时电子厂在昭阳区各乡镇开办了扶贫车间，成为昭阳工业园区的模范企业。在立时电子厂示范引领下，又先后引进了立勤、立新、时瑞、富迪电子厂，连锁效应凸显，电子产业链逐渐形成，实现企业吸纳务工 707 人，其中建档立卡户 260 人。现在，他将目光瞄准了乡镇，正准备引进两家具备“手机屏幕制造技术”“机制木炭技术”的企业，探索在乡镇引进企业合作模式，解决就近就地就业难的问题。

三是依靠社会力量，做乘法、聚能量，加大对深度贫困地区的帮扶力度。众人拾柴火焰高！他深知一个人的力量，只能做加法，一群人的力量才是乘法。他主动协调对接，积极与东莞慈善会、商会、石碣电商协会、工业园区企业等单位联系，发动和组织企业进行捐款捐物活动。亲自带头，动员支医支教人员开展各类帮扶活动。昭阳工业园的乔治白服饰有限公司总经理也当过兵，与他一见面就成了好朋友，经邓炳炎动员、协调，该公司两年多时间内捐赠服装价值达千万余元。通过开展捐赠活动，不仅解决了一些实际困难，更传递了正能量，营造了社会广泛关注脱贫攻坚的良好氛围。

按照双方帮扶协议，对标对表抓好落实

努力促进干部人才交流。人才交流，看似简单，要真正发挥每个技术干部的潜能，须协调解决的实际问题很多。不嫌麻烦，主动靠近是唯一的解

决办法。邓炳炎协调帮扶单位将专业对口的最好的医生、教师选派到昭阳区开展支医支教工作，尽个人最大努力帮助医生、教师在最短的时间内适应环境和工作。他们在工作生活中的实际困难，邓炳炎会出面协调帮助解决，他们有好的帮扶想法也与邓炳炎商量，都有共同的目标，为脱贫攻坚作出最大贡献。在邓炳炎精心安排和努力下，援昭干部人才全部妥善安排在合适的岗位上，充分发挥专业人才特长，都取得了很好的工作成绩。有的成了昭阳名师、名医，有的上过《今日头条》《东莞日报》《昭通日报》等媒体。其中，支教教师陈国志，携 80 岁高龄的老母亲千里支教，事迹感人；支医医生袁志坤，协助医院开办“无痛膝关节置换手术室”，高超的医疗技术获得患者的高度认可。支教支医人员与当地群众结下了深厚友谊，很多挂职期已满的纷纷提出申请延长期限，他们也要像邓炳炎一样待昭阳区脱贫攻坚战取得全面胜利后才回去。

积极推动劳务协作。劳务输出是帮助贫困家庭脱贫最直接的方式，“一人务工，全家脱贫”。邓炳炎组织协调双方人社部门组织召开专场招聘会 50 余场次，共发布招聘岗位 4 万余个，向东莞劳务输出 2400 余人。最多一次他召集了东莞 5 个镇的 19 家龙头企业到昭阳区召开现场招聘会。协助昭阳区在石碣镇设立了劳务输出工作站，走访优质企业，了解用工情况，积极为务工人员争取优质岗位。协调社会组织在昭阳区成立了“莞阳人才”服务公司，定期向昭阳区社会各界提供优质岗位，促进昭阳区贫困劳动力有序定向输出，助推贫困群众增收脱贫。

发展产业促进共赢。产业合作，为昭阳区可持续的发展注入新的活力，是造血式的工程。昭阳区的产业发展还处于起步阶段，高精尖的产业短期内还无法实现，要从实际情况出发，循序渐进，逐步发展。他多次协调企业参加以“携手发展，合作共赢”为主题的企业招商引资推介会、“农产品展销会”、建立昭阳区高原特色农产品项目库，先后在昭阳区设立供港蔬菜示范基地、苹果种植示范基地、苹果采购示范基地，引导企业、社会团体采购昭阳特色农产品。目前，昭阳产业基地已初具规模，以苹果、马铃薯为代表的特色产业已发展成为昭阳产业的“名片”，并积极开展产销对接，促进消费扶贫，带动和促进增收脱贫。

自觉克服一切困难，不忘初心砥砺前行

作为东部派驻昭阳区的一名扶贫干部，邓炳炎身兼两种职责，既要做好东部与西部的沟通、对接、协调，及时向东部反馈西部需求及愿望，又要充分调查西部各种贫困情况，对接协调各部门工作，按照“东莞所能、昭阳所需”把各项工作抓细抓实抓好，充分发挥了东西部扶贫协作工作的“桥梁”作用。

邓炳炎在扶贫工作期间克服了许多困难。作为一位土生土长的南方人，饮食习惯上的差异是个不小的问题，平时在食堂吃，偶尔空闲的时候，邓炳炎就自己做菜做饭简单吃点，但那也是一种难得的奢侈，因为每天的工作量实在太大，能抽出点时间基本不可能。东莞冬天最冷的时候也就是穿一件外套，但是昭通的冬天很冷，办公室和宿舍都是靠电暖炉取暖。昭通本地人没多大感受，可他烤火容易产生内热，空气又干燥，皮肤出现皴裂，奇痒难耐，手指开裂，但他从无怨言。邓炳炎全身心投入扶贫事业上，一年下来也难得回家几次，儿子高考时又适逢妻子生病住院，他都没能回去陪伴一下。他深知亏欠妻子、孩子的太多太多。2019 年，已在昭通挂职 2 年的邓炳炎同志由于工作艰辛、水土不服，患上了肠胃炎和高原指疳，两个大拇指深深地凹陷下去，但他仍然坚持开展工作。妻子请了半个月的假从东莞过来照顾他，可是他不是在办公室写材料，就是下乡检查，根本无法在住处关心和照顾他，10 多天时间里，妻子只能陪他一起工作和下乡进村入户，其中一次在挂包帮扶村还陪他熬了个通宵达旦。妻子对他的艰苦是“看在眼里，疼在心里”，只能默默地支持。平时工作中，他克服所有困

难，尽力做好每件事，工作车辆紧缺时他就开自己的私车办公事，很多次他开着自己的车与社会帮扶科的同志到青岗岭乡金瓜村、到苏家院镇双河村……完成了一件又一件的工作。邓炳炎常说："自己也是从农村出来的，能为昭阳区群众做点实实在在的事情，非常欣慰。"

邓炳炎任职时间将满，接下来，他表示将尽心尽力投入工作，将全部心身投到脱贫攻坚的战斗中来，继续努力为昭阳的脱贫攻坚做点微薄的实事。

（由广东省第五扶贫协作工作组供稿）

第三编　奉献与实效

提升劳务协作成效　促进就业增收脱贫

叶石稳

习近平总书记指出："一人就业、全家脱贫，增加就业是最有效、最直接的脱贫方式；就业扶贫要解决劳务组织化程度低的问题，要加大扶贫劳务协作，促进转移就业。"在东莞清溪与昭通镇雄两地政府统一安排下，清溪、镇雄两地人社部门于2017年9月20日签订了劳务输出扶贫协作协议，同年11月在清溪设立了云南省镇雄县人社局驻清溪劳务输出工作站。为扎实开展东西部劳务协作，紧紧围绕对接企业、组织发动、组织输送、稳岗服务4个方面开展劳务输出工作，扶贫成效明显，为有劳动力的贫困家庭脱贫提供了强有力的"收入支撑"。

一、党政高位推动，创新务实抓脱贫

自东莞镇雄东西部扶贫协作实施以来，清溪牵头，谢岗、企石、桥头3个镇陆续加入，结合"镇雄所需，东莞所能"原则，采取镇镇结对、村村结对、万企帮万村、人才支援、资金扶持等多种措施对口帮扶镇雄，两地市县（镇）主要领导互访10余次，召开党政联席会议，查找扶贫短板，共同拟定扶贫措施，坚定不移走劳务输出是镇雄贫困户增加收入最直接、最快捷、最有效的途径，“用心、用情、用力”提升劳务协作工作成效和稳定性，实现镇雄人力资源和东莞就业需求优势互补。

二、精准对接企业，做到供需无缝对接

就业是最大的民生，在东莞市对口帮扶镇雄中，把劳务输出作为花钱少、受益多、见效快的精准帮扶措施，出台用工企业社保补贴、中介机构奖励、村委会奖励、贫困劳动力稳定就业补贴等劳务协作政策。着力开展订单培训和定向输送，引导镇雄农村劳动力到东莞市务工就业，学技术、转变生活理念，激发内生动力，提升能力素质，实现就业增收脱贫。结合贫困劳动力文化水平低、职业技能水平不高等特点，结合东莞工厂用人要求及生产流水线特点，有针对性走访对接有岗位缺口、招工条件低、工资待遇高、务工环境优、食宿条件好的劳动密集型企业，形成招工企业岗位清单，打包发送乡镇宣传招工信息。联系东部优质企业到贫困村开展定点招聘，把岗位送到群众家门口，企业与群众面对面洽谈，达成意向的即可安排上岗。截至2020年，镇雄县共组织以“携手东莞清溪　助力脱贫攻坚”为主题大型专场招聘会8场次，开展“百场招聘进百村”就业扶贫专场招聘会150余场次。

三、精准组织发动，做实群众思想工作

以“帮扶干部、镇村干部、村组干部”为工作力量，以劳务输出增加收入、提供收入支撑为工作目标，乡镇富余劳动力劳务输出实行干部包户

包人，一人一策，将岗位宣传到户，送岗服务到家，让群众在家就能选择喜欢的用工企业，并逐一做好服务记录，逐渐消除群众不敢外出打工、不愿外出打工的顾虑，逐步从“要我打工”到“我要打工”的转变。同时强化稳岗补贴、交通补贴等政策支撑，加强政策宣传引导，开展送政策、送岗位、送服务上门等活动，提升就业帮扶质量，积极引导其消除“不想出去”的思想和“不敢出去”的顾虑，激发贫困劳动力就业积极性和脱贫致富的内生动力。东莞市、镇雄县两地围绕聚焦精准对接、实现机制协同，聚焦精准组织、实现动员协同，聚焦精准推动、实现市场协同，聚焦精准落地、实现稳岗协同“四精准四协同”模式，着力提高劳动力转移组织化程度。

四、精准组织输送，提高劳务输出组织化

为提高镇雄县组织化程度，劳务输出实行“两条腿走路”，一是鼓励群众亲带亲、戚带戚、朋引朋的引领输出方式；二是政府直接牵头组织输出，主要针对不敢外出、不愿外出、无能外出人员。乡镇政府输出的务工人员，输出前开展军事化岗前培训，主要培训法律法规、厂纪厂规、文明素养、安全常识，讲解外出人员典型例子，激发群众内生动力。培训结束后，精挑细选1—2名责任心强、业务水平高、协调能力强的干部，与务工人员统一乘车，全程护送，驻企稳岗，收集资料。

在有序输出的同时，镇雄县以东西部扶贫协作为契机，强化产业招商引资，支持鼓励外企带设备、带技术、带订单创建“扶贫车间”，吸纳贫困劳动力就近就业，不断拓宽就业增收渠道，促进贫困群众稳定增收。

镇雄县累计输往东莞稳定就业镇雄籍劳动力达19020人，其中卡户劳动力13453人，人均月务工收入3500元以上。

五、精准平台选岗，确保务工人岗匹配

为更好地服务镇雄籍外出务工人员，镇雄县建立了东莞清溪劳务服务工作站，为外出群众解决生活中遇到的困难和问题，让群众在异乡也能体会到家就在身边。务工人员统一护送到驻清溪劳务输出工作站后，工作站干部、护送干部、清溪人社分局联合召集群众选择用工企业人事部门领导及生产部门领导到清溪公共就业招聘中心现场面试，现场选岗，现场办理入职手续，分批定向输送到用工安置就业。让务工群众真正感受到工作站就是他们的“娘家人”，工作站就是他们的靠山，工作站就是他们找工作的地方。

邓祥，镇雄县中屯镇邓家院组建档立卡户，身体二级残疾，家庭 7 口人，4 个弟弟妹妹在上学，一直以来邓祥成为家中的“顶梁柱”。2020 年 1 月，面对突如其来的新冠肺炎疫情，邓祥所在公司受到疫情冲击。镇雄县人社局东莞清溪工作站了解到邓祥的情况后，第一时间应对，迅速四处联络，积极协调，联系更多的企业寻找合适的岗位，几番周折之后，2020 年 2 月，终于和之前来镇雄招聘过员工的东莞金旺儿童用品有限公司达成协议，进入该公司务工，实现了二次就业，月收入达到 4500 元以上。同时，东莞清溪工作站帮助邓祥申请了 1200 元的东西部扶贫协作稳岗补贴。

邓祥说，一个人在外务工，工作站让他感受到家人的温暖，就像自己的“娘家人”，自己一定要好好地工作，用自己的双手为父母减轻负担，帮助自己的弟弟妹妹完成学业，在政府的倾情帮扶下，全家人共同努力克服困难，一起走上小康之路。

六、稳岗服务见成效，助推群众稳增收

一是建群促沟通。建立了务工人员群和务工能人群，提高了务工政策知晓率，拓宽了沟通联系渠道。二是补贴促稳岗。东莞务工满 3 个月以上卡户及吸纳卡户就近就业东部企业实施稳岗补贴政策，2018 年，共发放资金 325 万元，补贴卡户 3250 人；2019 年，共发放资金 243.9 万元，补贴卡户 2225 人；2020 年，拟发放资金 300 万元，补贴卡户 2836 人。三是开发公益性岗位。东西部扶贫协作开发乡村公益性服务岗位和易地扶贫搬迁安置点公益性服务岗位乡村保洁员，通过公益性岗位保洁员解决贫困村有一定劳动能力且无法离乡、无业可扶、无力脱贫的“一有三无”人员就业增收，脱贫出列。2019 年，补贴资金 1336.65 万元，补贴公益性岗位 2637 人；2020 年，补贴资金 721.20 万元，补贴公益性岗位 1202 人。四是培训升技能。针对务工人员技能欠缺，结合企业实际开展在岗技能提升培训，实现“培训即使用，培训即就业，培训即增收”，目前培训正在进行中。自东莞镇雄劳务协作以来，务工助推贫困户脱贫增收成效逐渐显现。2018 年 5 月，中屯组织输往金旺玩具厂的邓祥卡户（残疾人），目前月平均工资 4600 元，按 10 个月计算，年均收入 46000 元，家庭人口 7 人，年人均收入达到 6571.42 元。诸如此类屡见不鲜。五是扶贫车间稳岗就业。为加大就近就地就业帮扶力度，截至目前东西部扶贫协作成功引进东部企业到我县创建 14 家公司和 20 个扶贫车间，引导企业实际投资 17028 万元；先后吸纳贫困卡户 1178 人就业，通过扶贫车间就近就业，达到脱贫增收。

跨越千里，山海情深。东西部扶贫劳务协作，让东莞市与滇东北人口大县镇雄凝聚了跨越千里的亲情。两地在越来越紧密的交往中，共建帮扶大格局，奏响实现全面小康大合唱。

（由广东省第五扶贫协作工作组供稿）

请进来送教　走出去育人

——教育扶贫之东莞中德模式

叶石稳

习近平总书记说：“消除贫困、改善民生、逐步实现共同富裕是社会主义的本质要求，是我们党的重要使命。到 2020 年所有贫困地区和贫困人口一道迈入全面小康社会。要实现这一目标，对口帮扶和精准教育扶贫是有效手段之一。”阻断代际贫困已成为共识，但如何开展教育扶贫需要因地制宜。新中德教育集团积极响应党的号召，坚持“办好教育，回报社会”的教育情怀，在东莞市委、市政府和清溪镇党委、镇政府的关怀指导下，于 2017 年 5 月签下了“援建、托管薄弱小学、助力幼教发展、帮扶寒门学子”等教育扶贫项目，在云南省昭通市镇雄县积极参与教育扶贫协作，形成了“请进来送教，走出去育人”的东莞中德教育扶贫模式，成绩斐然，受到了广泛好评。

一、派出管理团队，请进来送教，改变办学理念

（一）加大教育基础设施设备的投入，改善镇雄县各类学校办学条件。新中德教育集团先后投入 700 多万元，改善教学条件。包括捐赠给镇雄县

五德中学的 50 台教学电脑、捐赠给以古中心小学的 15 套多媒体教学设备、700 套崭新的课桌椅、75 台教学电脑、200 套寄宿学生铁架床和生活用品及装修教学楼、综合楼、宿舍楼，配套办公设备（手提电脑、办公桌、会议室、校园监控系统等），扩建学生食堂，安装热水工程，增添厨具、餐桌、餐具、消毒柜、冷藏柜等，捐赠学生书包、校服、运动服等物资。

（二）推进镇雄县以古镇中心小学规范管理和教育教学改革，使之面貌焕然一新。新中德教育集团派出以李君丽校长为组长的管理团队进驻镇雄县以古镇中心小学，大力推进学校行政管理、教学教研、特色教育等方面的改革。

一是撤并分校点，实现教育资源共享。地处以古镇田坝小山坳里的分校点既荒凉又破旧，教室潮湿昏暗，交通极不方便，管理难度大，教学质量难于提高，新中德教育集团经过商量，决定撤并该分校点，让 57 个孩子都到新校区上学，享受优质的教育资源。决定作出容易，但是家长却顾虑重重：路途颠簸遥远、以古气候恶劣，孩子们每天上学不方便，甚至学校的老师也有不同意见。通过李君丽校长做了大量细致的思想工作，家长们终于认识到：孩子到新校区上学后吃、住都在学校，学校有专门的生活老师全天照顾和管理，老师们每天也会到宿舍关心、指导学生，周末可以接回家——家长们这才欢天喜地送孩子们到新校区报名注册。从此，以古中心小学不再有分校点。孩子们同在一片蓝天下，同在一个校园里愉快生活，健康成长。

二是制定新机制，规范教育教学管理。在镇雄县教育局和以古镇中心校的大力支持和帮助下，2017—2019 学年度学校领导班子重新优化组合，制定切实有效的行政管理机制，师德师风培训制度和绩效考核制度，并通过日常的量化考核体现各项制度的可行性和实效性。采取大事共议，小事各处的办公模式，凡是学校的大事要事，由党支部书记或校长主持召开行政会议讨论决策，小事情由各科室负责处理后汇报校长室。各职能部门的能动性和积极性被调动起来，年轻的行政干部们出现了一派“比、学、赶、超”的喜人景象，并涌现出一批不断进取，敢于担当的年轻干部。这种管理理念在以古镇教育系统起到了带头引领作用，李君丽校长就《如何发挥行政干部的带头作用》做了多次交流汇报。

三是敢于改革创新，探索教育教学新模式。针对因教师紧缺，以古中心小学向来不能按专业需求安排教师工作、全校整体教学水平提升不快、教学质量极不理想等状态，2017 年秋季学期，李君丽校长提出了“教学质量要提高，教学教研要改革”，互听互评、集体备课的教研模式已经形成，并作为教学管理制度贯穿在教学考核评价中。2018 年年初，学校又推出“学徒制帮教帮学新模式”，由教务科推选教学经验丰富的、教学水平较高的老师当师傅，号召年轻的教师拜师学艺，并签订“师徒协议”，行拜师礼。要求师傅手把手教会年轻教师如何备好课、如何上好课，如何渗透德育教育等。2019 年考上这两所重点学校的学生有 11 人。以古中心小学的教学成绩又在去年的基础上跃上一台阶，多个科目由原来的倒数上升到前三名。

四是打造书香校园，推行特色教育。2017 年秋季学期以来，新中德教育集团管理团队提出“规范、质量、特色、品牌”为办学目标，旨在 3 年内把学校打造成教学质量过硬，有管理特色和艺术特色的乡村学校，校长李君丽带领全校师生阅读，早读课阅读，活动课阅读，晚休前阅读，并且在学校内设有图书馆，在教室有班级图书角，在宿舍走廊有爱心书柜，“让孩子们随处可读书”，也成了学校亮丽的风景。全校推行了全民艺术行动，设定每周星期五的下午为艺术特色教育时间，学生根据个人兴趣爱好，自由报名参加兴趣班。全校共开设有 16 个兴趣班：合唱、舞蹈、武术、绘画、手工、英语口语、象棋、计算机应用技术、鼓号、演讲、毛笔书法、硬笔书法、写作、数学难题分解、朗读、科学探究等。而 2019 年 5 月侯月和杨申科的现场作品被选派参加昭通市“廉政爱国，童心向党”美术大赛的决赛。

如今，以古中心小学的校园漂亮了，各种设施设备已经完善，示范学校审核工作今年就可以完成了；以古中心小学的师生精神面貌也发生了翻天覆地的变化。

二、走出去育人，以职业教育塑造产业工匠

镇雄籍贫困卡户初中毕业生毕业后因缺乏技能，只能待在家里赋闲，即便出来务工，也因文化不高缺乏技能而领取不多的工资，难于改变其家庭经济状况。“到沿海地区学技术，将来回乡大发展”是新中德教育集团帮助寒门学子读书的宗旨，在东莞市委、市政府的支持下，新中德集团充分发挥集团下属技工学校的优势，每年帮扶100—150名镇雄籍贫困卡户初中毕业生到新中德教育集团旗下的东莞市中德技工学校就读书。2017年7月15日，经过面试考核，新中德教育集团顺利录取150名建档立卡贫困户初中毕业学生到东莞市中德技工学校就读，集团不仅免收学杂费、伙食费，还每人赠送校服、生活用品、电话卡等，学生毕业后负责安置就业，为贫困学生解决后顾之忧。2018年招收100名镇雄籍贫困卡户初中毕业生，2019年招收了90名镇雄籍贫困卡户初中毕业生。学校通过丰富多彩的校园活动，为学生们成长提供多种平台和机会，使得这些学生及时适应学校生活、融入集体，在校学习状态越来越好，朝气蓬勃。

除了专业技能的学习之外，学校通过感恩教育、爱国教育、军事国防教育等活动，努力培育人格健康的、身心健康学生。各教学部还根据镇雄学生的性格特点，为他们量身开设兴趣班，如17级的镇雄班大部分学生在老师的精心安排下参加的非遗文化“麒麟舞”兴趣班、民族舞蹈班、腰鼓班、绘画班，学生们学习专业技能的课余，积极参加兴趣班学习，并且取得喜人的成绩。2017年12月，“麒麟舞”兴趣班的杜磊、常赞、常国威、李朝雄等10多名同学参加中国——深圳首届“麒麟舞”争霸赛喜获金奖。

在参加升学考试中，2017年镇雄籍学生有97人参加成人高考，其中80人被大专院校录取。2018年，150人全部参加当年的计算机以及其他专业资格证考试，通过率90%以上。如今，17级镇雄班学生已经开始了定岗实习阶段，学生们在学校的推荐、安排下都找到了专业对口的实习单位，并

且在工作岗位上勤勤恳恳，得到用人单位的赞赏，如幼师专业的郑梦琪、罗镇玉、李冬梅等同学，经常受到用人单位的表扬。

“做有温度的教育者，用大爱谱写教育情怀”是全体中德人无悔的选择，在以古小学的援建和托管过程中，新中德教育集团在高寒、偏远的山区小学里创造了教育神话，让原来一无所有的小学校在3年内变成了当地的示范性学校；在贫困的初中毕业生培养过程中，中德人群策群力，在中德技工学校管华林校长的带领下，把三届镇雄籍学生培养成身心特别健康，技能特别过硬的青年人。

（由广东省第五扶贫协作工作组供稿）

协作扶贫车间　助力脱贫攻坚

广东省第五扶贫协作工作组

在打好打赢脱贫攻坚战进程中，广东东莞与云南昭通实施东西部扶贫协作，引进大量的公司企业入驻昭通镇雄县，对贫困大县镇雄的脱贫攻坚起到重要作用。在镇雄县的东西部扶贫协作通过建设扶贫车间，鼓励和引导东部企业将适合分散加工的初级产品生产车间建在镇雄乡镇和农村，大力推行“扶贫车间”产业扶贫模式，让扶贫由“输血”变为“造血”，使困难群众实现“足不出户、就地致富”的目标。通过东西部扶贫协作，成功引进东部企业 20 家东部企业来镇雄投资发展，创建了 16 家公司和 19 个扶贫车间，通过大力发展扶贫车间，吸纳就业 2500 余人，其中贫困劳动力 1240 人，帮助贫困劳动力就业增收脱贫致富。

引进当地能人，创建扶贫车间

7 月的镇雄大地，山川秀美，生机盎然。走进中润服饰有限公司扶贫车间，机声隆隆，几十名妇女在缝纫机前缝制一件件衣服。

云南中润服饰有限公司位于林口乡风岩村，2018 年东西扶贫协作引进本地能人企业，创办扶贫车间，吸纳贫困劳动力进车间务工，实现了“就业一人，脱贫一户”的目标。

“在家门口上班，可以照顾老人、孩子，很方便。”云南中润服饰有限公司工人邓成会高兴地告诉记者，她一个月的收入有4000元左右，厂里供吃供住，4000元是纯收入。邓成会对脱贫致富充满了信心。

“我就是想到家里面有这种工厂，我们来这里面上班的话，不出去，家里面就很容易照顾小孩。像我们自己小时候就是留守儿童，爸爸妈妈出去打工，自己心里面的那种感受自己能体会，所以，不能让自己的后代再遭受这种罪，在家里面上班真的挺好。”云南中润服饰有限公司生产车间组长舒超高兴地说。

一人就业，全家脱贫。舒超从日子紧巴巴的建档立卡贫困户到月收入5000元，扶贫车间不仅改变他家里的经济状况，给了孩子一个圆满的家，而且改变了他的人生，让他事业有成，负责公司生产培训、质检等工作。

今年新春之际，新冠肺炎疫情蔓延，镇雄县借助云南中润服饰有限公司扶贫车间服装生产线平台，要求公司转产生产纱布口罩。公司从1月25日接到转产通知后，在做好疫情防控工作的基础上，1月26日组织生产，到2月底，完成了县里委托生产的125万个口罩之后，继续生产服装。公司生产口罩，解决了镇雄在疫情防控中口罩短缺的问题，为疫情防控工作作出了自己的贡献。

云南中润服饰有限公司现在有工人530多人，其中卡户就有200多人。下一步公司将加大力度，争取扩大到800人。通过边培训、边上岗，让家乡走不出去的留守妇女早一点有一份稳定的工作，有一份稳定的收入。

扶贫车间以劳动密集型企业为主，建在家门口，就业方式灵活，按件计酬，对就业人员技术要求不高，经过简单培训就可上岗，上班时间没有严格限制，较好地解决了贫困人口因年老体弱、在家照顾老人孩子无法外出等就业难题，照亮了贫困户的致富路。

企业携手攻坚，共建扶贫车间

呢噜坪易地搬迁安置点是镇雄县城三大安置点之一，毗邻公租房片区，搬迁贫困户 2955 户 13520 人，随迁户 966 户。为真正解决群众搬得出、稳得住、能致富的问题，通过在安置点打造建设扶贫车间，并积极开展招商引资，引进企业发展产业，带动搬迁群众脱贫致富。

2019 年 5 月 16 日，在呢噜坪易地搬迁安置点，潮州宝涛制衣有限公司与镇雄县正式签约，设立镇雄县宝涛服装有限公司，公司将与镇雄县一道，把企业做好、做大，切实助力镇雄脱贫攻坚，带动周边群众脱贫增收。

呢噜坪易地搬迁安置点扶贫车间服装加工项目，计划用地面积约 23.7 亩，概算投资 2500 万元，由潮州宝涛制衣有限公司自筹，将建成标准化厂房 10000 平方米，可解决 400 多人就近就地就业，预计实现年产值 2000 万元。

2019 年 11 月 9 日，镇雄县与广东省东莞豪亿光电有限公司举行镇雄县民心光电科技项目投资签约仪式。这是在东西部扶贫协作中，镇雄县通过招商引资鼓励镇雄籍企业家回乡发展投资的一个项目。该项目由东莞豪亿光电有限公司投资建设，主要从事光学镜片、光学镜头、玻璃制品、工装模具、自动设备研发及加工、销售等。项目位于镇雄县南台街道办事处呢噜坪易地扶贫搬迁安置点所配套扶贫车间规划区内，占地 20 亩，概算投资总额 3000 万元。项目一期拟建设标准化厂房 5000 平方米，建成并投入生产运营后，可解决 200 多人就业，预计实现年产值 2000 万元。

2020 年 4 月 16 日，镇雄县举行签约仪式，与镇雄宏胜服饰有限公司签订镇雄县呢噜坪服装、鞋类加工项目合作协议。该项目概算总投资 4000 万元，分两期建设，预定今年内，在呢噜坪易地扶贫搬迁安置点扶贫车间规划区内建成一期项目，投入生产运营，就近就地解决 300 人以上就业，预计实现年生产值 2000 万元以上。

此外，镇雄县还建设鲁家院子安置点扶贫车间、大地安置点扶贫车间、以勒物流城安置点扶贫车间、碗厂镇高泸沟安置点扶贫车间、母享镇产业园项目、杉树林扶贫车间等。这些扶贫车间建成后，将解决大量人员就业，助力数万建档立卡贫困人口增收脱贫。

在东西部扶贫协作中，镇雄县始终把扶贫协作作为打赢脱贫攻坚战的重要抓手予以高度重视，坚决贯彻落实党中央、国务院和省、市扶贫协作工作总体决策部署，以东西部扶贫协作为契机，与东莞积极主动对接，通过招商引资，发挥资源优势，推进经济社会繁荣稳定发展，助推脱贫攻坚进程。

援建扶贫车间，助力就业梦想

果珠乡位于镇雄县城东北，乡政府驻地距县城 38 公里，全境 90.89 平方公里。云岭村地处果珠乡东北面，距乡政府所在地 10 公里，云岭村总人口有 12786 人，是一个典型的万人大村，也是一个深度贫困村，建档立卡户 1399 户 7140 人。

就业扶贫是贫困劳动力实现稳定就业、稳定增收的有效途径，镇雄县果珠乡云岭村把扶贫车间建在贫困群众家门口，实现了贫困群众家门口就业的梦想。

果珠乡云岭村扶贫车间，东西部扶贫协作投入 100 万元利用果珠乡云岭村烟叶收购站现有的场地，实施改扩建后作为扶贫车间用房，占地 650 平方米，按照“政府建厂、公司使用”的模式将扶贫车间租赁给企业使用。能有效带动果珠乡云岭村乃至全乡 100 个卡户劳动力实现就近务工，增加工资性收入，确保脱贫收入有支撑，达标脱贫。

现在村子里有了自己的扶贫车间，村民在家门口就能实现自己的就业梦想。云岭村大水沟村民小组村民邓权之前也是在浙江做缝纫，还是一名缝纫熟手，回家过年受疫情影响就一直没有再出去，现在终于有机会在家门口就能挣钱。现在我在这边一天可以挣200元以上，一个月下来应该有五六千元，悬殊挺大的，在那边一个月也就是三四千元的样子，相差就两千块左右。在家里面还可以照顾一下家里，还可以跟家里边做点家务活、农活什么的。不用租房子什么的，这些开销什么都解决掉了。

特别是疫情发生之后，扶贫车间为不能外出务工的群众，返乡务工人员解决了就近就业的困难，为群众就近务工增收，每月增收到3000元到5000元。

村里的“小车间”有着脱贫致富的“大梦想”。扶贫车间有效激发了贫困人口的内生动力，让贫困群众在家门口就业脱贫。有活干了，心里踏实多了。贫困群众心里有了甜头，日子有了盼头。

如今的云岭村群众在村里不仅有活做，在家就能增加收入，日子也越过越好。随着脱贫攻坚工作的推进，云岭村村容村貌也发生了翻天覆地的改变，群众生活也越来越好。村组道路宽敞整洁，家家户户干干净净，房前屋后更是树木茂盛，人居环境有了很大提升，乡村面貌发生了巨大改变。

东西扶贫协作始终把发展产业作为实现脱贫的根本之策，把“扶贫车间”作为带动贫困群众就近就业的重要渠道，作为转移就业的有效补充，作为推动产业扶贫和就业扶贫的有效抓手。

（由广东省第五扶贫协作工作组供稿）

筑巢引凤：东莞帮扶镇雄农业产业发展模式

叶石稳

镇雄县位于云南省最北端，云、贵、川三省接合部，是国家扶贫开发重点扶持县、全国煤炭基地县，且人力资源丰富，但由于镇雄地处边远山区，本地市场十分有限，对外物流窗口不多，导致镇雄产业发展未形成相应规模。自东莞帮扶镇雄以来，始终将发展镇雄本地产业作为其脱贫致富的根本出路，综合施策，推动镇雄发展产业。其中在赤水源镇，突出筑巢引凤，搭建平台，努力帮助该镇发展农业产业，支撑全镇脱贫致富。

一、加大资金投入筑好巢引好凤

为帮助赤水镇发展农业产业，连续两年在东西部协作资金中安排专项资金支持赤水源镇投资建设农业大棚、农业生产扶贫车间等，发展该镇农业产业。2018—2019 年已在赤水源镇投入农业产业资金 1217.52 万元，修建大棚、扶贫车间等。其中，2018 年，投资 1000 万元在倮倘村、银厂村、螳螂村、板桥村 4 个村建设大棚面积 324.5 亩，其中倮倘村建设面积 204.5 亩（连栋大棚 30 亩，普通大棚 174.5 亩），投资 552.1 万元；银厂村建设连体大棚 10 亩，投资 50.25 万元；板桥村建设简易大棚 50 亩，投资 115 万元；

蝗螂村建设大棚60亩（连体大棚30亩，简易大棚30亩），投资219.75万元。2019年，投资58.52万元，投资中药材加工扶贫车间，新建钢结构厂房280平方米及其与之相配套的基础设施建设，对中药材进行深加工；投资59万元，建设中药材育苗连栋钢架大棚10亩及其与之相配套的设施。投资100万元，作为银厂村、布丈村发展壮大农村集体经济项目资金，同时投入洗白村集贸市场建设，发展农产品流通贸易。

目前，2018年324.5亩大棚已经建设完毕，运行良好，已移交赤水源镇。2019年大棚总面积10亩，280平方米扶贫车间，已建设完工，并租赁。银厂村、布丈村投资投入100万元的洗白村集贸市场建设，项目已建设完工，已出租并产生集体经济收益。

二、社会效益经济效益初步显现

大棚、扶贫车间项目、农村集贸市场的建设符合乡村振兴的要求，切合镇雄县脱贫攻坚工作实际，对推动项目赤水源镇农业产业和农村经济整体加快发展具有深远意义。项目建设带动项目村经济社会发展及周边农民共同致富同时能增加集体经济收入。大棚建设总占地510.99亩，涉及农户665户，其中建档立卡贫困户264户，群众每年土地流转金收入31.11288万元。若以每亩大棚2000元租金计算，334.5亩大棚可收益64.9万元。收益20%即12.98万元作为村集体收入，剩余80%即51.92万元用于项目受益村及全镇深度贫困户的脱贫攻坚扶持。目前仅倮倘村大棚项目就已创造了稳定就业岗位20余个，吸纳20多余位在家照顾孙子女的老年人（半劳动力，平均每月工作8—10天，每天工资100元）稳定就业，每人每月至少800元。所有大棚和扶贫车间正常运作后，可以创造稳定就业岗位100余个，吸纳100余人稳定就业，按照每人（半劳动力，平均每月工作8至10天，每天工资100元）每月800—1000元工资核算，可实现工资性年收入80万—

100 万元。按每个贫困户家庭输出 1 名劳动力，可带动 50 余户 2—3 人户的贫困户稳定脱贫致富。同时，用集体经济扶持资金入股建设农贸市场，充分发挥资金使用的多样性，确保资金安全，能实现入股村有每年 5 万元以上稳定的集体经济收入。而且扶贫车间建成后，能促成农业产业走集约化加工的发展路径，除降低加工成本，增加产品价值外，还对加工产生的农业垃圾进行集中处理，有利于生态保护，对减轻生态破坏，减少环境污染，改善生态环境有着重要意义。

三、综合施策，推动农业产业特色化、标准化、组织化

在东莞对口帮扶下，该镇立足资源优势，以市场为导向，以资源为基础，筛选确定扶贫产业。在充分调研论证的基础上，科学布局扶贫产业及其与之配套的设施，为实现农业产业特色化、标准化、组织化发展打下了坚实的基础。

（一）因地制宜布局，确保产业特色化

赤水源镇结合其产业现状，结合其区位优势，因地制宜布局、合理规划，做到产业和车间配套，特色和大棚配套。建好扶贫大棚、扶贫车间，发展中药材种植、蔬菜种植、瓜果蔬菜、草莓种植、种苗繁育等，实现产业特色化，做到人无我有、人有我优、人优我特，撬动农村集体经济发展和增加群众收入。

（二）引进能人带动，确保产业标准化

以新型农业经营主体为龙头，引进中药材及蔬菜加工技术，促进基地产业走“生产、加工、销售”模式，大棚及扶贫车间公开招租，引进能人，鼓励贫困户带资入股（5 万元小额贷款）到龙头企业，吸纳贫困劳动能力就地

务工方式，实现就业脱贫。做到产业标准化发展。目前，螳螂、倮倘、银厂已经签订了租赁协议。其中，螳螂村土地租金及大棚租金每年合计 20.3646 万元，承租方已完成第一季草莓的种植；倮倘村土地租金及大棚租金每年合计 64.9608 万元；银厂村大棚用于特色果蔬、中药材发展及其蔬菜、特色中药材育苗。

（三）强化支部引领，确保产业组织化

赤水源镇建立配套的政策支持和组织保障体系，确保产业持续发展和贫困对象持续增收。实现产业组织化发展。一是加强组织领导。成立专门的产业扶贫领导组，负责指导协调和督促落实。领导组下设监督实施小组，加强项目实施管理，遵照“专款专用、厉行节约”的原则，严禁产业扶贫资金用于项目建设以外的支出。由镇纪委牵头，协调财政所、扶贫办、经管站等部门对产业扶贫资金运行情况执行严格监督和管理，确保产业扶贫资金运行安全，确保大棚、扶贫车间项目顺利实施，圆满完成，实现产业资金效益最大化。二是加强产业培育。提升传统优势产业，培育农业新型经营主体，形成多元化产业脱贫载体。三是加强人才支撑。加强技能培训，提升自我发展能力、致富能力和就业能力。四是加强政策扶持。财政资金向产业发展倾斜，用足用活小额贴息贷款，合力推进产业扶贫。五是加强机制建设。完善扶贫产业支持政策，严格督导考核问责，形成“党支部+能人+基地+农户”产业发展模式，做到有方案、有载体、有抓手。

“产业扶贫是打赢脱贫攻坚战的有力举措，只有产业发展了，才能让老百姓实现持续增收”。通过东莞对口帮扶，立足赤水源镇资源优势，实现赤水源镇农业产业特色化、标准化。赤水源镇积极探索农民增收的新模式，充分发挥能人的引领示范作用，不断完善企业与贫困户之间的利益联结机制，使越来越多的贫困群众参与产业发展中。

（由广东省第五扶贫协作工作组供稿）

东莞扶贫助力　共建产业园区

广东省第五扶贫协作工作组

昭通市镇雄县位于云南省东北，云、贵、川三省接合部，人口 170 万人（2019 年年底），是云南省人口大县，也是最为贫困的地区。其县城驻地乌峰镇，距市府驻地昭阳区城区 265 公里、距省会昆明市城区 598 公里，县境东西跨度 99 公里，南北纵距 54 公里，总面积 3696 平方公里，辖 30 个乡镇（街道）254 个村（社区）5283 个村（居）民小组，有彝、苗、白、回等 17 个少数民族。在东西部扶贫协作中，东莞市助力镇雄县脱贫攻坚，帮助建立产业园区，实现产业扶贫。

一、产业园区位置介绍

高山村大地，位于旧府街道办事处，高山村大地易地扶贫搬迁安置点东北侧，高山村国土面积 25.7 万平方公里，共有 31 个村名组，截至 2020 年高山村总人口 10783 人，其中卡户 407 户 2083 人。高山村大地，地处镇雄县南部新城南区，是南部新城东北片区的主要住宅活力区。与镇果一级路相距 500 米，与百米宽的镇雄大道相距 870 米。东抵镇雄县正在建设的棚改项目，基地西侧为待建文化教育用地，紧邻高山小学；东侧和北侧均为待建居住区；北侧为待建工业用地，辖区面积 6 平方公里，平均海拔 1600 米，年平均气温 13.50℃，年降水量 1100 毫米，适宜种植等农作物。有耕地 3301 亩，其中人均耕地 0.68 亩；有林地 2933.7 亩。全辖 13 个村民小组，有农户 1093 人，有乡村人口 5122 人，农民收入以种养业为主。2018 年以来，高山村大地县城安置点共搬迁安置建档立卡人口 1974 户 9248 人。

五德大火地，在镇雄县五德镇大火地工业园区西北角，与镇雄县农投公司毗邻，与镇果一级路入口相距 9 公里，与县城到五德的大以公路猫谢线相距 390 米。东抵镇雄县农投公司，西抵山包和园区道路，南临云南皖林木业公司和园区道路，北抵大火地工业园区厂房，距县政府 15 公里，距果珠火车站 22 公里，距以勒高铁站 34 公里，交通便捷。现占地 30 亩，地貌平均海拔 1683 米。

二、产业园区投入情况

镇雄产业园区估算总投资 8121.25 万元，其中，东西部扶贫协作资金 8000 万元，项目资金不足部分，通过整合涉农资金解决。

（一）大地易地搬迁产业园区建设项目。总投资 5112.2 万元，广东省东西部扶贫协作资金 5000 万元。其中，整合涉及 6 个乡镇（街道）34 个村产业发展扶持资金和部分村集体经济扶持资金，共计 5000 万元，其中：

芒部镇：三滴水村、茶园村、元孔村、新地方村每村集体经济扶持资金 50 万元，产业发展扶持资金 126 万元。

赤水源镇：岔河村、银厂村、木瓜园村、马店村、倮倘村、布丈村每村产业发展扶持资金 126.8 万元。

罗坎镇：桐坪村、泡瓜村、坳田村、寨上村每村集体经济扶持资金 50

万元，产业发展扶持资金 126 万元；纸槽村、麻地村、花园村、军备村、老街村、李子坝村每村产业发展扶持资金 126.8 万元。

坡头镇：坡头村、亳都村、龙洞村、堰塘村、花果村、笔花村每村产业发展扶持资金 126.8 万元。

母享镇：三合村、穿洞村、堰沟村、陇东村每村集体经济扶持资金 50 万元，产业发展扶持资金 126 万元；串九村、阳光村每村产业发展扶持资金 126.8 万元。

大湾镇：妥泥村、雨萨村每村集体经济扶持资金 50 万元，产业发展扶持资金 126 万元。

（二）大火地产业园区建设项目。总投资 3009.05 万元，广东省东西部扶贫协作资金 3000 万元，整合涉及 5 个乡镇（街道）20 个村产业发展扶持资金和部分村集体经济扶持资金，共计 3000 万元，其中：

泼机镇：鹿角村、李官营村、大院子村、堵密村、关门山村、摆洛村、老包寨村每村产业发展扶持资金 132.5 万元。

盐源镇：盐溪村、干河村、蓼叶村、木歪村、杉树坪村、苍海村、铁炉村每村集体经济扶持资金 50 万元，产业发展扶持资金 132.5 万元。

坪上镇：老场村、屯上村、红岩村每村产业发展扶持资金 132.5 万元。

花山乡：大河村、黄莲村每村产业发展扶持资金 132.5 万元。

木卓镇：墨黑村产业发展扶持资金 132.5 万元。

三、产业园区建设及社会经济效益

镇雄产业园区项目总占地面积 95 亩，总建筑面积 3.7 万平方米，共修建 6 个用于劳动密集型产业加工的就业扶贫的厂房车间，其中：

大地易地搬迁产业园区建设项目，占地 65 亩，总建筑面积 2.5 万平方米，修建了4个建筑面积2万平方米的厂房车间，另修建1栋综合办公楼（建筑面积3000平方米），2栋附属楼（建筑面积2000平方米）。

大火地易地搬迁产业园区建设项目，占地30亩，总建筑面积12000平方米，修建了2个建筑面积8400平方米的厂房车间，另修建1栋综合办公楼（建筑面积1500平方米），1栋附属楼（建筑面积1200平方米）。

2018年以来，镇雄新增搬迁建档立卡8864户40886人（其中劳动力24573人），县城建成搬迁安置点3个，共搬迁安置建建档立卡人口7209户33098人（共有劳动力17862人，现已就业15411人，还有2069人未能就业），由于搬迁导致搬迁群众原来的土地、经济等资源发生了变化，迫使其转变生计方式，重新就业并非易事。搬迁群众安置后，安置区后扶工作是保障搬迁群众稳得住的重要保障，解决搬迁群众就近务工是目前后扶工作的重中之重。为此，根据易地扶贫搬迁"搬得出、稳得住、能致富"的要求，既要考虑搬迁群众的农业生产需求，也要多渠道开发本地就业岗位，全力做好过渡期的就业服务保障工作，切实转变搬迁群众生产生活方式，努力促进充分就业增收。

项目实施后，可解决县城的鲁家院子安置点一二期、高山大地安置点、南台呢噜坪安置点的建档立卡贫困户7209户33098人中未能实现就业群众的就近务工问题。搬迁农户充分利用安置点的有效资源，除以种养业为主导产业外，通过实施技能培训，进场务工，切实提高劳动者素质，增加收入，促使搬迁贫困户彻底、稳定地摆脱贫困。同时可带动公租房、廉租房以及新村社区周边村民组低收入家庭务工增收，为脱贫攻坚贫困户稳定脱贫提供了强有力的支撑。

扶贫车间拟采取"企业（能人）+车间+贫困户"模式。引进企业（能人）创建就业扶贫车间，由企业（能人）围绕县工业园区纺织、电子信息等产业创办生产加工型车间，围绕县特色农副产品开办农副产品加工车间，并负责货源的发放、生产、回收及管理。乡（镇）、村负责组织贫困人口进入就业扶贫车间务工实现就业增收。通过购置设备并进行技术培训，提升贫困群众的技术水平，从事服饰、土特产深加工、门窗制作、汽车保养等劳动力密集型产业生产，让安置区内的劳动力就近务工就业，又可促使在家且不能外出务工，推进社会安定团结，和谐发展。将在当地形成示范引领效应，是当前脱贫攻坚的需要，也是实现当地长远发展的最终目标。该项目的建设具有可行性。

通过基础设施和配套社会化服务设施建设，使得搬迁农户的生产生活环境得到明显改善，解决他们的就近务工问题，促进安置区产业发展，推动项目区经济发展，提高搬迁人口的生活质量，对保持社会稳定、民族团结和乡镇搬迁群众生产生活都将会起到重大的作用。

（由广东省第五扶贫协作工作组供稿）

莞巧携手铺就产业脱贫路
扶贫协作盛开百姓“幸福花”

广东省第五扶贫协作工作组

一个在东、一个在西，相隔数千里，却因对口帮扶的东风，牵起了千里之缘。用心、用情、用力地帮扶，让东莞市与巧家县扶贫协作结出累累硕果。从资金投入、物资捐赠到干部援助、人才交流，再到劳务协作、产业帮扶，一份山与海的浓浓情谊，架起了两地同心向前的桥梁，奏响了贫困落后的小县城与沿海发达城市携手前行的山海“协作曲”。

发展蛋鸡养殖，延伸脱贫产业链条

“幸福等不来，拼搏才精彩。”巧家县老店镇治乐村的徐正贵对此坚信不疑，徐正贵一家有 4 口人，两口子外出务工，孩子就成了留守儿童。“以前在玉溪务工，工资按天结，一般 150 元一天，但是不稳定都是有活才干，一个月除去生活费各种开销，也存不下什么钱来，每逢春节回家过完年要外出的时候，娃娃哭老人也哭，我和娃娃他妈心里特别不是滋味。再说了我家里三兄弟都在外打工，两个老人都 70 多岁了，总得有人留下来照顾下老人。娃娃和老人一直是我们的牵挂，哪个都想能在家尽点孝也陪陪娃娃。”

徐正贵回忆起以前的日子难免有些伤感。直到老店镇治乐村蛋鸡养殖项目建成开始招工，在外务工几年学了点维修水电技术的徐正贵赶紧去报名，每月 3300 元的工资，解决了就业问题，工作也稳定轻松。“国家政策越来越好，感谢东莞的帮扶，给了我一份在家门口就能赚钱的工作，不但轻松离家近，收入也稳定，终于可以照顾家庭陪伴娃娃和老人了。”徐正贵略显激动地说道。扶贫不但扶起了徐正贵家的物质收入，还给了他陪伴老人和孩子的机会。

家住药山镇麦坪村下沟村民小组的唐根，家中有三口人，父亲因为残疾干不了重活，母亲也患有长期慢性病，他便成了家庭收入的主要来源。唐根之前一直在昆明打工，漂泊不说收入也不够稳定。蛋鸡项目刚成立的时候他便选择了回来，华辰刚开始建厂时他就去昭通华曦集团学习了半年，厂子建完准备进第一栋鸡时他正式入职，现在已经是蛋鸡养殖项目的厂长，一个月能有 5000 元左右的收入。“这个养殖场运营我也算是一直见证着的，高科技农业就是不一样，这个项目从实施开始到现在收益越来越好，厂里面目前有 10 万羽蛋鸡，每天的产蛋率在 93%，我们对这个养殖场都很有信心，指望着它带领我们致富呢。”唐根边工作边说道。

蛋鸡养殖项目共投入 605 万元，其中东莞镇街财政帮扶资金 250 万元，项目挂联卡户 250 户，以“龙头企业+合作社+村集体经济+贫困户”模式运营，养殖蛋鸡 5 万羽，日产量 4 万枚，日销售约 100 件，每件 360 枚，年销售额约 300 万元。每年每户约分红 450 元，带动解决劳动力就业 8 人，其中建档立卡贫困户 6 人，平均 2500 元 / 月；合作社与昭通市华曦集团签订合作协议，由昭通市华曦集团选派公司业务主干负责养殖技术指导和销售。通过昭通华曦集团销售渠道，目前鸡蛋销售已进入云南、贵州、四川等各个市场。还结合当地的自然资源优势，就近采购苞谷 1.6 万公斤用作鸡饲料加工，带动当地粮食作物销售。进一步完善了产业扶贫挂联机制，以延伸产业链、提升价值链、构建脱贫链。

建设扶贫车间，助推蚕农脱贫致富

下寨村是中寨乡的蚕桑主要种植区，其中张村、龙茅、码口3个小组是下寨村蚕桑主产区，现有桑园面积426.5亩，农户73户308人，其中卡户31户129人，群众的农业生产收入主要以蚕桑为主。东莞市投入镇街财政帮扶资金25万元用于养蚕扶贫车间建设。在张村小组新建标准化大蚕房1间总建筑面积225.2平方米，其中储桑室、杂物间共20平方米，养蚕区205.2平方米；新建挡土墙107.8方；新建标准化小蚕共育室2间总面积75.5平方米，张村、码口两个小组建小蚕房各一间。项目于2019年10月31日开工，2019年11月29日竣工，2020年2月把项目固定资产权属移交下寨村农民专业合作社，由下寨村种植农民专业合作管理使用，时至今日投入已使用半年。

“我们采用了‘村党支部+合作社+农户’的运作模式，项目每年收益按照蚕茧产量每公斤1元钱收取，初步估算可生产蚕茧1600公斤，收取1600元；小蚕共育蚕种按照每克1元钱收取，初步估算可培育蚕种700克，收取700元。收益由下寨村村集体经济公司收取，年收益为2300元，其中70%（1610元）作为村集体经济使用，剩余30%（690元）作为蚕房、小蚕共育室的维护管理费用。”下寨村种植农民专业合作社法人张和树介绍说，养蚕扶贫车间建成后，不但进一步推动了下寨村集体经济发展，还加大了对贫困户产业的扶持力度。

张达会是码口小组的贫困户，家里一共4口人，劳动力2人，过去家庭农业收入主要是养蚕，车间建成后，她得到了一份新工作，负责在养蚕扶贫车间育种。她说：“去年我一年四季育小蚕32张，年收入2240元，今年我在车间，光春蚕和夏蚕就育了22张，育小蚕两季收入1540元，预计加上正秋和晚秋全年可育种47张，全年育种收入3290元，比去年增加了1050元。”初步估算，利用2间小蚕共育室年可生产蚕种70张，覆盖3个小组所有养蚕农户。“车间建好后，农户拿蚕种方便，育的蚕种管理消毒严格，群众反映好养不生病，增加了我们收入。”张达会激动地说道。

张达伦是张村村民小组的小组长，也是该小组的贫困户，家里就他和妻子 2 人，他在养蚕扶贫车间负责大蚕房大蚕饲养管理工作。他说：“我们张村有易地搬迁户 9 户，外出务工 3 户，6 户人家拆了房子后没有养蚕的地方，扶贫车间建成投入使用后，今年春蚕和夏蚕吸纳了 4 户易地搬迁户在里面养蚕，共 3.6 张，实现养蚕收入 6600 元，户均 1650 元。群众对养蚕车间非常满意。”对于下步打算，张达伦表示，将整合易地搬迁贫困户的桑园资源，通过村民代表大会明确人员，统一管理饲养大蚕。

正是有了国家政策和东莞的帮扶，车间建成后不但解决了易地搬迁户后续产业扶持问题，也创新了蚕桑产业发展模式，还带动了下寨村蚕桑产业发展，产业扶持让更多的贫困户找到了致富的路。

携手龙头企业，破解集体经济瓶颈

6 月 19 日一大早，巧家县崇溪镇老屋村的贫困农户肖家贵夫妇收到了一条信息：“你们下个月可以提前转正啦！”这条信息是巧家县教育投资有限责任公司生猪养殖精准扶贫项目负责人浦绍华发来的。看到信息后，肖家贵夫妇心中一阵欢喜。肖家贵一家，是典型的贫困户，家中有 4 口人，虽不缺劳动力，但由于没有专业的技能，外出打工也赚不了多少钱，一年的收入全部靠 3 亩田的收益和年底卖出的一头猪，日子过得紧巴巴的。今年，他们 24 岁的大儿子开始处对象了。因为担心对方看不上家中那栋“七分土三分砖”的小平房，两口子急着赚钱盖新房。两口子找上了老屋村支书想办法，而老屋村恰巧是生猪养殖精准扶贫项目挂联的 12 个村集体经济之一，考虑到肖家贵夫妇有一定的养猪经验后，老屋村支书将人推荐给了浦绍华。

“恰巧我们又有两栋养殖场投入运营，正缺有养猪经验的人手，于是就按政策安排了他们到生猪养殖场工作。”浦绍华说，两口子进场后工作非常勤恳认真，考虑到他们一家的情况和表现，公司提前一个月结束了他们的试用期，下个月他们的月工资就能多一倍，一年下来，两口子在养殖场能赚到9万余元。“真的特别感谢共产党，也感谢东莞的同志，让我们一家有了一份稳定的工作，一年9万块，明年我们家房子也能修得起了。”肖家贵夫妇眼神中充满了希望，现在他俩将家中的田地交给了20岁的小儿子打理，大儿子也外出务工了，全家的生活越过越好。

生猪养殖精准扶贫项目采取“龙头企业+村集体经济+建档立卡贫困户”的模式，挂联村集体经济12个、建档立卡贫困户5532户19782人。12个养殖场每个场规划投入扶贫资金461万元，由12个村级集体经济组织采取托管的方式，将扶贫资金委托给县教育投资有限公司进行建设、经营及管理，每年按照投入资金总额的5%收取回报，年平均回报23.05万元，村集体经济与建档立卡户按15∶85进行效益分配，单个村集体经济实现年收益3.45万元，5532户建档立卡户年户均增收425元。项目启动后，当地农户将土地租给了公司，虽然比以往种植收益下降了20%左右，但解放了农户的劳动力，许多农户开始在养殖场工作，既拿租金、又拿工资，真正实现了“脱得了、稳得住、能致富”。

目前12栋养殖场已于6月20日全部投入运营，其中6栋养殖场已于6月初出栏第一批生猪，市场反应良好。巧家县委、县政府为感谢东莞对该项目的巨大贡献，与广东温氏畜牧有限公司进行了积极协调，达成了将该项目定为东莞生猪供应养殖基地，未来出栏的生猪，专门供应东莞市场。

脱贫致富，产业是基础。东莞市结对帮扶巧家县以来，资金重点向产业倾斜，聚在产业链上、群众富在产业链上，重点打造生猪、中蜂、蛋鸡、党参等特色种养业，建立“龙头企业（村党支部）+村集体经济+建档立卡贫困户”的利益联结机制，把贫困户紧紧地绑在产业链条上，真正分享产业发展红利。

巧家县协作办

（素材提供：老店镇人民政府 中寨乡人民政府 东莞日报记者王子玺）

脱贫路上　我们与你一路同行

——永善县东西部扶贫劳务协作纪实

市扶贫办

根据中央、省、市对东西部扶贫劳务协作工作的总体安排部署，永善、小榄组团镇区两地党委政府和人社部门积极加强对接协调，按照“永善所需、小榄组团镇区所能”的工作思路，压实两线责任，突出两项重点，搭建两个平台，落实两项机制，不断提升东西部扶贫劳务协作水平，助推脱贫攻坚。

一、压实两线责任

（一）压实“四重责任”。进一步压实领导责任、部门责任、乡镇责任、一线挂联人员和结对帮扶人员责任等“四重责任”，形成“千金重担众人挑，人人肩上有担子”的氛围。县处级领导把挂联乡镇的东西部劳务协作工作作为统筹协调、检查指导、调查研究、督导督查的重要内容，经常督促过问工作推进情况，督促挂联乡镇落实工作措施，解决困难问题；乡镇落实东西部扶贫劳务协作工作主体责任，党政主要领导亲自抓、一线督导，分管领导具体抓、亲自过问，统筹做好本乡镇劳动力信息摸底、宣传发动、培训监管、转移就业、护送稳岗等工作；各挂钩帮扶部门主动担当作为，加强与乡镇协调对接，牵头抓好结对帮扶对象东西部劳务协作工作；一线挂联人员和结对帮扶人员共同负责，定期进村入户推荐就业岗位，扎实做好包保户信息核实和转移就业工作。

（二）压实专班责任。成立东西部劳务协作领导机构，建立县、乡、村、组四级联动工作机制，构建横向到边、纵向到底的东西部扶贫劳务协作服务专班。县级整合县人社局和县人力资源办工作力量，实行“班子成员分片、股室联系乡镇、工作人员包村”的工作机制，抓好东西部扶贫劳务协作工作业务指导；乡级组建人力资源服务中心，明确劳务协作专干专门负责东西部扶贫劳务协作工作；村、组全覆盖选聘劳务协作工作人员，村级成立人力资源服务站，支书或主任任站长，并按 5000 人以上 2 名、5000 人以下 1 名的标准配齐村级东西部扶贫劳务协作业务员 155 名；明确 2871 个村民小组长兼任东西部扶贫劳务协作信息员，对辖区建档立卡贫困劳动力实行网格化管理，实时将劳动力信息变更情况录人力资源信息系统，全面、准确掌握辖区每户建档立卡贫困劳动力情况。

二、突出两项重点

（一）抓实协作培训。加强岗位需求调研，切实增强培训的针对性和实用性，实现培训和输出的无缝衔接，对有意愿转移就业的贫困劳动力，以市场需求为导向，采取由培训机构带领学员到务工企业培训等方式，开展“订单、定向、定岗”培训；对有创业意愿并具备一定创业条件的贫困劳动力，组织开展创业培训；对已外出务工但未培训的人员，采取与当地人社部门和企业联合培训的方式提升岗位技能；对年龄较大的贫困劳动力，结合农特产业发展、专业合作社用工需求，开展农村实用技术培训。2016 年以来，小榄组团镇区与永善县协作完成贫困劳动力技能培训16111人次，创业致富带头人培训510人次，残疾人培训802人次，惠及贫困户11037户。

（二）抓实转移就业。以贫困劳动力、易迁劳动力、零就业家庭为重点，按照“应转尽转、能转则转”的原则，实行集中输送与分散输送相结合、外出务工就业与就近就地就业相结合的劳务输出机制，坚持因人施策，通过组织劳动力转移就业一批、共建扶贫车间吸纳就近就业一批、开发公益公服岗位安置就业一批等方式，加大协作转移就业力度。自两地对口帮扶协作以来，共举办专场招聘会105场次，有组织转移贫困劳动力就业8355人次，其中，广东省6049人次（中山市714人次，东莞市1127人次），其他省区817人次，就近就业1489人次。

对因照顾家庭无法外出的劳动力，通过创建扶贫车间实现就近就业。截至目前，协作建成就业扶贫车间6个，吸纳贫困劳动力就业389人次。将云南菜人家食品有限公司创建为县级就业扶贫车间，给予3.1万元补助，减免疫情期间“三项社会保险”，引导企业吸纳贫困劳动力就业278人次；在就业扶贫车间云南康迪服饰有限公司举办“订单、定向、定岗”培训3期420人，专场招聘会1场，吸纳贫困劳动力53人次就业。

2020年疫情期间，两地党委政府认真贯彻习近平总书记关于统筹推进疫情防控和经济社会发展的系列重要指示精神，按照“保存量、扩增量，抓重组、优结构，建机制、促稳定”的要求，抢抓机遇，采取“包列包车”等措施，大力开展家门、车门、厂门“三门相连”“点对点、一站式”输送，落实医护人员和护送人员，全程跟车服务，配备体温检测器、常用药品、口罩、消毒液等防护物资和遮阳帽、矿泉水、面包等生活物品，沿途开展健康监测、疫情防范和组织服务工作，全力保障农民工安全有序返岗，促进企业复工复产。两地协作免费包列包车42辆，输送3055人到广东省就业（中山467人、东莞799人）。建档立卡贫困劳动力李瑞刚，原在昆明一家餐馆当厨师，因受疫情影响餐馆不能正常营业，正当他一筹莫展的时候，桐堡易迁安置点就业创业服务站工作人员到他家动员他到中山务工，他抱着试一试的态度坐上了前往中山市的“点对点”输送专车，在永善驻东莞·中山人力资源服务站的帮助下，在中山市日丰电缆稳定就业，每月领取工资4800多元。

三、搭建两个平台

（一）整合就业帮扶力量。充分整合工青妇、基层党组织、乡村教师等群团、组织和个人力量，通过邻里结对、志愿帮扶等方式，大力开展关心关爱留守老人、妇女儿童行动，解决外出务工人员后顾之忧，促进稳岗就业。动员县、乡、村各级各部门持续开展送政策、送岗位、送服务等就业帮扶活动，加大东西部劳务协作政策及企业招工信息的宣传力度，选塑一批依靠辛勤劳动自力更生实现脱贫致富的先进人物和典型事例，用身边事教育身边人、引导身边人，让贫困群众学有榜样、干有方向，形成典型引路、互帮互助、共同发展的鲜明导向。

（二）组建就业服务机构。自2018年3月以来，按照单位推荐、个人自荐、组织考察的原则，先后在全县各级各部门干部职工中选调能力强、素质高、善作为、敢担当的10名同志，按照“人员、经费、制度”三到位的要求，在广东省中山市小榄镇组建了永善县驻东莞·中山人力资源服务站，主要开展岗位推荐、走访回访、交心谈心、节日慰问、稳岗服务、矛盾化解、劳务维权等跟踪服务工作。同时，协调东凤镇青年企业家协会筹资300余万元，在东凤镇建成“东凤永善之家”，在永善县设立“中山小榄组团永善劳务对接工作站”等就业服务机构，开设注塑基础、装配生产基础、五金冲压、家政、茶艺师、焊接与热切割作业等专业技能培训，和“珠三角”500余家优质企业达成劳务合作框架协议，主要解决残疾人等特殊群体异地就业岗位信息不匹配、稳岗率低等问题。

建站初期，服务站的同志们克服语言交流障碍和高温天气的炙烤等困难，在没有交通工具的情况下，往返于中山、东莞、深圳、佛山等地人社部门之间建立协作关系，穿梭于企业之间考察、找寻永善籍务工人员，汗水湿透了衣服，脚上磨起了水泡，饿了就吃面包和泡面……简单的事情重复做，重复的事情用心做。辛勤的付出终于见到了成效，通过两年多的努力，服务站与广东东莞、中山、深圳及小榄组团镇区人社部门建立起了和谐的协作关系，共考察企业398家，推送优质岗位信息46560个，集中组织贫困劳动力转移输出3623人，零星安置就业807人，帮助协调岗位1060个，开展岗前培训和在职提升培训1653人次，回访务工人员52200余人次，核实永善县到广东务工人员信息14427人次，建立贫困务工人员信息档案5438人，协助务工人员办理入职、离职、各种证件900余人次。

残疾人就业问题始终是就业工作的难点和重点，也是服务站工作的痛点和堵点。“我杵双拐走路，手也没多大力，不知道有没有适合我的岗位？”“我有一只眼睛看不见，也没办残疾证，可以来打工吗？”“我左脚残疾，不能久站，能找到工作吗？”“我左手残疾，右手还能用力，可以去广东务工吗？”……一个个咨询电话打到了县人社局，打到了中山服务站。服务站及时对接云南省总工会驻深圳“娘家人”服务站，依托“东凤永善之家”牵线搭桥，对鹤山市雅图仕印刷有限公司、江门豪爵摩托车配件有限公司、东莞长安美泰玩具有限公司等爱心企业进行考察，当看到一个车间里几百人全是残障人士，在这里没有歧视、没有嘲笑，每一个人都在凭自己的劳动自力更生，家乡的残疾人就业有了希望！经过组织和动员，2019年2月24日，第一批14名残疾人怀着忐忑的心情、怀揣梦想来到中山，在经过“东凤永善之家”为期一周的岗前培训、生活培训、励志培训后，服务站根据他们各自的身体情况，与东凤永善之家的老师为他们量身选择岗位，将14人分别安置到小榄和东凤镇的企业务工，工资每人每月3000—4500元。自建站以来，共转移安置残疾人就业62人，为5名残疾人购买代步车和安装假肢，回访中，看到他们日益开朗的笑容和蒸蒸日上的生活，服务站工作人员悬着的心终于放下了。溪洛渡镇白沙村冯开润一家3口人，丈夫手残疾，女儿智力障碍，他们希望一家3口在一起工作可以互相照顾，可是丈夫能做的，女儿做不了，接收女儿的企业，又不接收丈夫，最后经过多方联系和协调，服务站将他们安置在江门豪爵摩托车配件有限公司，一家3口扣除社保一个月收入1万余元，现在已经工作了一年半，收入近15万元，靠外出务工实现了自己的脱贫致富梦。莲峰镇残疾人刘人普，双退残疾还患有严重的强制性脊髓炎，既不能承受重体力活，不能站又不能久坐，以前在浙江靠改装的三轮车拉客维持生计，听说广东能安置残疾人进厂，就联系服务站想进厂工作过安稳一点的生活，服务站经过筛选，最后将他安置在鹤山雅图仕印刷有限公司下属利奥分公司从事描图、画样和包装等相对轻松的岗位，月工资近3000元。

四、落实两项机制

（一）落实互访交流机制。两地党委政府和人社部门建立定期互访交流和定期会商的常态对接机制，探索出“政企对接、劳务协作、组织输转、群众收益”的劳务协作新模式，定期举办现场招聘会，推进就业服务、职业培训、劳动维权等领域交流，及时研判劳务协作工作开展情况、交流工作经验、协商重点工作，联合签署《中山市小榄镇人民政府 昭通市永善县人民政府关于开展“携手奔小康行动”的框架协议》《中山市小榄镇·昭通市永善县扶贫协作规划（2017—2020年）》《永善县劳务协作三年行动实施方案（2018—2020年）》等。自协作以来，共组织互访调研52次，召开联席座谈会64次。

（二）落实鼓励激励机制。在2018年出台“一帮二补三包三保”（“一帮”：帮助找工作；“二补”：交通补贴和稳岗补贴；“三包”：途中包吃包住包车费；“三保”：保工资、保权益、保服务）扶持政策的基础上，2019年、2020年结合县情实际，分别对激励措施进行了修订完善，对贫困劳动力转移就业、吸纳贫困劳动力就业的企业、组织贫困劳动力外出就业的经纪人，分别给予交通补贴、稳岗补贴、就业服务补贴、劳务经纪人补贴等，其中，结合2020年疫情实际，将到广东省中山市务工稳岗补贴从2019年的每月800元提高到每月1000元，并可同时享受小榄组团镇区出台的社保补贴、车费补贴、“人带人”补贴、稳岗补贴、稳岗慰问补贴等政策措施。自2018年执行激励措施以来，共兑现贫困劳动力到广东省务工交通补贴、稳岗补贴2333.16万元。

（由昭通市扶贫办供稿）

知心帮扶补短板　助力筑牢脱贫路

——广东中山扎实推进与云南昭通扶贫协作纪实

王忠耀　吴春燕　张　勇

“外出务工人员超过200万人的昭通市是劳动力输出大市，也是人才弱市，将人力资源转化为人力资本迫在眉睫。”云南省昭通市委组织部副部长张琴的一席话，道出了昭通市人才短板和困境。“虽然昭通市拥有丰富的劳动力，但人才力量较弱，在一些关键领域，仍面临着缺乏人才支撑的困局。人才是昭通巩固脱贫攻坚成果和推动地区高质量发展，实现从接受‘输血’到自主‘造血’的关键要素。”

2020年10月，广东省中山市人力资源和社会保障局对症施策，组织中山市专家、博士走进昭通。5天行程里，中山市专家、博士团分组行动，深入走访当地产业和民生项目，行走里程近1000公里，为当地发展把脉。

在对口帮扶的昭通盐津、大关、永善和绥江4县全部脱贫摘帽后，中山市出台了《2020年中山市东西部扶贫协作全面加力行动方案》，打通补平短板弱项，着力巩固脱贫成果。截至2020年11月，中山累计投入各类资金11.92亿元，实施“两不愁、三保障”协作项目434个，选派党政干部和专业技术人才483名，引进43个产业项目落户昭通，援建产业园区6个，建设扶贫车间31个，实际完成投资26.85亿元，采购和销售昭通农特产品6.19亿元，帮助31763名贫困群众实现就业增收。组织全市25个镇街及社会各界力量结对帮扶昭通16个乡镇、38所学校、13家医院、182个深度贫困村，实现对口帮扶县、县级学校、县级医院和182个深度贫困村“四个结对帮扶全覆盖”，帮助当地24.76万贫困群众摆脱贫困。

中山累计投入各类资金11.92亿元，实施“两不愁、三保障”协作项目434个。

中山选派党政干部和专业技术人才483名，帮助昭通建设扶贫车间31个，31763名贫困群众实现就业增收。

中山组织全市25个镇街及社会各界力量结对帮扶昭通16个乡镇182个深度贫困村，帮助当地24.76万贫困群众摆脱贫困。

一、精准拓宽求职出路

来自昭通市绥江县的建档立卡贫困户龙泉伟，是2020年春节后第一批到中山市的务工人员。2月中旬，他乘坐中山昭通两地免费接送专车，和100多名老乡一起抵达中山市南头镇，进入广东奥马冰箱有限公司生产一线工作。

这是龙泉伟第二次来到中山务工。2018年，刚满18岁的龙泉伟就曾在奥马冰箱工作过。今年春节期间，受新冠肺炎疫情影响，龙泉伟滞留在家，当得知中山市派出专车接送昭通务工者返岗时，他毫不犹豫选择回到中山。当来自中山的劳务机构到村里做宣讲时，龙泉伟更是现身说法，向村民们推荐中山。这次同行到中山的老乡中，就有4位是经他介绍的。

“当地群众外出工作的意愿比较强烈。”中山市志合人力资源有限公司副总经理李绿娥从2017年起就通过中山驻外劳务工作站，参与中山昭通两地的劳务协作工作，在昭通走村入户，开展招聘会和就业政策宣讲活动，将一批批务工人员送进中山企业工作。

在与企业对接过程中，李绿娥发现企业出于社保购买条件等考虑，普遍将招聘年龄设定在 48 岁以下，这就将大批有外出务工意愿的当地群众排除在外。“在实际招聘中，‘超龄’务工人员的求职意愿更为强烈。”李绿娥说，经过沟通，中山企业对昭通老乡们的入职条件也放宽了，50 岁以上的人员也可以在中山企业找到适合的岗位。

中山市给昭通群众带来的，不仅是就业机会，更是授人以渔的发展技能。

吃饭时间到了，位于中山市东区的海港城酒楼迎来客流高峰，后厨里，只见厨师用大铁勺翻炒着锅中的食材，一道道色香味俱全的菜式陆续上碟。这里也是昭通学子学习粤菜技艺的地方，此前，已有多批来自昭通市贫困县的学子到此学艺。

来自昭通市盐津县的周永丹志在成为一名“粤菜师傅”。2017 年，通过中山市帮扶，周永丹从昭通来到中山市技师学院旅游服务系烹饪专业学习，成为首批进修学习粤菜烹饪技巧的昭通学子。

“来之前没有吃过正宗的粤菜，来了之后通过学习已经爱上了粤菜。”由于家庭原因，周永丹初中毕业后就不再升学。2017 年，当中山市职业教育扶贫工作队伍来到盐津县招生时，求学心切的周永丹马上报了名，如今已取得了中式烹饪中级工的资格，近期正准备高级工的考试和成人高考。

从 2017 年起，包括周永丹在内，中山市技师学院旅游服务系烹饪专业已招收了 3 批次 30 多名昭通学生。针对昭通市每年有近 4 万名初中毕业生不能进入高中学校就读的实际，中山市 9 所公办职业学校从 2017 年起，每年招收昭通学生到中山市免费就读，毕业后可在中山市推荐就业。

中山市教育和体育局高等教育职业教育与终身教育科科长邓新山表示，4 年来共有 2703 名昭通籍学生在中山市 9 所公办职业学校就读，2017 年首批入学的 531 人今年毕业，已走上工作岗位。

二、把车间、医院开到家门口

早上8点钟，在海拔1400多米的山腰上，云南省昭通市大关县寿山镇麻柳湾社区的颐寿园易地扶贫搬迁安置点热闹了起来。

安置点居民、建档立卡贫困户杨光琴来到小区生产车间。这里是中山市东西部扶贫协作项目——颐寿园易地扶贫搬迁安置点扶贫车间的所在地。2020年6月，杨光琴和母亲加入这个扶贫车间工作，与她们一起工作的还有70多名来自安置点的建档立卡贫困户和周边居民。“新社区、新工作，日子过得也有了新盼头。”杨光琴眉宇间洋溢着信心。

与杨光琴有着同样感受的，还有家住昭通市靖安新区合顺社区的李英。李英的老家在大关县翠华镇兴隆村，距离昭通市区有4个小时左右的车程。2016年，水泥路才通到兴隆村村委会，但是从村委会到李英家，还需要步行40分钟。全村没有幼儿园，只有一所小学和一所卫生院，教育条件和医疗条件相对落后。“最担心的是老人生病，因为村里的卫生院只能治疗感冒发烧这样的小病。”李英说。

2019年12月，李英和兴隆村的村民们兴高采烈地搬进了靖安新区崭新的安置房。新家的左邻右舍依然是过去的乡亲，走门串户拉家常依然方便。

更让她感到安心的是，社区卫生院就在家门口，社区还配套建设了一家二级甲等医院和一家幼儿园，由中山市东西部扶贫协作资金援建的靖安新区中山博爱小学也很近，未来社区还将配套初中、高中。

“搬到这里，好像一切都是为我们专门准备的。”李英介绍，之前在老家的大山上，自己只能用山溪中的水洗衣服，搬进新家后，自己和其他大关县易地搬迁户一样，都收到了中山市企业捐助的全自动洗衣机，这种便利是过去想都没有想过的。

2020年，李英成为社区的楼栋长和信息员。每天早上，她都会到社区工作站报到，并到所负责的楼栋进行巡楼，听取居民诉求，及时向社区反映，解决他们的困扰。这样的工作，为她带来每月 2000 多元的收入。

自 2016 年与昭通市结对开展东西部扶贫协作以来，中山市创新实施民生扶贫、产业扶贫、就业扶贫等项目，带动国家级深度贫困县大关县从根本上“拔穷根”，中山与大关两地扶贫干部带领建档立卡贫困户下山上楼易地安家，让他们既能在家门口就业增收，也有了外出务工的更多选择。

三、用教育援助铺就希望之路

吴权明来自中山市港口镇大南中学，是广东省第六扶贫协作工作组派出的第三批长期支教队队员之一，自 2019 年 9 月起到盐津县柿子镇柿子中学支教，为期 1 年。

柿子中学的学生来自柿子镇各地，学校上课期间，学生在校寄宿，仅在节假日回家。为深入了解学生情况，吴权明利用周末等节假日时间，到学生家中进行家访。“第一次去的那位学生家在高山山顶附近，我们从山脚走到山顶，走了一个半小时还没到，走得很辛苦。”吴权明说，“对于有的学生来说，家访可以说是挽救其学业的关键。”

到盐津支教，吴权明除了参与教学管理，在学科教学方面还注重为支教学校引进先进的教学理念和技巧。对近年来柿子中学学生的成绩进行分析后，吴权明与当地老师一起制订了盐津县柿子中学“临界生管理”跟踪活动计划，挖掘学生的学习潜力。“教育扶贫是一项长期的工程，有时候不可能立即见效。”吴权明表示，希望能用自己的行动，在思想观念上给当地师生带来触动和改变。

与吴权明怀有同样想法的，还有昭通学院附属中学副校长李宇。刚到附中，李宇就感觉到这里的学生“苦学”、教师“苦教”现象突出。“学生早上 6 点 20 分起床，到晚上 11 点钟熄灯睡觉，中午只休息 1 个小时。教师每人每周上 30 节课是正常现象。”

通过 1 个月的实地调研，李宇制定了 1 年期的教学教研规划，确立了教学教研工作改革的新思路：请名师“走进来”开公开课、组织教师分批次“走出去”参加市级教研活动和到名校实地学习等方式，促进教师专业成长；引入智学网等教学大数据平台，提高教学数据分析效率。针对高三年级教学环境备考气氛不浓的问题，李宇推行周练制度，同时在校园内进行布置，培育学校的备考文化。

功夫不负有心人，李宇在昭通学院附属中学的教学改革逐步收到成效。“用我的经验帮助更多的人，这是我的初心。”李宇说。

从选派骨干教师支教，到组织中山学校与对口县学校结对，再到开展远程教研教学活动，促进两地教育互动、技术互学，中山的教育援助成为帮助昭通阻断贫困代际传递的有力途径，也为大山里极度渴望改变命运的孩子们铺就出了一条希望之路！

（作者均系《光明日报》社记者）

中山医生成功搭建大山深处援“心”绿色通道

广东省第六扶贫协作工作组

心脑血管疾病已成为发病率第一的严重危害人民群众健康的疾病，而急性心肌梗死的高发病率，在无介入治疗条件下，只能保守治疗，高死亡率、高致残率严重危险人民群众健康。

盐津县，位于昭通市东北，被称为全国最窄的县城。全县 99.9% 为山地，沿着关河陡峭的两岸上，搭建在山间的小县城，却生活着 30 多万人口。目前昭通市能开展介入手术只有昭通市第一人民医院、县级医院只有镇雄县人民医院。宜宾有宜宾市第一、第二人民医院能开展心脑血管介入。盐津县到昭通市、宜宾市，均需要 2 小时路程，交通不便严重制约了经济发展，当地咸辣的饮食及吸烟饮酒的生活习惯，让当地人心脑血管卒中高发，严重威胁着生命健康。

急性心肌梗死按胸痛中心建设要求需 120 分钟内完成转运或 90 分钟内完成介入手术。介入治疗以微创、无痛、快速在沿海已发展多年，在县级医院不可想象。目前盐津县人民医院所辐射地区（大关天星、彝良柳溪、牛街、洛旺、永善桧溪）人民群众心脑血管疾病不能得到有效救治。

自 2016 年起，在广东省第六扶贫协作工作组（中山派驻昭通）的部署下，中山市人民医院持续 4 年派驻中山医生，对口支援帮扶云南昭通市盐津县人民医院。

大山深处患者“心路”堵塞

心脑卒中是心血管疾病危重症，如果不能在有限的时间窗内，即数小时内开通阻塞的血管，致死致残率极高。

在中山市人民医院援助之前，盐津县医院对于心脑血管卒中诊疗水平低下，对于内地许多地方常规开展的微创介入技术更是一片空白。许多心脑血管卒中的患者要紧急转往2个多小时车程的四川宜宾市抢救。

然而，在这茫茫的大山深处，山高、路远、坡陡，转送病人谈何容易。一边是万丈高山，一边是悬崖峭壁，崎岖狭长道路上，常常有十几米的大卡车呼啸而过，还有恶劣天气下时时警惕的山顶的落石，给医务人员及患者交通安全构成严重威胁。许多病人即使能转送到周边市区，由于路途遥远，也丧失了最好的救治时机，增加了患者的死亡率和就医成本，导致很多家庭因病致贫。

广东省第六扶贫协作工作组及中山市人民医院领导班子经过实地调研后决定，就以心脑血管疾病救治为突破口，大力提升县医院的心脑血管救治能力，在家门口为盐津老百姓搭建起一条心脑血管疾病救治的绿色通道，挽救更多的家庭。2018年11月，中山市石岐区政府、中山市人民医院与盐津县人民医院签订帮扶协议，启动导管室建设。

中山持续支援搭建“心”的绿色通道

4年来，中山市人民医院连续派出叶木奇、韩莹、石映江、李明星4名医生对盐津县人民医院进行人均1年期的驻院不间断帮扶。

2017年，中山市人民医院医生叶木奇在盐津帮扶的1年时间里，系统性地规范了心脏超声诊断的操作流程，通过手把手的实操带教，学术授课，大大提高了盐津县医院的超声诊断水平，并通过下乡义诊的先心筛查，发现大量先天性心脏病患者，在提升医务人员业务能力的同时，让很多的先天性心脏病患者得到及时的救治。

通过 1 年的帮扶，县医院的超声影像诊断水平大幅度提升，本院超声影像科人员甚至可以通过超声早期诊断危重的主动脉夹层。

2018—2019 年，中山市人民医院再次派出韩莹及石映江两位主任医师驰援盐津，继续对盐津县医院的帮扶之路。韩莹医生在盐津工作期间，通过教学查房、授课，提升了内科人员心血管疾病的认识和诊了水平。通过下乡指导，帮助基层卫生院与县医院建立密切联系，签署胸痛协同救治协议，初步构建盐津县胸痛急救网络雏形，并在盐津县医院领导的支持下，促进心血管内科由内科系统分出，成为独立专科，为后续心血管疾病救治向更专业化发展铺平道路。

主任医师石映江在盐津期间，大量开展泌尿外科手术，其中泌尿系结石手术 300 余台。盐津是泌尿系结石的高发区，泌尿系结石的大量开展，为当地老百姓带去了中山市技术和福音。外科技术的发展，也为内科开展高危介入手术提供了有力保障。

2020 年 6 月 22 日，由中山市石岐区组团镇区和中山市人民医院援建的导管室（介入室）正式落户盐津县人民医院，其中包括价值 617.8 万元的西门子 DSA（数字减影血管造影）一台。

这座导管室的落成，标志着盐津县可以开展目前全国最先进的各种介入微创手术，对心脑血管疾病的救治，可以在最短的时间内有效开通闭塞血管，将盐津的心血管疾病救提升到更好的层次，能有效降低心脑血管疾病患者的死亡率和致残率，同时也能大幅度降低患者的治疗费用和其他往返等相关费用，使得大山深处心脑血管疾病的救治条件得到极大的缓解和改善。

针对盐津心血管内科介入医师技术力量相对不足的情况，2020 年 7 月，广东省第六扶贫协作工作组协调了中山市博爱医院心血管专家吴志坚博士到盐津县人民医院开展为期4个月的对口支援。9月，中山市人民医院再次派出李明星博士赴盐津，开展手术带教。李博士到医院后，不但现场指导当地医务人员做手术，还着力进行业务培训。在短短1个月的时间内，完成心脏介入手术16例，包括急诊PCI术2例，慢性闭塞性病变2例，其中单日手术达6台，目前PCI手术时间最长2小时。一位急性心肌梗死患者，通过胸痛中心微信群会诊后确诊，立即送往盐津县人民医院，从到医院门口，到开通闭塞血管，只用了45分钟，在以往，这是不敢想象的。

在手术团队迅速磨合下，目前盐津县心血管科已经有2位医生能独立开展冠脉造影，年轻的医生正在快速成长。从导管室成立至今，先后开展了脑血管造影及外周血管支架植入术等手术。

此外，几年来中山市还与盐津县人民医院开通5G远程诊疗，使患者就近能享受三级医疗诊疗技术；投入财政援助资金450万元，新建村卫室18个；捐资230万元在昭通市9个万人安置点之一的水田易迁安置点建设了团结医院；捐赠175万元，改扩建兴隆乡卫生院医疗业务用房；捐赠90万元，为基层乡镇卫生院购买救护车4辆；派医疗专家长期支援盐津医疗技术、开展巡回诊疗、大型公益义诊、专家讲座，邀请盐津县医技人员到中山跟师学艺等，使盐津的医疗事业得以长足的进步，人民健康得到更好保障，为盐津百姓的健康事业发展作出了不可磨灭的贡献。

目前，盐津县人民医院正在筹备国家级胸痛中心认证。未来，在这个介入平台上，县医院会迅速开展更多，更难的微创介入手术，为盐津老百姓生命健康作出更大的努力。

4年来，中山市人民医院院长兼党委书记袁勇、副院长李斌飞同志多次赴盐津深入考察、调研，督促各项帮扶工作落地。看望帮扶一线的医务人员，询问工作中的困难，并举全院之力解决当地医疗需求。

中山市人民医院对盐津县人民医院的帮扶工作，是中山市医疗领域对口支援昭通市扶贫工作的缩影，也是东西部协作、医疗扶贫工作的重要成果。院长袁勇表示："我们希望把老百姓最需要的医疗技术送过来，让它生根、发芽，并不断发展、壮大，真正地为贫困山区老百姓做点事。"正是一代代扶贫人的艰苦努力，在这大山深处，铸就起了生命救治的绿色长廊。

（由广东省第六扶贫协作工作组供稿）

教育扶贫点亮希望之光

广东省第六扶贫协作工作组

站在昭通大关县寿山镇麻柳湾社区集镇，随行的大关县东西部扶贫协作办主任吴君杰指着对面村屋星罗棋布的山坡说，那里是自己的村庄——柑子村，村子里出了个物理学家，是北京大学物理学院教授刘富坤，跟自己家很近。刘富坤大学毕业赴美留学前，自己帮刘富坤放过牛，刘富坤则瞅空躲到山洞里看书。刘富坤影响一家人，满门书香，四兄弟都考学出去了，成为村里人的骄傲和榜样。

一个人受到良好教育，可以影响一个家庭的读书风气，改变一个家庭的命运。这是广东省第六扶贫协作工作组成员、中山市派驻永善县委常委、副县长汤如烈从教育扶贫中得到的重要经验和启示。

初到永善县，长期从事教育工作的汤如烈发现，永善人对职业教育的接受程度极低，中山昭通对口扶贫协作前的2015年，永善普职比只有1 ： 0.37，大量学生中学毕业后早早走上社会，因为受教育程度不足，缺少一技之长，就业层级相对偏低，难以带领贫困家庭走出困境。

而永善是中山昭通教育扶贫的重点。永善是中山在昭通的4个对口扶贫协作县中唯一不通高速公路的县，下乡到最远的码口镇单程车程5.5小时，到最远的村车程7小时。永善47.81万户籍人口中，建档立卡贫困人口达到18万多人，相当于中山另3个扶贫协作县的总和，是贫困人口最多、贫困面最大、贫困程度最深的深度贫困县。这意味着，永善教育扶贫对中山昭通教育扶贫意义重大。

永善3年多教育扶贫的一个重点是职业教育，让更多贫苦家庭孩子接受职业教育，改变家庭知识结构，开阔家庭视野。几年来，对口承接永善学生的中山中专和中山第一职业学校，推出格力班、威力班、长隆班、艺根传媒班等，学校先为学生垫付生活费。一个学年里，学生一个学期在校学习理论知识，一个学期到有关企业实习实训。如格力给予每个实习实训学生每月不低于3000元补贴，学生拿到补贴后归还学校垫资，结余的钱可以寄回家。去年最多的一个学生寄回家1万多元，等于学生职业教育全免费，还能有额外收益。

永善3年累计向中山输送了948名职校生，其中建档立卡贫困户758名。职教扶贫带给昭通人的变化是：到2019年，永善县普职比提升到1 ∶ 0.89，接近全国平均水平，职教理念深入人心。汤如烈说，第一年职校招生特别难，需要下任务，干部上门动员；现在一贴招生广告，家长和学生就踊跃咨询并报名。

今年中山在昭通招收职校生600人，目前2102名昭通籍学生在中山9所公办中高职院校就读，2017年首批入学的531名昭通籍学生今年毕业，将走上工作岗位。

跟中山第三批赴昭通长期支教并挂职副校长的昭通学院附中李宇、盐津县柿子中学吴权明、永善三中白涛、绥江县凤凰小学李莉深入交流，他们都说出了一个共同的困惑，就是校领导和老师大量精力用在了控辍保学，因为不少留守孩子，从小缺少父母陪伴，没有养成良好学习习惯，对学习缺少兴趣，容易产生厌学情绪。尤其是初中生，正值叛逆期，容易厌学，父母也没有多少办法。

来自黄圃镇中学的白涛说，控辍保学耗费了学校老师大量精力，为的是不让一个学生流失。有的班主任和老师为一个辍学生，前后家访不下10次，往往面对的是家长态度不明确，需要一次次做家长思想工作。

白涛说初三学生更容易厌学，全校约 2500 名在校生，其中初三 849 名，出现了 20 个厌学学生。白涛说起自己重点跟进的一个厌学生，是一个建档立卡贫困户孩子，从去年到现在，家访了七八次，找到他们的出租屋，好不容易做通了这名学生工作，该生参加了体育生中考，将参加 7 月 25—26 日的文化课考试。白涛说，跟这名学生反复深入交流，鼓励他就读中山对口援助的职校。学生初步选择了中山中专，说希望学汽修专业。不过，白涛说对每一个厌学生都不能放松，不到最后一刻，都不放心学生会不会重新出现厌学情绪。

除了控辍保学，在大关县翠华中学挂职副校长的邹杰峰，积极联系民众中学热心家长黄洁燕女士资助团队帮扶 6 个孩子，帮扶资金和物资已逾 1 万多元。积极配合大关县教体局和相关职能部门推进“家庭教育和心理健康师资培训班”活动，为当地家庭和心理健康教育留下宝贵的“火种”。

来自中山一中的李宇老师负责昭通学院附属中学高三学生复习备考工作，他深感贫困山区孩子读书改变命运的愿望强烈，到附中后把中山一中成功的复习备考经验引进到学院附中，目前高三复习备考效果非常明显。另外还从中山引进智学网到学院附中，为高三复习备考开创了一条“用数据教学、用数据说话、用数据决策、用数据管理、用数据创新”的新道路。

从经济发达的中山到昭通，中山支教老师大多人到中年，上有老下有小，却都自愿选择了昭通，希望把自己的聪明才智奉献给山区教育。

跟他们说起家庭，无一例外表示了愧疚。来自中山一中的李宇说，小的孩子出生 3 个月就出来支教，大孩子只有 11 岁，去年只有国庆和春节回家 2 次，今年疫情后长时间留守，动员并组织高三教师利用钉钉进行网络教学。

支教老师一到昭通，很快就发现了山区学校十分缺乏书籍和学生阅读困难等短板，迫切希望弥补缺环。第三批长期支教队 2019 年 10 月发起“情系昭通　书香乌蒙”爱心捐书活动，得到广东省第六扶贫工作组支持，中山市教体局正式发文到全市中小学统一组织，2020 年 4 月，来自 3000 里外的

3万多册书籍穿越千山万水，陆续来到昭通5位挂职老师所在的支教学校。

来自港口镇大南中学的吴权明，到柿子中学后，联系中山港口镇11所中小学校、中山市沙溪理工学校，捐赠了6800多册图书。

来自三乡雍陌小学的李莉，从班级出发，向学校延伸，进而向全县渗透，并与别的支教老师一道，推动山区学校和学生阅读。

到临近支教结束，李莉的不安又上来了。她说，常常反思自己，深感自己做的事“鱼”多“渔”少，尤其是在花了较多心思做的阅读这一块。原本计划的绥江和三乡的团队互访以传授阅读方法，以及绥江县内的阅读展示活动，都因为疫情没有如期完成。目前已送到全县各个小学及教学点的统编教材推荐的阅读书籍均已投入使用，许多老师和孩子们每每遇见自己，总有说不完的感谢，道不完的感恩。可自己有时却有深深的担忧：孩子们能达到预定的阅读效果吗？阅读有目标吗？能运用好的阅读方法去高效阅读吗？阅读能达到一定的速度吗？老师们能主动寻求各种阅读方法去引导孩子正确高效地阅读吗？肯花时间去指导孩子阅读，甚至陪伴孩子阅读吗？尤其是山里的孩子——那些留守儿童，没有父母的陪伴，他们会爱上阅读吗？

真诚地希望后面接过接力棒的支教老师能够继续推进阅读，让孩子们真正爱上阅读，习惯阅读。希望自己在绥江种下的一粒阅读的种子，能够在后来者的引导下生根发芽，茁壮成长。

一个个问号后面，自谦的李莉，以对山区阅读计划的执着，照见了中山昭通教育扶贫协作的永无止境。

（由广东省第六扶贫协作工作组供稿）

昭通学子在中山走上粤菜烹饪学艺脱贫路

广东省第六扶贫协作工作组

午饭时间，位于中山市东区的中山海港城海鲜大酒楼大厅中的食客多了起来。中厨厨房里，油烟与蒸汽混杂，煎、炒、焖、炸、蒸，厨师们施展身手，厨房温度不断攀升。后厨人来人往，来自云南昭通的中山市技师学院旅游管理系烹饪专业学生徐友香正专注地练习刀工。

近年来，在东西部扶贫协作中，中山将“粤菜师傅”工程推向云南大山，采用“请进来”“送教上门”等方式，选招云南省昭通市贫困家庭学生进入中山市技师学院烹饪专业和粤菜名店学习，输送粤菜烹饪技艺，助力实现“培养一名学生，脱贫一个家庭”目标。在扶贫攻坚和“粤菜师傅”工程的推动下，越来越多的云南学子来到中山，走上粤菜烹饪学艺脱贫之路。

粤菜名店来了云南学徒

“第一眼就相中了‘烹饪专业’，没有想太多就报名了。”回想起当初的选择，徐友香记忆犹新。2017 年，中山与昭通签订对口帮扶劳务输出和劳动力转移就业协作协议，协议的一项重要内容就是建立技能人才双向交流机制。针对昭通市每年有近 4 万名初中毕业生不能升学高一级学校就读的实际，从 2017 年起，中山 9 所公办职业院校每年招收昭通学生到中山免费就读职业学校，并推荐就业。作为 9 所公办职业院校之一，中山市技师学院结合“粤菜师傅”工程，在旅游管理系烹饪专业招收昭通贫困家庭学生，目前该校已累计招收 3 批次将近 100 人。

徐友香是中山市技师学院招收的最早一批云南昭通学生之一，她来自昭通市盐津县落雁乡的一个单亲贫困家庭，父亲多年前因病去世，家中四姐弟，家庭条件艰苦。为帮补家计，徐友香的姐姐在初中毕业后就到广东佛山务工，成为家中唯一的收入支柱。如果没有到中山学习的机会，徐友香也已步姐姐后尘，初中毕业后就到社会上工作。当中山市技师学院前来招生时，从未出过远门的她极力劝说家人，毫不犹豫地奔赴千里之外的中山，学习从未接触过的粤菜烹饪技艺。

如今，学好粤菜成为徐友香的主要目标。“来到中山学习粤菜是我人生的转折点。”经过近 3 年的学习，她已获得中式烹饪中级工资格证，明年，她将参加高级工的考试和成人高考。

中山市技师学院旅游服务系主任蔡水养对这群昭通学生印象深刻，他认为，相比中山本土或省内学生，昭通学生更能吃苦，对知识表现出更加强烈的渴望。除了在校学习理论，中山市技师学院还推荐云南昭通学生到中山本土知名餐饮单位进行岗位实践，并推荐就业。近 3 年来，在中山海港城海鲜大酒楼，经过实习和就业推荐，最终选择在酒楼工作的中山市技师学院学生将近 100 人，月工资近 4000 元，这让徐友香看到了就业脱贫的希望。

“还有很多东西要学，需要一步一个脚印。”虽然对未来充满憧憬，但经过在海港城等大型餐饮企业实践后，徐友香深知自己离“出师”依然遥远。她表示，相比川菜等菜式，粤菜制作更精细，考究厨师对刀工、烹饪火候、食材等各方面的熟练把控，要成为粤菜师傅，要走的路还有很长。从大山来到城市，徐友香并未止步，未来她希望回到云南老家，开一家粤式面点店铺。

在云南大山种下粤菜文化“种子”

“低筋面粉150克、莲蓉80克、砂糖30克、酵母2.5克……”7月6日上午9时，中山市技师学院旅游服务系烹饪专业班学生迎来中式面点实操期终考试，包括徐友香等昭通学生在内悉数参加。

考试项目之一是广式面点“酥皮莲蓉包”。“成品酥层均匀明显，界口蓬松自然就算成功了。”考试前，中山市技师学院旅游服务系烹饪专业教师何毅明向学生细心讲解制作要领。何毅明是中山本土的知名广式面点师傅，从业经验超过30年，从业界走向校园，何毅明希望将自己的粤菜技艺和经验传承给更多年轻人。

同样有着30多年饮食行业从业经验的郭琳奋，也是一名从中山本土成长起来的粤菜师傅。2016年，他放弃中山本土大型知名酒店厨房总监的职位，进入中山市技师学院，成为烹饪专业教师。“我很喜欢烹饪，自己年纪大了，希望有人传承。”除了教学，如今他还参与广东省“粤菜师傅”培训系列教材编写工作，编写《广府风味菜烹饪工艺》中“中山特色菜”部分。

为助力东西部协作精准帮扶，除了“请进来”，中山还派出代表到云南昭通“送教上门”。作为代表，何毅明和郭琳奋先后到云南昭通技师学院进行对口帮扶，给当地学生和社会人员传授粤菜技艺，将粤菜文化的种子撒播至云南大山里。

“当时给师生们做了一道经典的粤菜——‘凉瓜炒滑蛋’，大家都对这个菜式感到好奇。”郭琳奋对到昭通传艺的经历印象深刻，同时，经过昭通之行，他对粤菜文化在省外传播和发展有了新认识。结合当地饮食习惯和食材特点，他在对粤菜菜式和烹饪技术也做了相应的改良，例如他计划利用昭通当地名优食材乌骨鸡，开发相应的粤菜菜式等。

中山市人力资源和社会保障局相关负责人表示，除了云南昭通，目前中山正积极发挥市内省级粤菜师傅培训基地、粤菜师傅大师工作室以及各级社会培训机构的作用，面向包括省内外对口帮扶地区的建档立卡贫困户等人员进行授课传艺。自“粤菜师傅”工程开展以来，累计培训 1440 人次，今年还将培训 700 多人次。接下来，中山将进一步扩大“粤菜师傅”培训的覆盖面，让更多贫困群众通过掌握粤菜技艺，走上脱贫致富之路。

（由广东省第六扶贫协作工作组供稿）

中山筑路接力护航　百万高原竹笋“出山”

广东省第六扶贫协作工作组

昭通市区东北140公里，6月底的盐津县已经进入雨季，印度洋北上的暖湿环流与中国内陆南下的干燥气流在这里交汇，阴雨绵绵的天气让山路变得泥泞。走在竹林中的水泥便道上，柿子镇新生村村民龚昌银双脚不再黏泥，他不再担心2个月后的采笋受天气影响。就在一年前，这样的便利还是不可想象的。

这条长1.1万米、宽1.5米、厚0.1米的水泥路，就是去年年底刚刚建成的新生村竹林营林生产管护道，由2019年东西扶贫协作中山市财政援助资金全额投资建设。这条路的建成，不仅解决了村民过去日常管护难、采笋运输难的问题，还让村民采摘的鲜笋每公斤提高近1元的收益。截至目前，中山市已累计在盐津县投入东西部扶贫协作援助资金1711.75万元，规划建设了营林生产管护道114.05公里，覆盖庙坝、柿子等4个乡镇的15万余亩笋山。

筑路送笋下山，是中山市在昭通市大关、盐津、永善、绥江4县开展产业扶贫工作的一个缩影。为了给当地特色农产品走出大山铺路，中山市利用扶贫援助资金打造冷链物流基地、引进竹产业深加工基地、统筹资源搭建销售渠道，用一场铺路搭桥的接力行动，带领当地群众将原来走不出“山卡拉”的优质山货远销外地，演绎了一场扶贫产品的“出山记”。

下山的水泥路通了

从昭通市中心城区出发，经过3个多小时的颠簸山路，汽车到达盐津县柿子镇。再经过25公里的盘山公路，当海拔高度提升到了1500米，就到了新生村。6月的笋山雾气缭绕，5万亩的连片竹林郁郁葱葱。在新生村坪山一社的村头，一条狭窄的水泥路通向竹林深处。

“以前采笋只能靠人背马驮，一个人最多一趟能背100斤竹笋，从山上送到山下的收购点，至少要耗费一个多小时。”龚昌银说，大山里的竹笋有个俗称叫“见风长”，长得快，老得也快。新采的鲜笋，保质期最长不超过两天，否则很快就会因为纤维老化而变质，食用口感变差。因此，采笋要和时间赛跑，动作慢了，竹笋要么烂在地里，要么坏在路上。但采笋季节与雨季重合，泥泞的山路成了阻碍笋农的采笋的“拦路虎”。遇上竹笋采摘高峰期，村民为了赶时效，只能花钱雇人采笋、运笋，这无疑增加了竹笋的成本，笋农的收入难以保障。

要种好扶贫竹，必须先花钱修路。但对于国家级贫困县盐津来说，要对全县数十万亩笋用竹林开展营林道硬底化改造，谈何容易。

2018年6月，为加强东西扶贫协作对口帮扶昭通工作的领导力量，中山市增派4名处级干部到昭通市大关、盐津、永善、绥江4县挂职，中山市农业农村局党组成员、机关党委书记陈文权履新盐津县委常委、副县长。如何有效解决全县37万亩竹林扶贫笋“下山难”，是陈文权需要面对的问题。

“好钢用在刀刃上！1.5米宽、0.1米厚的路，每公里建设资金只要15万元，这样的投入比很多市政道路施工成本低得多。既遵从了林地资源管理的相关规定，避免了大修大建侵损山林，又满足了笋农日常生产管理的需要。这样的路要修。”经过实地调研，陈文权决定推动盐津县竹林营林生产管护道的建设。

2018 年，盐津县整合中山市东西部扶贫协作援助资金投入，陆续在庙坝、柿子、豆沙、普洱等乡镇启动了竹林营林生产管护道建设。2019 年 5 月开建，新生村的竹林里当年年底就通起了水泥路。

“竹笋下山的路终于通了！”龚昌银介绍，过去的泥泞山路变成了水泥路，摩托车开进了笋山，待到秋笋采摘时，过去的人背马驮将改成机械运输，摩托车一趟能运 300—400 斤新鲜竹笋，10 多分钟就能到达收购点，运输效率提高了几十倍。不仅省了人工，笋子在抢跑加速中也更好地保持了新鲜度，卖得出更好价钱。因为这条路的建成，过去的花在路上的运费，节省了下来。按照去年 10 吨的产量来计算，今年龚昌银家 120 亩竹林采收的竹笋，将至少比去年增收一万元。

一条条狭窄的水泥路，打通了竹笋下山的“最后一公里”，解决了长期以来制约笋农日常管护、运输的大难题，也提高了竹林的产出率。

截至目前，盐津县已累计投入中山市东西部扶贫协作援助资金 1711.75 万元，规划建设了营林生产管护道 114.05 公里，覆盖柿子等 4 个乡镇 15.2 万亩笋山，带动了全县 4000 余户 1.59 万余人通过竹笋产业增收，其中建档立卡贫困户 1800 余户 8000 余人直接受益。

去年年底，新生村村民在进竹林的路口立起了一块路牌，为营林生产管护道取名“富民路”。

出山的“冷链”划出新半径

竹笋下了山，但是离外面的世界还很远。

大关县，是国家扶贫开发工作重点县、乌蒙山区域发展与扶贫攻坚重点县，也是云南省 27 个国家级深度贫困县之一。全县 99% 的面积被山地覆盖，甚至找不到一块面积超过 1 平方公里的连片平地。同时，这里也是“中国筇竹之乡”，有着“世界筇竹看中国、中国筇竹看大关”的美誉，这里盛产的筇竹笋，被称为“笋中之冠、乌蒙山珍”。

由于竹笋对采摘鲜食的时效要求极高，过去笋农将鲜笋就近送到采购点后，收购商必须抓紧将竹笋预煮杀青，否则收到的笋子再新鲜，也来不及运出大山。“鲜笋不出山”，限制了优质的高原笋应有的市场价值，也阻碍了当地群众利用竹笋脱贫致富的步伐。

弯弯山路层层阻挠，让大关县守着“山珍”却难以脱贫致富。如何打通这个瓶颈？中山扶贫干部唐国伟明白，要让扶贫笋走得更远，必须引进新技术，把竹笋的出山路铺得更长。2018 年挂任大关县委常委、副县长后，他开始大力推动一项当地前所未有的大工程落地。

“要带动山区的农产品走出去，要依靠现代物流，必须要有包装、有‘冷链’。”唐国伟介绍，没有冷链物流技术设备和泡沫包装材料，生鲜产品很难到达大城市，而当下的现实是，整个昭通市尚未建立一个现代化的冷链物流基地，甚至连泡沫包装箱，也需要到数百公里外的成都或昆明等地采购，这无疑增加了冷链物流的运营成本。

为加快脱贫攻坚推进步伐，带动农特产业发展，让贫困山区农产品安全高效地进入更广阔市场，大关县委、县政府决定建设大关县农产品冷链加工物流基地。依托中山市参与的东西部扶贫协作帮扶机制，对大关县开展挂钩帮扶的中山市火炬开发区对项目开展了积极援建。在唐国伟等广东省第六扶贫协作工作组组员的协调下，中山市火炬开发区健康基地在大关县投资建设农产品冷链加工物流基地。项目总投资 2400 万元，占地 38 亩。2019 年 11 月，项目正式动工建设。

6 月 29 日，距离大关县城几公里的关河河滩上，新建成的大关县农产品冷链加工物流基地完成设备调试，启动试运营。唐国伟介绍，大关县农产品冷链加工物流基地，是一个集冷冻、冷藏、加工、包装、销售为一体的现代物流中心，拥有 900 立方米的农产品冷藏库、100 立方米的冷冻库、4000 平方米的分拣中心，以及一条日生产 14000 个泡沫箱的自动化生产线，可为大关县农产品提供专业化、规范化、高效率的冷链物流服务，同时可为昭通市乃至全省全国提供标准化的冷链配送服务。

“大关县距离宜宾200公里、重庆400公里、成都400公里，广东1400公里，近可往渝川销售，远可往广东。”唐国伟表示，昭通市拥有丰富鲜活的农产品资源和巨大的市场容量，将为冷链加工物流基地的顺利运营提供保障。反过来说，冷链加工物流基地的建成和运营，正在为当地农产品铺就一条“出山路”，为大山里的农产品画出新的市场半径。

进城的山笋登上珠三角货架

6月28日午后，烈日当空，秦义洪来到中山市东区竹苑市场旁的“食出鲜风”超市，与店长热络攀谈，询问店内罗汉笋近期的销售情况以及库存数量。今年年后，他从家乡昭通市盐津县带来的“盐水笋”第一次登上中山这家生鲜连锁超市的货架。几个月过去，笋子越来越受市民欢迎，不断引来回头客。

秦义洪这次创业的起点，要回溯到2018年的一次偶遇。当时，秦义洪还在老家中和镇深入山头林间收购鲜笋，作为一个农民出身的收笋商贩，他深刻地感觉到这个行当的艰辛。

“竹笋的品质很好，但是却不知道能把它放在什么平台上去销售。”秦义洪回忆，自己正在为生意苦恼，一次偶然的机会，他遇到了时任中和镇脱贫攻坚工作组副组长的中山扶贫干部陈文权下乡，于是向他说出了自己困扰。陈文权的一番谈话，让秦义洪正式开启了崭新的跨市“生意经”。

陈文权建议，秦义洪可以将盐津县的罗汉笋带到中山销售，以中山为阵地通过消费扶贫开拓珠三角市场。秦义洪受到了启发，去年8月、9月，他独自一人来到中山，开始了市场调研。两次调研，让他下定了决心，他联系盐津当地的加工厂代工处理鲜笋并打包装袋。10月，第三次来到中山时，秦义洪带来了3吨“盐水笋”。

但是，人生地不熟，推销员哪里有这么好当？陈文权再次向秦义洪伸出了援助之手，他利用在中山的人脉资源，积极联系中山市壹加壹超市、菜丁市场、果美等生鲜销售平台，帮助秦义洪在中山扎稳脚跟，建立最初的销售渠道。经过不懈的努力，秦义洪的盐水笋已陆续登陆中山市农产品批发市场、食出鲜风、壹加壹、菜丁市场App等多个实体或电商销售平台。

“每个月的销量都在增加，今年以来，罗汉笋在中山市平均月销量都在3吨以上。”秦义洪踌躇满志，他介绍道，除了中山，自己定制的盐水笋目前已经打入广州、深圳、佛山、东莞、珠海、江门等珠三角城市市场。依托盐津县中和镇主导建立的竹产业生产经营集体企业，秦义洪已经完成了自主品牌“筇都香”的注册。贴上商标，家乡的竹笋就有了品牌，秦义洪对未来的市场信心满满，他预计，“筇都香”盐水笋未来几个月在中山的销量有望快速增长。

6月29日，陈文权赴广州拜访两家企业，他期冀此行能带动广州企业到盐津考察，进而投资设厂，带动当地竹笋的深加工。考虑到这两家企业拥有连锁超市等销售渠道，陈文权邀请秦义洪同行，他希望利用这样的资源，能带秦义洪这样的致富带头人走得更远，带动扶贫笋走进珠三角的大城市中更广阔的天地。

（由广东省第六扶贫协作工作组供稿）

千里送“岗”：中山接驳昭通就业扶贫“最后一公里”

广东省第六扶贫协作工作组

早上 7 时 50 分，高山上缭绕的云雾逐渐散去，海拔超过 1400 米的云南省昭通市大关县寿山镇麻柳湾社区逐渐苏醒过来，社区中的颐寿园易地扶贫搬迁安置点也热闹了起来。安置点居民、建档立卡贫困户杨光琴在家里吃过早饭，和母亲一起走出家门，来到小区的负一层。这里是她们每天的上班地点，也是中山市参与的大关县东西部协作扶贫项目——颐寿园易地扶贫搬迁安置点立时电子扶贫车间的所在地。半个月前，杨光琴和母亲进入车间工作，从上午 8 时起，她们每天在这里工作 10 个小时。车间里，还有 70 多名来自安置点的建档立卡贫困户和周边居民，他们正慢慢适应着这种新的生活和工作模式。

自 2016 年与昭通市结对开展东西部扶贫协作以来，中山市通过引进就业岗位资源和转移劳动力外出就业等方式，在两座城市间，接驳起贫困群众就业的“最后一公里”。扶贫车间进社区、产业基地进乡村、千里之外“点对点”就业……在中山对口帮扶下，昭通贫困群众的可选择的就业路径逐渐多样化，而无论是家门口就业，或是异地就业，都呈现出一片生机勃勃的景象。

家门口的就业机会

大山深处，山民们扶老携幼，背包挎囊，向破旧的木石结构老屋和险峻的大山告别。虽然心有不舍，但更多的是对大山以外世界的兴奋和期待……这样的情景曾在昭通多地出现。按照“搬不动山就搬人”的脱贫思路，昭通市规划建设集中安置区28个，自2017年起，随着安置区相继建成，昭通上演了一场“人口大迁徙”：全市易地扶贫搬迁对象超过36万人，约占全市贫困人口1/3。在这场大迁徙中，不仅要让山民搬得出，还要稳得住，能致富。因此，稳定就称为山民融入新生活的关键。

颐寿园易地扶贫搬迁安置点是昭通市大关县寿山镇中坪、益珠、甘海、小河村89户366名贫困群众的新家。“有的群众以前就住在深山中，下山一次可能需要4—5个小时，赶一次集市，往往要‘两头黑’：早上天没亮就出发，天黑了才回到家。”大关县扶贫干部吴君杰曾在寿山镇工作多年。他表示，大关县辖区90%以上是山地，寿山镇距离大关县城直线距离不足20公里，但由于地处高山，驾车从县城到镇上，往往需要用时40分钟以上。居民分散居住在高山各处，下山到镇上走一趟集市往往需要耗费大半天。

安置区的建设让深山中的贫困户的生活发生了翻天覆地的变化。为让贫困户拥有更多的“家门口”就业机会，中山市为颐寿园安置点牵线引进立时电子扶贫车间，车间由安置点地下停车场改建而成，主要生产数据线等电子产品，产品订单来自一家东莞市电子产品企业。扶贫车间自2019年10月启动运作以来，目前共有80名员工，其中30名为建档立卡贫困户。为让员工更快适应生产节奏，车间运作前还先后派遣了员工外出参加生产技能培训。

今年57岁的丁富英是颐寿园易地扶贫搬迁安置点扶贫车间的一名员工。丁富英是寿山镇小河村村民，搬到安置区前，他们一家住的是木石结构土房，除了种植玉米，家里基本没有其他收入来源。更为不幸的是，她的丈夫因股骨头坏死致残，且患有精神疾病，长期瘫痪在家。搬到安置区后，丁富英住上了多居室的小区住宅房，丈夫则被送至医疗机构接受治疗，经中山市扶贫工作组协调，她的儿子到中山市的职业技术学校接受教育，负担一下子轻了许多。“剩下就是自己的问题了，虽然环境好了，但不能让自己闲下来。”去年，听闻小区中开设了扶贫车间，她就尝试报名参加，但考虑到她年龄稍大，工厂最初并未立即聘用她。今年 4 月，扶贫车间放宽年龄限制，她才如愿成为其中一员。“一个月 2000 多元，收入还可以，有了工作心里就踏实了。”

除了为安置区引进扶贫车间，中山还为贫困村引入产业项目，为贫困群众创造更多“家门口”的就业岗位。

“以前种玉米基本没有收入，现在保底工资 2200 元，上个月的工资就有 3200 元。”在绥江县南岸镇互助村肉兔代养场，今年 61 岁的建档立卡贫困户、互助村村民蒋吉文高兴地说着自己的收入变化。他是养殖场里养殖骨干之一，每年由他培育养殖的肉兔上万只。互助村肉兔代养场是中山援建的东西部协作扶贫项目之一，如今已成为帮助当地贫困群众脱贫致富的重要载体。除了带动贫困群众就业，在中山市的帮助下，贫困户还可参与项目分红。

在盐津县中和镇山村艾田村，由中山市对口帮扶引进的石坝子三角梅基地正处花期，紫红色的花海成为点缀山间的一块“花布”。“要像照顾大姑娘一样照顾着它们。”今年 54 岁的当地村民郑付寿是基地的技术管理人员，在基地工作 3 年，他对三角梅的种植和管护技术早已掌握。家住花海边上，郑付寿每天出门不远就是工作地点。如今，家中两个儿子一个在盐津，一个在浙江打工，赋闲在家的二老都在基地上工作，两人每人 2000 元的月工资让他感到满足。

石坝子三角梅基地核心种植面积超过 600 亩，年销售额约 2000 万元，带动周边超过 150 人就近就业，其中多为 40—50 岁的当地村民，为参与土地流转、土地入股和参与种植的农户户均创收 3000 元。艾田村党总支书记宋学云表示，接下来，基地还将结合花海资源，建设观景栈道，发展乡村生态旅游，带动更多村民增收致富。

随着种植管护经验丰富和基地产品销路打开，郑付寿正计划将自家的几亩玉米地改种三角梅，积极融入基地的发展计划中。

小镇青年的求职抉择

焊接、压塑、测试、捆线……走进颐寿园安置点扶贫车间，车间里一派忙碌景象，工人们正在生产线上赶制产品。扶贫车间里，有不少年轻稚嫩的面孔。

“工作比较简单，一天可以做上千条。”杨光琴是产品测试工人，在数据线接头压塑前进行性能监测，淘汰次品、坏品。如果今年不发生新冠肺炎疫情，杨光琴也许就到江苏省打工了。之前，她曾到江苏务工，相比如今的工作岗位，江苏的工作，工作时间更长，工作强度也更大，工资也更多。

受疫情影响，杨光琴自今年春节回家后就一直留在家中，今年，杨光琴母亲因病接受了手术治疗，这让她决定暂时留下来。在杨光琴在家待业期间，扶贫车间 4 月复工，此时，母亲的病情也逐渐好转，于是两人就报名，经过面试进入车间工作。

相比杨光琴，胡万杰有着更加丰富的外出务工经历，此前他曾在浙江工作 3 年，疫情和孩子出生成为他今年进入扶贫车间的原因。“一个月能挣 2000—3000 元，在家门口花费不多，还算不错。”虽然如今的工资不如此前在外地打工，但他仍对现在的工作感到满意。

离胡万杰的工位不远处，陈远航正操作着压塑机，身穿黑色 T 恤、牛仔裤，上衣 T 恤胸前领口用绳线镂空，胸口中的文身隐约可见。他是车间今年新招进的一名新员工，家住寿山县铁线溪村，每天走路 10 多分钟就可以来到车间。陈远航今年 17 岁，一年前，中专毕业后他曾到昆明市打工，在一家酒楼当服务员。“以前一个月可以拿到 3000 元左右，现在在家工作最大的好处就是离家近，方便照顾父母。”离家近，工作收入还可以，心就更加踏实、安稳。只要心安了，踏实工作，努力奋斗，幸福生活就不远了。

（由广东省第六扶贫协作工作组供稿）

文化扶贫助力全面小康：“和美中山”与“神奇昭通”深情相遇

广东省第六扶贫协作工作组

文化扶贫是习近平新时代中国特色社会主义思想的有机组成部分。自2016年9月结对以来，中山市通过组织专家型与专业型文旅志愿者到昭通市开展文化帮扶实践交流活动，送去优秀文化资源，并利用科技和数字手段创新扶贫模式，针对贫困地区技术落后、资金缺乏、渠道缺乏等问题，以“数字文化精准扶贫”的理念，扶贫又扶智、公益和商业、线上和线下相结合的多元手法，开展形式多样的文化扶贫活动，让云南昭通贫困地区的群众得到享受文化新生活的机会，激发文化脱贫的动力。

推进文旅产业项目对接

为探索建立稳定脱贫长效机制，中山市积极推进与昭通市的文化旅游扶贫协作，组织两地开展人员互访和实地考察文旅产业项目，助力昭通脱贫攻坚。

2020年6月10日，昭通市文化和旅游局组织召开了广东省中山市企业考察投资座谈会。9月6日，在中山市委书记赖泽华的陪同下，昭通市杨亚林书记率党政代表团到中山市金马游乐集团考察文旅产业项目。

山歌与咸水歌的对唱

2019 年 8 月 30 日至 9 月 16 日，由广东省中山市文化广电旅游局、云南省昭通市文化和旅游局主办，广东省中山市文化馆、云南省昭通市文化馆、云南省昭通市（区）摄影家协会承办的“只有山歌敬亲人”云南昭通风物摄影展在中山市文化馆举办。

2020 年 7 月 15—28 日，满载着昭通父老乡亲的深情厚谊，经两地文化和旅游系统同人精心策划的中山市践行社会主义核心价值观系列活动之《“又唱山歌敬亲人”梦圆 2020——云南昭通昭阳脱贫攻坚摄影作品展》在中山市文化馆举办。

两次展览以直观的摄影艺术，展示乌蒙大地磅礴、壮美、和谐的人文情趣和自然风光，这不仅是两市再深化文旅合作的生动实践，也让中山市民对昭通有了全新感观。

此外，昭通市博物馆已与中山联合举办了《孙中山廉政思想及实践展览》《广东中山非物质文化遗产展览》《孙穗华女士油画作品展》等展览，既是东西部扶贫协作中文化交流与合作，更体现东西部协作中“扶贫扶志共襄举、团结革新永传承”的深情厚谊。

孙穗华是孙中山先生的孙女，1925 年出生于上海，1949 年与云南昭通镇雄人张邦翰（我国著名建筑大师、云南大学创始人之一，曾追随孙中山先生投身国民革命，后任云南省建设厅厅长、民政厅厅长）长子张家恭结婚，后定居美国。2019 年 8 月 29 日至 10 月 15 日，孙中山故居纪念馆与昭通市博物馆联合向社会推出《孙穗华女士油画作品展》。

文旅志愿者挥洒汗水与青春

2020 年 1 月和 6 月，中山市文化和志愿者总队两度组织文旅志愿者远赴云南昭通开展“成长的美好——中山文旅志愿者牵手昭通学子回家采风行”。

文旅志愿者总队派出的志愿者，他们在春节前护送昭通学生回家，还到寒门学子家中慰问，深入昭通永善县、大关县、盐津县等多地进行扶贫攻坚风貌采风，真实记录昭通学子学习成长、家庭团聚、脱贫奔小康的美好时光，记录中山对口帮扶昭通脱贫攻坚的累累硕果。

“成长的美好”系列公益摄影展览在中山文化馆总馆及各镇区分馆进行巡回展出，摄影展上，由云南昭通学子组成的志愿者服务队为观展的同学逐一解说每幅作品的拍摄背景和背后的故事，让他们进一步了解了昭通同学学习生活和家庭生活。

2020 年 4 月，中山市委宣传部将《成长的美好——中山扶贫昭通摄影系列》纳入中山市文艺创作生产重点选题，为体现以时代同步伐、以人民为中心，以精品奉献人民的新时代文艺思想，中山市文化摄影志愿者将继续实地采访拍摄中山在当地开展的东西部扶贫协作结对帮扶工作，让镜头中既有贫困家庭的感受点滴，也有扶贫干部操劳的身影；既有贫困村旧貌换新颜的故事，也有体现两地从教育扶贫、文化扶贫、医疗扶贫、农业扶贫、基础建设等方面成就，更有讲述中山—昭通“东西协作，共担风雨”战贫战疫的生动故事。

中山市文化馆舞蹈骨干对南朗理工学校对昭通学子进行辅导，成立南朗镇理工学校云南昭通学子舞蹈队，编排舞蹈作品《青春畅想》，在“市民大舞台”2019 中山市广场舞汇演夺得银奖。

爱心书屋点亮阅读梦想

生活在城市的孩子，享受着丰富的文化资源，书店、图书馆在街上随处可见，然而在昭通有这样一群孩子，从小背负着命运赋予他们的沉重，除了手头仅有的几本教科书，他们拥有的课外读物寥寥无几，不要说丰富的图书资源，拥有一本图书都可能成为山区孩子们的奢望。

2020 年 6 月 30 日广东扶贫济困日当天，书香中山与中山广播电视台《城市零距离》栏目、广东省第六扶贫协作工作组携手，发动社会力量为云南昭通山区孩子首批构建 6 所书屋，帮助昭通市盐津县、大关县、永善县绥江县和靖安新区等山区儿童实现他们的阅读心愿！

爱心书屋项目通过开展线上线下相结合方式开展捐助活动，线上可通过“城市零距离”公众号进行捐款，线下学校、社区的通过各种途径捐献图书，将根据首批 6 所学校提供的书籍清单，为每所学校配备至少 3000 册阅读书籍，同时捐赠书架，所有书籍及书架均免费运送到校，并安排专人进行安装和指导使用。

创新数字文化扶贫

为满足云南昭通群众足不出户在线获取公益文化艺术培训服务的需求，中山市文化馆将无偿提供“线上学习＋教学群辅导”的公益文化艺术培训服务，包括“中山市文化馆云课堂——艺术普及讲堂”、文化慕课、艺术讲座、非遗讲堂等一系列全新混合式教学模式。中山市文化馆不仅共享文化云课堂，还组织文化门类的志愿者教师去云南昭通上课，让更多人得到专业的文化指导，接受文化熏陶，提升文化素养。

在新中国成立 71 周年及中秋佳节之际，中山市文化馆举办《“爱昭通·中山文旅志愿者助力昭通”线上文旅风物推介直采荟》，组织专业型导游、文旅志愿者在“中山市文化馆”抖音号、一直播“中山优选”号进行线上直播，线上推荐昭通文旅风物，带领观众畅游昭通文化旅游路线，展示昭通市特色文创产品和农副产品，打造全面、全新式的文旅体验，焕发昭通全域旅游新活力，促进昭通市文化旅游宣传。

在中山，有越来越多的人将笔头、镜头对准昭通，聚焦两地扶贫协作，创作了很多精品力作。如中山市政协原主席丘树宏填词创作东西部扶贫协作文化公益行动成果歌曲《彩云之北，是我绥江》无偿捐赠给云南省绥江县政府的，中山市教育和体育局副局长黄学礼以昭通历史为主题撰写了散文《昭通随想》，中山舞蹈家协会主席、电子科技大学中山学院朱东黎教授创作了朗诵作品《丑苹果的春天》，中山市作协副主席、国家二级作家黄刚专门为昭通苹果创作了《昭通苹果赋》。又如中山广播电视台摄制组在昭通蹲点 2 个多月，拍摄制作了《乌蒙山下——苹果的旅行》《乌蒙山下——半边红不止红半边》等纪录片，届时将推荐至央媒在全国进行宣传，助力昭通打造高原特色农特产品，讲好中山携手昭通脱贫攻坚的生动故事。

中昭合作，共促发展。中山市今后将继续在公共文化服务领域和文旅融合方面与昭通市开展更深层次的交流合作，与昭通人民一同再接再厉，助力昭通打赢脱贫攻坚战，在创新与突破、奋斗与崛起的新时代谱写更加壮丽磅礴的新篇章。

（由广东省第六扶贫协作工作组供稿）

中山社工昭通服务纪实：写好易地扶贫搬迁“稳得住”后半篇文章

广东省第六扶贫协作工作组

为做好易地扶贫搬迁后续帮扶工作，经广东省第六扶贫协作组协调，2020年6月以来，中山市民政局先后派驻两批共12名中山社工服务队，进驻全国最大的跨县区易地扶贫搬迁安置区昭通市靖安新区和盐津县最大易地扶贫搬迁安置点水田新区，通过开展一系列工作培育本土社工，助推靖安新区社区社会服务工作发展，助力写好“稳得住”的后半篇文章。

安置区的居民众多且人员情况复杂，老弱病残群体基数较大，易迁后群众的生产生活、风俗习惯产生了改变，同时，还有环境卫生、社区社会环境适应等方面的问题，中山社工服务队通过与昭通市海星行动公益协会、安然公益协会、少强青少年服务中心、泽青社会工作服务中心等公益组织、社工机构访谈收集了安置区社工服务运作的情况，通过50余次的家访和群众访谈，探明了服务需求。此外，他们还发放并收回102份“昭通市一线社工督导培训需求调研问卷”“昭通市社会组织管理人员督导培训需求调研问卷”有效问卷，进一步了解了昭通市社会组织管理人员、一线社工的督导培训需求，并结合安置区社会工作服务推进的需求，制订了“昭通市易地安置区社会组织、专业社工督导培训方案”，通过18次的专业培训和持续的督导工作，达到培养当地社工人才的目标。

加强培训指导，助推社工人才队伍建设专业化

靖安新区进驻了海星、安然、少强三家社工组织，但这些社工组织普遍存在理论知识、经验做法欠缺等问题。为壮大社工人才队伍，中山市民政局派出社工服务队积极培育本土的社工组织。在昭通市民政局、昭阳区民政局、靖安安置区临时党工委、管理服务中心的指导和支持下，游华元和梁林伟启动了以靖安安置区为试点，以“三社联动”为服务策略，推进对社区干部、社工、志愿者、楼栋长等服务队伍的专业培训，协助社区工作者掌握群众需求、服务技巧、服务策略等，通过引导安置区的居民融入城镇化的生活方式，从环境改变、生活改变到思想转变，通过社区互助、社区共治实现共建、共治、共享的社会治理格局。截至 9 月，中山社工服务队在各社区开展 16 场社会工作理论专业培训，服务 1050 多人次，通过一系列的培训和实操，提升了本土社工的理论知识水平，提升了靖安新区社会工作服务的专业化水平。

“中山社工的到来，让我们少走了很多弯路，学到了许多的专业知识、方法和技巧，让我们更有勇气把未来的服务做得更好，提升安置区居民的归属感和幸福感。我深感荣幸能从中山社工团队学到很多专业知识和技巧。”海星行动公益协会靖安安置区指导社工万旭感激地说。

专业社工督导，助推靖安新区社会工作专业化

在理论培训的基础上，中山社工服务队还在工作中为社区干部、本土社工及团委青年志愿者提供多达 110 次的社会工作专业督导，并结合新区搬迁群众思想、生活等实际情况，进行活动策划、文书撰写、游戏摊位设

计等实务知识与技巧的培训和督导，提升本土社会工作人才的实务能力，助推靖安新区社会工作专业化。

以问题为导向，助力写好“稳得住”后半篇文章

搬出来是第一步，还需要稳得住、能发展，真正融入现代社会。中山社工服务队来到新区后通过入户走访、调研等形式了解新区需求，结合“安全月”“爱国卫生运动”等社区主题活动，将环境知识、安全知识融入社区活动开展过程中，服务教育群众达6300多人。通过一系列寓教于乐的活动增强社区居民的“主人翁”意识，营造“和谐、文明”的良好社区氛围。

在游园、“4：30课堂”“安全月”等系列活动中，针对缺少活动器材、教具等情况，中山社工服务队牵头中山企业前后捐赠价值3000元的活动器材。

在水田新区打造“三个一”工作目标

为切实帮助易地搬迁困难群众解决生产和生活上的困难，提高生活水平和质量，帮助其尽快融入新型社区生活模式，中山市民政局选派了4名社工到盐津县水田新区民政事务中心开展为期一月支援工作。

9月25日，盐津县民政局就水田民政事务、社会救助、社会事务与社会福利、殡葬事务服务等重点民生工作与中山社工服务队做深入经验交流。为更好地做到精准帮扶，减轻社区一线工作压力。中山社工服务队按照昭通市民政局提出的“传、帮、带”的工作要求，竭力为昭通市提供最急需的社工服务，努力完成了“三个一”工作目标。

一是完善一批公共空间建设。通过主题系列观影、庆中秋迎国庆新区游园等丰富社区活动，不断提升居民对“新家园”的归属感。协助社区修订居民公约、制定社会组织管理制度，强化居民对排队、文明礼让、遵守社区活动规章等意识。

二是建立一套特殊居民服务评估体系。结合团结社区实际情况，制定《居民红黄榜评估表》，为社区干部、楼栋长开展困难群众需求评估系列培训，加强社区民政干部对于该系统的掌握，推动新区民政和社区服务标准化建设。

三是打造一种志愿者服务模式。制定义工登记表以及志愿者管理制度，通过社区活动，招募到了20多名居民加入志愿者团队，并建立一个志愿者联络微信群，便于日后发布志愿者活动信息。

习近平总书记多次强调民政工作关系民生、连着民心，是社会建设的基础性工作。社工与社区服务是能够为民政和社区工作打通居民服务的“最后一米”。短短的4个月，中山社工服务队立足新区群众，坚持以问题为导向，开展营造社区文化、群众融入新生活、本土社工培育、社会功能建设等方面的服务，帮助新区壮大社会工作人才队伍，强化专业服务理念、提升专业服务能力、解决专业服务难题。中山社工服务队副队长蔡景雄表示，希望在短暂的时间里，通过中山与靖安新区社工的交流，对靖安新区和民政工作、社区工作、社工工作有所帮助，中山与昭通友谊长存！

（由广东省第六扶贫协作工作组供稿）

联合办学抓职教　协同“三扶”斩“穷根”

广东省第六扶贫协作工作组

培养一名学生，脱贫一个家庭。中山市深入贯彻落实《教育部关于办好深度贫困地区职业教育助力脱贫攻坚的指导意见》，聚焦职业教育东西协作，注重扶贫协作同“扶志、扶智、扶技”相结合，针对昭通市每年有近 4 万名初中毕业生不能进入高一级学校就读的实际，结合中山职业教育与企业用工特点，把职业教育联合办学作为昭通脱贫攻坚的治本举措，招收昭通学生到中山免费就读职业学校，助力昭通学子走出大山，解决贫困代际传递问题，真正帮助昭通贫困人口斩断“穷根”。2017 年以来，中山市财政共为昭通籍学生提供学费、住宿费、交通费、生活补贴、培养费等费用共计 1.48 亿元，9 所公办优质职校通过“0 + 3”“3 + 1”“2.5 + 0.5”模式共招收昭通籍学生 2894 名到广东省就读，学制三年或一年，毕业后在中山推荐就业。

一是致力宣传发动“扶志”，让昭通贫困学子认识到就读中山职校有出路有奔头。昭通贫困山区学生初中毕业不能进入高一级学校读书，就会辍学流失到社会或是外出务工成为低端收入的农民工，一般不愿意就读职业院校。而职业教育是脱贫致富的重要路径之一。一人学成有技，就业致富全家。中山市工厂数量多，就业机会多，而劳动力短缺。到中山就读职业院校后马上就可在当地就业，而且工资普遍较高。广东省第六扶贫协作工作组根据昭通、中山这一学情市情，采取超常规举措用足用活扶持政策，凝心聚力开展职业教育联合办学，中山市8所优质公办中职学校每年以“0＋3”模式招收昭通籍初中毕业生免费就读3年，中山职业技术学院以“3+1”模式每年招收昭通学院大三学生到校完成大四学业，毕业后推荐在中山就业，一方面解决昭通贫困户代际传递问题，另一方面也为中山劳动力紧缺提供技能人才储备。为此，中山市组织职教招生宣讲团到学校宣讲招生政策、就业前景，引导学生转变传统观念，认识到中山就读职业学校，掌握一技之长，毕业就业后就可以致富全家，彻底走出大山改变命运。

二是致力组织牵引“聚力”，让学生家长对学生到中山职校就读放心贴心。确定职业教育联合办学助力脱贫攻坚战略后，中山昭通两市党委政府高度重视，相关部门积极行动，有组织大力度地开展了两市职教联合办学协作。中山市遴选了中山中专、中山一职、中山技术学院等9所优质公办中职中技、高职学校和优势专业参与招生，并组织各校招生人员到昭通市、县、乡镇、贫困村和贫困户家中进行宣传发动。两市教育行政主管部门指导各学校紧扣时间节点，抓牢重点和关键，做好学生特别是贫困家庭学生就读中山职业学校的宣传动员、招生报名、组织输送、学前服务等工作。昭通各县区成立了由政府主要领导或分管领导任组长，宣传、教育、扶贫、人社等部门为成员的领导小组，按照人均500元标准拨付资金为学生购买行旅，拨付资金为学生提供车费，并派人员将学生安全送至学校，抓实抓细各项服务工作。今年，为稳定生源，中山市还筹资150多万元，在昭通籍新生到中山学习的前一个月组织集中军训和适应性训练，让学生提前了解中山，明确学习要求，提前进入角色，增强了适应能力。此外，昭通市还选派中职学校教师到中山驻校管理服务学生，一方面跟岗学习先进办学理念、管理模式等；另一方面配合学校加强昭通籍学生服务管理，确保学生顺利完成学业。

三是致力模式创新“扶智”，让昭通籍学生在中山职校学习方式灵活多样有吸引力。为增强学习效果与吸引力，中山市职校不断创新招生模式，根据昭通学生实际，采取“0 + 3”“3 + 1”“2.5 + 0.5”等多种模式招收昭通学生。“0 + 3”模式，即昭通初中生毕业后到中山职校就读 3 年，职校毕业后在当地推荐就业。“3 + 1”模式，即学生在昭通学院读 3 年，第 4 学年到中山职业技术学院实习及做毕业论文 1 年。“2.5 + 0.5”模式，即昭通籍学生在昭通学校读 2.5 年后，最后半年到中山实习。灵活多样的学习模式贴合昭通学生学情，增强了中山职校招收昭通学生的吸引力。此外，工作组还推动广东华弘教育科技有限公司与昭通市职业教育中心合作，开展招生资助、教官派驻、“双师”（教师和技师）培训、学生转移实习就业，资助 200 名青年完成 3 年中职教育，安排 600 名学生到中山优质企业实习就业，探索“跨企业、跨学校”的“双跨”人才培养模式。

四是致力开设好专业“扶技”，让昭通籍学生增强本领有好的就业前程。针对就业和岗位需求实际，中山各职业学校为昭通籍学生开设区域经济建设急需、社会民生领域紧缺、就业率高、就业前景好的专业，把立德树人融入思想道德教育、文化知识教育、社会实践教育各环节，加强昭通籍学生的职业技能技术培训，培养其成为德技双修的技术技能人才。目前，中山各职校为昭通籍学生开设有幼师、护理、机电、会计、旅游、电子、加工制造、汽车维修、粤菜厨艺等 20 多个专业。中山还与格力电器、大洋电机、威力电器、中山温泉等企业合作，组建“格力班”“长隆班”“大洋班”“威力班”“艺根传媒班”“中山温泉云南旅游班”等特色班，组织学生顶岗实习，学习期间就有收入，毕业后马上就业，真正实现“一人学成有技，就业致富全家”。绥江县每年组织 500 多名职教生赴中山市长虹日电科技有限公司、怡邦实业（中山）有限公司开展为期 3 个月的社会实践活动。据统计，昭通籍学生在中山勤工俭学和实习收入已超过 1000 万元。

五是致力细致服务“暖心”，丰富多彩的帮扶活动让昭通籍学生在中山学习有家的感觉。中山、昭通两地领导多次到看望昭通籍学生，学校、相关部门多形式开展活动，丰富学生生活。昭通市分管副市长多次到中山看望昭通籍学生。昭通县区领导到中山互访必定去看望慰问学生。春节、中秋节、国庆节、元旦节等传统节假日中山各职校组织昭通籍学生开展活动成为常态。共青团中山市委连续 4 年组织中山共青团系统开展“情暖中秋”关爱昭通籍学子活动，把党委政府的关爱和温暖及时传递给昭通学子，让昭通籍学子千里之外不孤独。中山团市委联合中山有关镇区、学校、青年企业家协会，在今年中秋期间，面向云南省昭通市在中山就读学子陆续举办 8 场“情暖中秋”系列慰问活动，为他们排解乡愁，帮助他们更好地适应中山生活，让他们感受中山团组织和中山青年的关怀。

六是致力政策支持“保障”，资助相关费用让贫困学生在中山顺利完成学业。中山市每年加大对昭通籍学生的财政资助力度，制定联合办学经费管理暂行办法。昭通籍学生到中山职业学校就读，中山市为他们免除了学费、住宿费、书本费等费用，还给予每生每年 2000 元助学金、交通费、生活费。昭通籍建档立卡贫困户学生还享受国家“雨露资助计划”每生每年 3000 元补助。对特别困难的学生，中山还动员企业、爱心人士等社会捐助帮扶他们，让他们安心学习，不因贫困而失学，不因学致贫。

（由广东省第六扶贫协作工作组供稿）

中山对口帮扶：让绿水青山变成金山银山

陈南江

在世界减贫实践中，中国的对口帮扶为世界创造了一条积极有效的成功经验。广东中山对口帮扶云南昭通，进行了多管齐下的实践，从最简单的慈善捐款，到卫生医疗的设施援助和团队培训，再到产业导入和市场帮扶，给受援地注入了新鲜血液和生机活力。它以生动鲜活的案例证明，贫困地区的绿水青山完全可以变成金山银山。

习近平总书记指出，全面建成小康社会存在的突出短板，从区域看，主要是深度贫困地区。昭通和绝大多数贫困地区一样，地形和交通区位长期制约经济发展。昭通森林覆盖率高，生态环境良好，但是由于山路蜿蜒，交通不便，政府财政困难，众多优质农产品身在深山人不识，存在着没有规模、没有品牌，缺乏技术、缺乏加工，运不出去、卖不出去等问题，绿水青山没有给农民带来富裕生活。中山市深入贯彻落实习近平总书记重要指示精神，以“绿水青山就是金山银山”理念为指导，在产业振兴方面下大力气，围绕昭通生态经济特色，聚焦昭通高原产业优势，对症下药，补齐短板弱项，着力打造完整产业链，对口帮扶的昭通市盐津、大关、永善和绥江 4 县全部脱贫摘帽。

贫困地区的绿水青山意味着有良好的生态资源。昭通地处云贵高原，当地优势农产品主要是竹、李、菜和辣椒。中山市创新“国有民营混合所有制”产业合作模式，成功引入中山市国资委下属国企中汇集团有限公司，与永善县民营企业云南菜人家食品有限公司合作，融资1亿元注册成立云南七彩食品有限公司，提质改造扩大生产规模，带动永善全县种植方竹10万亩、小米辣2000亩，生产竹笋、蕨菜、花生、萝卜、海带丝、榨菜等休闲食品和酱菜，产品销往全国各地。它是永善县的第一家规模以上食品加工企业，也是当地的扶贫“明星企业”，辐射带动周边县62个村级集体经济和专业合作社，解决就地就近就业500人，带动建档立卡贫困户12000余户脱贫致富。2018年，中山投入东西部扶贫资金，折股量化给永善县莲峰镇、水竹乡的11个贫困村2547户建档立卡贫困户，通过组建专业合作社与蓝莓种植加工企业上海昌杰生态建设工程有限公司合作，贫困农户每年可按照入股资金相应比例获得保底分利。目前该蓝莓基地已建成“万亩云端果园”溪洛渡镇新拉村、水竹乡塘坝村2个蓝莓基地，种植面积1.2万亩，项目惠及溪洛渡镇、水竹乡、莲峰镇3个乡镇16个贫困村3928户建档立卡贫困户。当地群众通过参与蓝莓基地项目流转土地获得收益近70万元，基地累计用工1.6万人次，实现务工收入160万元。通过“龙头公司+基地+农户”的模式，采取土地流转、吸纳群众务工等方式，实现土地流转有租金、务工收入有薪金、入股分红有股金、集体有收益金的“一地生四金”效果。

中山市从2019年年底开始投入2295万元东西部扶贫协作资金支持绥江县开展“绿化一方群山”行动和实施“一廊一园三基地五板块”的竹产业发展，在连山、扩面、提质、布景上狠下功夫，利用中城镇、会仪镇和板栗镇整组搬迁的土地建设了莲花山、三渡、罗坪3个3.4万亩标准化竹基地，提升竹子种植的标准化、组织化和规模化水平，有力地夯实了林区基础设施，采取“村集体经济收入+专业合作社收入+农户收入”模式实现经济收益，牵引发展60万亩竹产业，辐射3012户群众，可实现户均年收入1万元以上。

山区路弯狭窄，农产品下山普遍受制于“最后一公里”的交通问题。中山市在盐津县累计投入1711.75万元作为东西部扶贫协作援助资金，建设营林生产管护道路114.05公里，覆盖柿子镇等4个乡镇15.2万亩笋山，解决了长期以来制约笋农日常管护、运输的大难题，让村民采摘的鲜笋每公斤提高近1元的收益，带动了全县4000余户1.59万余人通过竹笋产业增收，其中建档立卡贫困户1800余户8000余人直接受益。

农产品往往存在保鲜问题，大关县是筇竹之乡，竹笋对采摘鲜食的时效要求极高，“鲜笋不出山”，限制了优质的高原笋应有的市场价值，也阻碍了当地群众利用竹笋脱贫致富的步伐。中山市火炬开发区健康基地在大关县投资2400万元建设农产品冷链加工物流基地，为农产品提供专业化、规范化、高效率的冷链物流服务，同时可为昭通市乃至全省提供标准化的冷链配送服务，为当地农产品铺就一条“出山路”，为大山里的农产品开拓出新的市场半径。没有深加工，农产品就难以增值。农业产业链延展对于山区经济发展至关重要。中山市与大关县合作共建东西部扶贫协作产业园区、农产品冷链加工物流基地和筇竹（扶贫）产业示范园，打造产城融合发展的农产品加工特色园，农产品的附加值得到大大提升。

市场是农产品的命脉。贫困山区的农产品往往缺乏营销，没有知名度。中山市在市场开拓方面下大力气，多渠道推动昭通优质农特产品加快走向全国市场，为昭通农产品保驾护航。中山市出台《中山市2020年消费扶贫工作方案》，组织企业参加“广东省战疫战贫与你同行暨520消费扶贫云上行活动”，在广东东西部扶贫协作交易市场举办昭通农特产品展销推介活动。4年来，通过扶贫产品专柜专区专馆和线上线下累计开展消费扶贫6.2亿元，带动贫困人口46500多人增收。中山市扶贫干部陈文权帮助盐津县的盐水笋登陆中山市农产品批发市场、食出鲜风、壹加壹、菜丁市场App等多个实体或电商销售平台，罗汉笋在中山市平均月销量在3吨以上，并且打入广州、深圳、佛山、东莞、珠海、江门等珠三角城市市场。针对“半边红”李子、五星枇杷、猕猴桃等绥江县本土优质农产品“藏在深山无人识”、增产不增收的困局，中山市扶贫干部谢力生联合绥江电商协会合作成立了“中山·昭通东西部扶贫协作农特产品电商销售平台”，通过线上线下实施“绥货出山”工程。

中山对昭通的帮扶，立足山区特色资源优势，发力解决瓶颈问题，外输内拓打好“组合拳”，念好“生意经”，增强了贫困地区自我造血能力，脱贫成果显著，4年来，昭通5万多名群众实现脱贫，20多万名群众直接受益。中山对昭通的帮扶，将山区资源转化为产业优势，是“绿水青山就是金山银山”理念的鲜活实践。

（作者系广东省习近平新时代中国特色社会主义思想研究中心特约研究员）

在乌蒙大地上镌刻下熠熠生辉的东莞印记

——东莞、昭通东西部扶贫协作纪实

莫 娟

东莞，改革开放最前沿城市；昭通，全国脱贫攻坚主战场。一边是波澜壮阔的大海，一边是巍峨连绵的大山。2016年10月，一个美丽的约定——东西部扶贫协作对口帮扶，将相距1800多公里的两地紧紧地联系在一起。东莞承担昭阳、镇雄、彝良、威信、鲁甸、巧家6个国家级贫困县（区）的对口帮扶任务。

逢山开路，遇水搭桥。只要昭通所需、东莞所能，修桥铺路、引水建房，构筑产业、带动增收，输出劳务、支援人才……2016年以来，东莞、昭通两地市委、市政府严格落实中央关于东西部扶贫协作的决策部署，坚持把东西部扶贫协作抓紧抓实，在磅礴乌蒙大地上展现了东西部扶贫协作对口支援的“东莞力量”。

产业发力，喜结帮扶之果

6月17日，汽车沿盘山公路行驶近2个小时后进入彝良县牛街镇水田村，一块十分醒目的牌子竖立在村口，上面写着“黄江镇帮扶示范基地”几个大字。放眼望去，数10个育苗大棚沿着狭长的山谷分布，一些村民正在忙于施肥。

这是2018年东莞市黄江镇投资50万元帮扶资金建设的蔬菜大棚。该基地年初育辣椒苗，苗出棚后种辣椒，辣椒出售后种植瓜果蔬菜。该项目让200多名村民实现在家门口就业，至今已产生经济效益40多万元。

贫困户杨应贵打开了话匣子，畅聊村里的发展变化。杨应贵说："非常感谢黄江镇千里帮扶，让我们对奔小康充满期待。"

蔬菜大棚项目负责人表示，村里不少人由于需要照顾家里的老人和小孩不能外出务工，大棚种植产业不仅增加了村民的收入，而且还形成示范带动作用，如今全村共有168个育苗大棚，面积达116亩。

像杨应贵一样，在黄江镇帮扶示范基地产业发展如火如荼时，不少群众找到发展出路，无须背井离乡外出打工，靠着勤劳的双手，每月能挣几千元。如今，在乌蒙大地上，东莞援建的"扶贫车间"如雨后春笋般出现，把农民变成产业工人，既增加了收入，也增强信心，更有效促进了群众观念转变、能力提升。

克服新冠肺炎疫情带来的不利影响，推动东部传统产业向西部梯度转移，产业项目招商引资实现逆势而上。2020年以来，东莞新引进或增资产业项目41个，协议投资或增资14.63亿元，其中天宇医疗器械、中玲鲁甸农副产品产销平台、恒大卯家湾蔬菜产业基地等8个项目协议投资超过1亿元。东莞以培育劳动密集型电子类产业生态为重点，帮助昭通新引进或增资电子类项目7个，已基本达成共识，意向落户电子项目12个，全力推动关联电子企业抱团落户昭通，打造小型电子代工产业群具备了初步条件。建立"消费扶贫昭通优质农副产品档案库"，创新实施各县东莞挂职常委、副县长在线带货促销，引导和鼓励东莞各部门、各镇街、各级工会、供销社、国有企业、大专院校等采取定向购买、工会福利购买等方式，已采购、销售云南农副产品11954万元。推动东莞14家企业与昭通相关农业企业签订农副产品采购协议3.13亿元，用消费扶贫助力打通农业特色产业发展的"最后一公里"。

人才帮扶，牵牢协作之手

东莞数以百计的干部、教师、医生等专业技术人才奔赴云贵高原，上演了一幕幕动人的帮扶故事。

在昭阳区二中，陈国志老师的课是最受欢迎的课堂之一，他的课堂充满激情要又饱含艺术气息。把语文教育与音乐教学创新性融合，让学生在音乐中感受文学作品的魅力，在朗诵中提升自信心，是陈国志来到昭阳区二中支教后带来的全新的教学理念。

2018 年 9 月，陈国志带着年近八旬的母亲来到了昭通，踏上了支教的征程。他带着妈妈来支教的故事，相继被中央电视台、东莞电视台、昭通日报等媒体报道。

一名双腿外翻，依靠轮椅生活了十几年的老病号一夜之间就可以正常行走了。70 岁的刘平会，她在儿子的劝说下到了昭通市第二人民医院外五科做了双膝关节置换术，手术第二天她便可以下床活动了，为她做手术的医生正是东莞石碣医院的专家袁志坤。

患者们一个推荐一个，一传十，十传百，找袁志坤看病的人络绎不绝。市二院外五科膝关节置换术每年就 80 台左右，袁志坤医生来了后膝关节置换术数量激增，预计今年可能突破 160 台。东莞市石碣医院医生袁志坤说："选择来昭通，我非常对不起东莞的患者和家人，但是贫困地区的群众更需要我出把力。"

"我们到昭通就是要为当地打造一支带不走的医疗队，把我们先进的医疗理念和规范引入当地医院，真正实现技术和管理帮扶。"从医 15 年的东莞东华医院神经外科副主任、副主任医师钟俊贤掷地有声地说道。2019 年 9 月，带着对偏远山区患者生命与健康的敬畏，钟俊贤响应东西部扶贫协作号召，从东莞来到昭通市第二人民医院开展帮扶工作。

一批又一批东莞援助昭通的干部踏遍了昭通的山山水水，把所有的智慧、心血和汗水抛洒其中。一批又一批东莞干部不计个人得失，长期在大山深处与这里的群众携手奋斗、攻坚克难。东莞昭通全面加强教育、医疗、农业等多领域合作，互派专业技术人才挂职交流锻炼，架起了两地深化交流合作的桥梁。2020 年以来，东莞共向昭通派出党政干部 20 人次，派出医生 50 人次、教师 30 人次，其他专业技术人才 7 人次。

劳务输出凝聚拳拳之心

48 岁的残疾人王凤龙是镇雄县木卓镇村民，一家 7 口人中他是唯一在外打工赚钱的。2017 年，他在务工时受伤，右手小臂被截肢，他家纳入了建档立卡贫困户。依托教育扶贫政策，他的 3 个孩子能够继续上学。此时，自强的王凤龙觉得，不能光靠政策救济。他希望能找到一份工作。

他想就业的愿望，在东西部劳务协作机制下实现了。木卓镇对接东莞扶贫小组，与东莞力辉电机有限公司达成残疾人就业合作协议，启动针对残疾人和残疾人家庭的技能培训和转移就业工作。王凤龙第一时间报名参加免费培训。2018 年 10 月，王凤龙和另外 6 名残疾人坐上免费大巴来到东莞进厂上班。“工作环境很好，政府还派人驻厂给我们提供方便。”他说。

“我在东莞市万江区做了一年的包装工作，厂里今年准备提拔我当机长，每月工资涨到 5000 多元呢。”贫困户罗兴印憧憬着新一年的美好愿景。2 月 24 日晚，他乘上东西部扶贫协作昭通至东莞的首趟专列，返岗上班去了。

在东莞，和王凤龙、罗兴印他们都是东莞、昭通两地劳务协作的受益者。两年多来，像他们这样通过转移就业到广东务工的昭通人达 2.67 万人次。东莞昭通两地全力推进劳务协作精准对接，东莞全面参与摸查昭通劳动力在莞就业信息和企业用工需求，从东莞市 5000 家用工企业中摸排出华为、OPPO、VIVO 等 57 家企业，制作了《东莞市重点招聘企业用工需求汇总表》，提供20余万个就业岗位，由东莞所在企业和昭通所在村进行双向宣传发动。针对疫情防控实际情况，及时调整东莞来昭招聘的方式，将以往以县或乡为工作平台的大规模招聘，转变为以到村入组为工作平台的分众化、菜单式招聘，协助东莞市人社局、塘厦、长安、虎门、黄江、常平、桥头、厚街、寮步等来昭招聘队以及华为、OPPO、VIVO等企业组织“点对点”家门口招聘30场、现场招聘近2000人。推动东莞对口昭通6个县区贫困劳动力26760人到广东就业，其中通过全流程服务的专车、专列、专机输送方式，组织“点对点”集中输送劳动力15687人（建档立卡贫困户5010人）返粤返岗，另外转移贫困劳动力161120人到东部其他地区就业，新增贫困劳动力就近就业19901人。

尽锐出战展现磅礴之力

东莞昭通两地各级各部门来往更加频繁，合作领域不断拓展、层次不断提升、机制不断优化、成效不断扩大，对口协作真正成为促进两地融通互补、良性互动、互利共赢的重要平台。在东莞、昭通两地的共同努力、协同配合下，东莞对口帮扶昭通市6个县（区）已有5个县区实现脱贫摘帽。今年上半年动态监测，昭通市15.99万未脱贫人口全部实现“两不愁、三保障”，104个未出列贫困村及镇雄县均达到出列和摘帽标准，昭通可望如期实现脱贫。4月23—26日，中共中央政治局常委、全国政协主席汪洋在云南、贵州调研脱贫攻坚工作，对于东莞尽锐出战，坚决扛起帮扶镇雄县及96个贫困村完成剩余脱贫任务的责任和担当，给予充分认可。《东莞助力昭通攻克最后贫困堡垒》的典型做法得到国务院扶贫办主任刘永富批示肯定，并在国务院扶贫办简报进行了刊发推介。

今年以来，昭通、东莞两市党政主要领导坚持每年定期互访交流，召开党政主要领导联席会议，共商扶贫协作。东莞累计向昭通投入财政资金12.54亿元、社会帮扶资金4.83亿元，累计选派支教、支医、农业等专业技术人才411人次，援建扶贫车间30个，累计引进或增资等产业项目131个，实际投资超过19.13亿元，帮助销售农特产品4.55亿元，由东莞公办职业学校免费招收昭通户籍初中毕业生4161人。

坚持聚焦督战县村、聚焦深度贫困、聚焦全面收官。今年以来，东莞已向昭通市投入财政资金和社会帮扶资金5.22亿元，其中，财政资金4.5078亿元（县均投入财政资金达到7513万），社会帮扶资金0.7143亿元。聚焦国家挂牌督战贫困县镇雄县及其96个贫困村，统筹整合财政和社会帮扶资金2.18亿元，是2019年的241%。帮助镇雄县输出劳动力41791人，建档立卡贫困户7896人，96个贫困村输出贫困劳动力2659人。创新采取“包干制”，按照“1+1对1”模式落实结对帮扶双覆盖，组织东莞市直各部门、各镇街遴选出实力较强、有扶贫情怀的民营企业和社会组织，协同东莞96个经济实力较强的社区或机关事业单位，结对帮扶昭通市96个挂牌督战村，支援每一个结对贫困村的资金或物资不少于10万元。目前已有32个镇街、96个社区（村、机关单位）、120家企业开展了实质性的对接帮扶工作，落实社会帮扶资金物资5124万元（其中点对点结对帮扶资金1224万元）。

跨越千里，相扶相携。一项项民生工程、一批批帮扶产业孕育而生，一批又一批人才输入、一个个扶贫车间或开工建设，或建成使用，诸多扶贫难题得到解决，工作成效亮点频现……东莞扶贫协作的足迹遍布乌蒙大地的山山水水、村村寨寨。如今，东西部扶贫协作结出的果实，多彩的花朵正在乌蒙大地上绽放。

（作者系《昭通日报》社记者）

暖心更扶心：公益“小超市”激发脱贫致富“大动力”

中共昭通市委宣传部

每天上午 8 时，昭通市盐津县水田新区易地搬迁扶贫安置点（以下简称“水田安置点”）搬迁户自晓艳就开始了忙碌的一天。搬进安置点后，她被选为安置点中的一名“片区长”，负责管理服务社区中 7—10 栋 300 多户搬迁户，同时，她也是社区中“自强、诚信、感恩超市”（以下简称“感恩超市”）的负责人。超市一月一次的“积分换商品”活动已启动，最近几天，自晓艳到超市值班的频率明显增加。

设在水田安置点 C 区的“感恩超市”，是一个不使用钞票进行交易的超市，居民们在这里购买物品，用的是积分。一件上衣标价 150 个积分、一支牙膏 13 个积分、一瓶洗发水 58 个积分……超市中，各式商品均以积分定价，不少商品都是由中山市企业捐赠。自晓艳告诉记者，1 个积分兑换 1 元物资，一律不兑换现金，积分兑换物资的周期为一月一次。

积分从哪里来？按照社区的规定，居民只要在卫生习惯、政策知晓、弘扬传统美德、家庭美德、学生学习、就业创业六方面表现良好，都能获得相应积分。评分工作由小区中的“楼栋长”“片区长”、党员和社区居民共同参与，一月一评，积分一年为一个周期，每年 12 月 31 日积分清零。

翻开积分评分表，可以看到，评分的项目十分精细。“个人衣着干净整洁，有良好个人卫生习惯”2 分 / 次，“主动参与社区各类公益活动”每次 5—50 分，“见义勇为、好人好事、互帮互助、促进邻里团结等”每次 5—50 分……

在超市“结账台”，自晓艳向记者展示了社区的兑换记录表，格子之间清晰地记录着搬迁户姓名、家庭人口、家庭住址、身份证号码、兑换物品、领取数量等信息，领取人在签名处摁下了红色的指印。

一个个红指印，记录的是搬迁户融入城市社区新生活的历程；积分兑换商品的制度创新，投射出搬迁群众生活习惯和思想观念的转变。自晓艳对此深有感触，与刚搬进社区时相比，楼道里和路面上的垃圾明显减少了，邻里间充满温情的互助场景也越来越多，越来越“有爱”。

这样的“感恩社区”，正在为新居民的未来“积分建档”。

昭通市盐津县水田易地搬迁安置点扶贫车间内，贫困户王银春在制作生产竹制品。搬进安置点后，王银春在扶贫车间工作每月有 1000 多元的收入。

昭通市盐津县水田易地搬迁安置点扶贫车间内，贫困户信蓉在纺织车间上班。

水田安置点容纳了盐津县 10 个乡镇建档立卡贫困户 3097 户 1.4 万人，来自各地的搬迁户此前多是住在深山的农民，生活习惯各异。而在昭通市，全市有超过 370 个易地搬迁安置点，转移人数十万人。让下山上楼的群众融入社区新生活，是易地扶贫搬迁工作的“下半场”，也是贫困群众“搬得出、稳得住、能致富”的关键一步。让人欣喜的是，在各个安置点，富有韧性的昭通人，正在努力演绎着一出出山民变居民、村民变商人、农人变工人的山城“变形记”。

扶贫先扶志。习近平总书记强调要“弱鸟先飞”。为激发贫困群众“飞”的意识，中山市在对口帮扶昭通四县援建 160 多个“爱心公益超市”，通过以表现兑积分、积分换实物的管理运行模式，变过去帮扶物品“平均分配”为激励群众“按劳分配”，有效改变了贫困群众“等靠要”和“不劳而获等救济”的消极思想，促进扶贫与扶志并行，物质与思想脱贫同步，“积分改变习惯、勤劳改变生活”的理念深入人心。一年来，共兑现爱心积分卡折合人民币5000多万元，惠及23000多名贫困群众。

一是因地制宜设置积分标准。结合脱贫攻坚和群众实际需求，因地制宜设计“爱心公益超市”积分标准，既有加分项，也有减分项。如盐津县对家居环境、村庄环境和路域环境3个方面进行综合考评，若有乱搭乱建、占道经营、乱倒生活垃圾等行为则相应扣分，7分以下为差、7—8分为中、8—9分为良、9—10分为优，对连续3个月考核分数在7分以下的贫困户，采用“歇帮”机制，连续2个月评分在8分以上方可恢复帮扶；连续3个月考核分数在6分以下的非贫困户，纳入“黑名单”。大关县结合“三讲三评”工作，从配合脱贫攻坚、政策知晓、孩子教育、赡养老人、主动务工、人居环境整治等方面制定积分标准。永善县对“人居整洁、家庭美德、遵纪守法、自生动力、配合工作”等方面进行评比积分，对于一次评分达到60分以上的农户发放积分卡，群众凭卡到“爱心超市”按照积分兑换标准进行物资兑换。绥江县对等靠要思想严重、大操大办、违反法律法规与村规民约、不参加集体活动、私搭乱建、越级上访、被曝光的不良行为等群众进行减分。爱心公益超市的积分标准正慢慢成为村民的行为规范和行动指南，通过每月张榜公示让群众有了紧迫感、危机感和荣誉感，形成“比学赶帮超”的良好氛围。

二是精细管理运营公益超市。在各村（社区）选取固定场所建设“爱心公益超市”，统一设置外观标识、统一上墙内容、统一制订积分方案。一般建设1个总店超市和若干个镇村级分店超市。超市物资主要以大米、面粉、食用油、洗衣粉、牙膏牙刷、洗衣机、电饭煲、家具等群众生活必需品为主，补充的物资统一进行调配，不得使用高档副食品、不合格产品和过期食品。“爱心公益超市”是由政府主导，全部物资由东西部扶贫协作爱心企业、社会组织、爱心人士等捐赠，从而有效把政府部门、社会、企业、个人的分散慈善资源整合到“爱心超市”平台上来。同时建立“爱心公益超市”管理运行监督机制，成立“爱心公益超市”监督管理委员会，负责超市运营期间的全程监管；制定积分兑换标准、积分卡积分兑换管理办法、兑换流程、积分兑换信息登记台账等，签订政府与第三方合作服务协议。设置专职服务人员岗位，安排专职人员负责调研和收集城乡困难群众服务需求，引导超市服务项目设置，指导志愿者开展服务活动。

三是以人为本开展物资兑换。精心设计制作“爱心积分卡”，设立“爱心行为和立志脱贫积分公示榜”，对当月积分情况予以张榜。积分卡上每积一分抵现金一元，可在连锁“爱心公益超市”通兑，但不能兑现金。爱心积分卡爱心超市物品上贴的不是价格，而是领取物品所需要的积分，贫困户在爱心超市购物不用付款，可以根据需求拿积分卡前往超市兑换领取等额的生活用品。如洗衣粉 25 个积分、卫生纸 29 个积分、大豆油 35 个积分……群众既可以集中统一兑换，也可以采取服务上门方式，通过结对帮扶人员、驻村工作队、村三委人员、网格化挂片人员等方式将兑换物资走访服务上门，送到群众手中。特殊困难群众积分不够兑换紧缺物资的采取赊账方式，先兑换，再从下次评定积分中扣除，积分有节余的实行积分累计制，可以累积到下一次一起兑换，多元立体的物资兑换方式和人性化的贴心服务受到群众的热烈欢迎和一致好评。

（由中共昭通市委宣传部供稿）

扶贫协作：携手攻克贫困奔小康

刘静涛

为贯彻落实好习近平总书记在东西部扶贫协作座谈会上的重要讲话精神，广东省明确由东莞、中山两市对口帮扶昭通市。两年来，在3个市共同努力下，扶贫协作取得了明显成效。

劳务协作助脱贫

昭通自然条件恶劣、产业发展滞后，但劳动力资源丰富，620万人口中劳动力305万，转移就业237万；48.52万建档立卡劳动力中转移就业22.87万。三市达成共识，把劳务输出作为重要协作内容，2016年9月开展扶贫协作以来，全市转移到广东省就业11.95万人，其中有组织地转移到东莞、中山就业的2.46万人，月人均务工收入4100元。

从威信县扎西镇大河村到东莞市新洲印刷厂工作的吴维奇是一名因腰椎结核引起肢体残疾的人士，因为身体的原因，他不但成了建档立卡贫困户，46岁了还是单身。威信县驻东莞对口帮扶协作组的工作人员把他输出到新洲印刷厂工作以后，他不但能养活自己，还每月给家中老母亲500元生活费，在老家，他还翻盖了房屋。现在吴维奇的生活充满书香和希望，他每天工作之余都要看看书，他现在最大的梦想是找个老婆，带着她一起打工挣钱。

为切实帮助贫困群众就业，昭通选派了33名工作人员，在东莞、中山设立11个劳务工作站，确定1306名村级联络员开展对接联络服务工作；东莞、中山57个镇街结对帮扶昭通11县（区），累计提供就业信息32万余条，开展招聘312场，217家企业到昭通招聘用工1.3万人。特别是加强对特殊群体就业帮扶，东莞市大岭山镇就解决了73名残疾人、613名大龄劳动力就业难题。

产业合作促就业

借助东莞、中山两市的人才、资金、技术、管理等优势，昭通在现有昭阳工业园区内采取“园中园”的方式建设滇粤产业园，园区占地15平方公里。昭通积极组织招商考察团到广东开展定向招商，积极引企入园，努力协调解决入园企业用电、用工等问题。在东莞华坚鞋业等企业的带动下，昭通累计1380人实现了在家门口就业，其中建档立卡贫困劳动力278人。中山市卉盛公司在盐津、大关等县采取“公司+合作社+贫困户”的模式发展花卉苗木产业，解决了853人就近就地就业。

2018年3月，华坚鞋业在昭通首批招收400名工人，却吸引了1000多人报名，这也让企业看到了昭通人力资源的优势。相比沿海发达城市的人工成本，昭通的人工成本仅需一半，但工人在本地就业，能够照顾家里的老人和孩子，还能管理家里的农作物，这也是昭通贫困群众宁愿工资领得低一点也愿意在家门口务工的原因。为吸引更多企业入驻，昭通还提供了厂房免3年租金、3—5年只收一半租金和5年后再收取全部租金等一系列优惠措施。据悉，在2018年7月13日召开的3市联席会议上，又有总投资约23亿元的岭南园林、广东青洲等7个项目签约，项目内容涉及城市环境提升、文化旅游、生态农业、劳务协作等。下一步，昭通将加强和东莞、中山的对接，引进劳动密集型企业，解决劳动力就业问题，同时东莞、中山也将着力推动昭通各行业的龙头企业与广东对接。

项目援建乐安居

3个市开展扶贫协作以来，东莞、中山与昭通签署了“1+8”合作协议：“1”是两市签署合作框架协议；“8”是两市的组织、发改、教育、人社、农业、卫生计生、扶贫、旅游等部门在示范点建设、干部人才交流、产业协作、教育协作、劳务培训与输出、农业协作、医疗卫生协作、旅游协作等领域开展交流协作。为实施好相关工作，确定东莞6个镇（街）、中山4个镇（区）与昭通10个国家级贫困县（区）携手奔小康的结对关系。

昭通主动与东莞、中山两市和广东省第五扶贫协作工作组沟通交流，协商帮扶项目、资金管理等事项，全力推进项目建设。2016年以来，东莞、中山两市共投入帮扶资金5亿元，其中：2016年投入1亿元，在10个对口帮扶县（区）分别建设1个扶贫协作示范点，建设住房1802套，惠及群众6878人，其中建档立卡贫困人口1487户5576人；2017年投入1亿元，用于实施206个村卫生室标准化建设和实施1270户贫困群众危房改造；2018年投入3亿元，用于实施贫困村卫生室标准化建设、边远山区校舍建设以及劳务协作、产业发展等，目前各项工作正在稳步推进。

去年实施的威信县麟凤镇麟凤社区小寨扶贫协作示范点，用于安置麟凤镇建档立卡贫困人口120户561人，示范点建设了7幢6层高的楼房。建设资金来自广东扶贫协作的帮扶资金就有1000万元。走进麟凤镇麟凤社区小寨安置点，一幢幢外墙灰白搭配设计的6层高楼拔地而起，小区环境干净整洁，刚刚移栽的绿化树苗壮成长，俨然一幅现代都市小区的图画。截至 2018 年 10 月，一期工程已有部分建档立卡贫困户入住，没有搬迁的群众也将在 2018 年年底以前搬迁完毕。二期主体工程已竣工，正在进行室内装修，搬迁户将在 2019 年春节前搬迁入住。

职教合作斩穷根

培养一名学生，就能脱贫一个家庭。昭通每年约有 4 万名初中毕业生未能继续升入高中就读，大部分流入社会，很多都在打零工，很容易形成新的贫困。同时东莞产业发展需要大量劳动力，特别是专业技能人才。3 个市采取“0+3”的职业教育办学模式，2017 年已安排昭通籍学生 2150 人接受中职教育，其中贫困学生 1580 人。就学期间，贫困学生一律免除学费、住宿费和书本费，每生每年可享受 2000 元助学金和 3000 元生活补助，毕业后在广东推荐就业。经进一步对接协调，两市在 2018 年和 2019 年还将按照 10% 的增幅逐年增加招生数量，并探索实施“2+1”“2.5+0.5”的办学模式。这些学生毕业后，都是东莞产业转型发展所急需的专业技能人才，可留在东莞就业，也可以回到当地，成为当地就业带头人，带动更多人脱贫，阻断贫困的代际传递。

就读于东莞技师学院 2017 级线缆 301 班的高彬同学来自盐津县，获知能到东莞技师学院的就读的消息后，高彬毫不犹豫地来到东莞，觉得在这里学习挺愉快的。线缆 301 班由东莞市庆泰电线电缆有限公司冠名，学生每年有半年时间在企业实习，实习期间企业包吃住，能领到 1500—2500 元的工资。高彬说，明年他就毕业了，打算留在冠名的企业工作，积累一定的实践经验，然后再回昭通创业。

（作者系《昭通日报》社记者）

杨光宝：千里行医路　浓浓帮扶情

莫　娟

在昭阳区中医医院儿科，我们时常见到一位和蔼可亲说着普通话的男医生，他就是东莞中西结合医院到昭阳区中医医院帮扶的医生杨光宝。千里之遥，从海滨之城到云贵高原，作为医院派出的一名帮扶干部，杨光宝恪守着“治病救人、坚守奉献”的精神，用实际行动诠释一名帮扶干部的为民情怀，在乌蒙大地上演了一出感人的医者仁心故事。

一代人有一代的使命，一代人有一代人的情怀。杨光宝说：“我们这代人的使命就是要参与脱贫攻坚工作中，在脱贫攻坚工作中发光发热。”2019年8月8日，杨光宝怀揣着新时代医者的家国情怀，毅然跨越千山万水，在扶贫一线尽医务人才之力，将优质的医疗服务及高水平的医疗技术，输送到昭阳区中医医院。

“我帮什么？我能做什么？我怎么帮？关于如何开展对口支援工作，到岗后连续几天的深入调研，杨光宝对昭阳区中医医院的基本情况有了一个整体的了解。拿着厚厚的工作笔记，他深感肩上责任重大，陷入了思考。从细节入手，增强优质服务。初来乍到现实情况严峻，昭阳区儿童多，儿科病人也多，大医院儿科人满为患。昭阳区中医医院没有专门儿科门诊、儿科病房，难以让患儿得到满意的中医、中西医结合治疗服务。杨光宝是一名医生，也是一名父亲。深知孩子生病，父母家人得有多着急。于是，他提出了昭阳区中医医院儿科建设方案，得到医院领导班子的支持。经过两个多月的紧张筹备，昭阳区中医医院设置了儿科门诊、儿科病房及儿童雾化区；配齐了人员、设备及药品。制定了儿科就诊流程指引、危重病人抢救流程、应急预案等规章制度，并对科室人员开展了服务礼仪、规章制度、应急抢救、诊疗规范、护理规范等方面的培训。2019 年 10 月 15 日，昭阳区中医医院儿科正式开科了。昭阳区中医医院告别了建院 63 年来无儿科的历史，也标志着东莞对口帮扶在昭通医疗卫生领域再结新果。当天上午，儿科就收住了 12 名儿童患者，为 27 名门诊患儿提供了小儿推拿治疗。

听说医院里来了专家，治疗效果好，花费又不高，不少病患专程慕名而来。一个 7 岁的小朋友，咳嗽半年了，反复发作，去很多地方看病都没治好，影响了孩子的正常上学。儿科成立之后，他妈妈就带着孩子来看病，结合孩子的病情，杨光宝进行了中药治疗以及小儿推拿治疗，经过一周的时间，咳嗽有了明显好转。小朋友的妈妈很高兴。连连称赞医院儿科很专业、服务很到位。医者父母心，得到这样的反馈，令杨光宝很是欣慰。

5 月 23 日凌晨，洒渔镇 12 岁的女孩小梅。因发热、咳嗽、喘促 8 天，挂急诊入院。杨光宝接诊了患者小梅，发现小梅生长发育比同龄健康儿童偏小，而且自小不能参加体育运动及体力劳动，尤其近两年更是严重影响了学习生活，最后不得不休学在家。杨光宝了解到小梅一家家庭条件非常困难，3 年前，父亲发生交通事故，颅内出血，经过抢救治疗，命保住了，但落下后遗症，丧失了劳动力，本来就贫困的生活又雪上加霜，所以小梅一直没得到治疗。这次病情实在太重，才想起联系在医院当保安的远房亲戚，连夜接来医院治疗。杨光宝一边抓紧检查病因一边给小梅紧急救治，经检查确诊小梅为先天性心脏病，动脉导管未闭，经治疗病情已经暂时稳定了，由于严重影响了心脏功能，小梅的手术不能再拖了。但家庭这么困难怎么办呢？杨光宝经过多方联系，了解到共青团昭通市委、昭通市海星行动公益协会创办的“昭通市援助患先天性心脏病贫困青少年”活动将邀请昆明医科大学第一附属医院心血管专家集中对威信县符合义诊条件的 0—18 岁青少年儿童进行先心病免费义诊。最后，杨光宝终于为小梅争取到了一个免费名额。

急病人之所急，想病人之所想。杨光宝始终把病人视作亲人，在每一次的医疗过程中他都用心去服务，做到同情患者，体谅患者。不仅如此，他还带领医疗团队充分发挥医院的工作特色优势，积极开展义诊和医疗帮扶，组织医疗专家到村里为村民免费义诊、送医送药下乡。

医院要发展，技术支撑是关键。来到昭阳区中医医院后，杨光宝时常到各科室参加会诊、讨论、治疗，开展学术讲座，培养年轻医生，留下带不走的人才。通过理论培训、临床一对一指导等方式，传播先进医疗卫生理念和技术，让医务人员受益匪浅。杨光宝说，希望将自己所学所知的东西，毫无保留地与昭阳区中医医院的同事进行交流，尽可能地为大家做一点事情。

昭阳区中医医院肺病科主任朱良州说："杨光宝医生来医院帮扶后，院里大小事务全程参与，对工作尽心尽力，给我们带来了先进的理念，在他的指导下医院的业务水平得到了很大程度的提升。"

在昭通这段时间，杨光宝深刻地体会到，帮扶不是一个简单的词汇，不是一句口号，而是一件件能做的实事，一次次老百姓实在的反馈。杨光宝说："带着对贫困群众的深情厚谊来支医，是我从医 20 多年来最难忘的事情。"从东莞到昭通，1800 公里的路途，杨光宝把爱留在大山，落实在疾病的痛点上，心有大爱，无问西东。

（作者系《昭通日报》社记者）

钟俊贤：支医路上不负患者性命相托

莫　娟

“我们到昭通就是要为当地打造一支带不走的医疗队，把我们先进的医疗理念和规范引入当地医院，真正实现技术和管理帮扶。”从医 15 年的东莞东华医院神经外科副主任、副主任医师钟俊贤掷地有声地说道。2019 年 9 月，带着对偏远山区患者生命与健康的敬畏，钟俊贤响应东西部扶贫协作号召，从东莞来到昭通市第二人民医院开展帮扶工作。

创建患者满意科室

克服身体上的不适和语言障碍，钟俊贤到了昭通市第二人民医院就立刻投入前期的调研工作。经了解昭阳区急诊创伤多，神经外科肿瘤病人也多，但是大医院神经外科病人人满为患，一床难求。昭通市第二人民医院没有专门神经外科门诊、神经外科病房，没有科室固定人员，很难让患者得到满意的医疗服务。

钟俊贤作为东莞东华医院神经导航立体定向技术的领头人，也是医院科室里的技术骨干，一直负责教学、科研、质控工作，有着丰富的带教经验。他相信自己的力量和技术能够把神经外科建立起来，钟俊贤制订了神经外科建设方案，得到了医院和相关部门的支持。

经过两个多月的紧张筹备，2019 年 11 月 20 日，昭通市第二人民医院神经外科正式开科，结束了建院 43 年来无神经外科的历史，也标志着东莞对口帮扶在昭通医疗卫生领域再结新果。

钟俊贤带领团队完成了各种颅内血肿及脓肿的穿刺引流、肿瘤切除、病变活检、核团损毁等等。同时教授当地医生能够熟练地进行颅脑常规外科手术，如脑血管畸形切除，颅内动脉瘤夹闭，脑血肿清除及大脑凸面各类肿瘤切除。

市第二人民医院以前不敢收的重症病人，现在敢收了，也能治疗了。现在市二院成立神经外科脑出血微创治疗病区，成功救治了多例脑出血、脑脓肿及重型颅脑外伤患者。神经外科成立至今，已收治近 600 名住院患者，成功救治急危重症病人约 60 余例，更为大量的神经外科患者提供了优质的门诊服务。

精准诊断精准服务

“患者信任我，才将自己的生命托付到我的手中，我必竭尽所能。”钟俊贤说。

53 岁的罗正友几年前做了恶性胶质瘤切除术，肿瘤复发，出现神志不清、呕吐、四肢不能动弹，生命垂危，急诊入院。家人对病情不乐观，认为患了这样的大病，大医院治疗后又复发，没有什么希望打算放弃治疗。

作为主治医生的钟俊贤急了，只要有一丝希望都不能放弃。他让患者相信自己的技术，不停地向病人家属反复作思想工作，沟通手术治疗方案，讲解手术的利弊，最终征得家属同意再次进行手术切除。

手术后第二天罗正友清醒后紧紧拉着钟俊贤的手眼里噙满了泪水。“我真的看到了第二天的太阳，谢谢你钟医生，是你给了我第二次生命。”

会诊、手术……成功完成手术的钟俊贤走下手术台，回到宿舍休息早已疲惫不堪。而这种高强度的生活对他来说，已然成为习惯。钟俊贤说：“因海拔的原因，同样的手术在昭通做对我的体力更是挑战，一台手术台一站就是五六个小时，甚至更久。”在钟俊贤看来，患者能够康复再苦再累都是值得的。

钟俊贤主刀的每一位患者，他都会进行术前沟通。了解患者的情况后设计精准的治疗方案，减少手术的复发和隐患。手术的利弊、方案的选择，他会用最通俗易懂语言，让没有医学知识的患者及其家属了解清楚。也让患者的心态起到一个调节作用，让其在缓慢的恢复期中保持乐观的态度，积极配合医生治疗。”钟俊贤说。

一个患者发现脑内深部囊肿 9 年，反复头痛，由于经济困难一直未治疗，头痛难忍，去很多地方看但都没治好，后来听说昭通二院有东莞专家来支援，就抱着试试的心态过来门诊咨询。结合患者的病情和经济情况，钟俊贤为他进行了脑内囊肿穿刺分流手术治疗，术后效果满意，患者头痛消失，他高兴地说走路都轻松了。而且患者才自费 2000 元，比起他咨询的某大医院要 25 万实惠很多。“从来没有见过这么好的医生，你们东莞来的专家是真正为老百姓办事的专家，真正来扶贫的专家。”患者的家属说道。

在多次的诊断治理过程中，钟俊贤发现在贫困地区，人们普遍认为开颅手术极具危险性，死亡率高，得了脑瘤就是得了绝症，所以宁可拖着也不就医。早发现早治疗早康复，为了让更多的村民正确认识疾病，钟俊贤加班加点制作科普宣传知识，让住院患者把宣传资料带回村里发放给村民，利用义诊的契机，为村民们进行健康知识宣教、指导大家用药，努力提高农村群众的健康意识和疾病预防能力。

传授技术不遗余力

先进的技术带来了，但如何让它在昭通生根发芽？钟俊贤心中有数。几个月来，钟俊贤积极开展业务讲座，进行理论培训，临床小课，参与指导三级医师查房 900 多人次。在查房中，结合实际病例给予讲解和演示；协助科室规范细致工作流程，提升管理理念等；通过传帮带教等医疗帮扶模式，努力帮助市二院医院神经外科“造血”。

神经外科主任闭静说：“钟俊贤医生为我们科室的发展不管是从技术上管理上还是思想都带来了很大的转变，把东莞的先进理念、先进经验带给我们，钟医生倾囊相授让年轻医生很快成长起来，给我们的发展注入了新的动力。”

钟俊贤带领团队开展了脑干旁肿瘤、矢状窦脑膜瘤、基底节区胶质瘤、后颅窝囊肿、蔓状血管瘤手术切除等一系列高难度手术。通过培训及言传身教，教会他们使用呼吸机、气管切开及为急诊颅脑损伤的患者进行开颅手术，为今后危重病人的抢救奠定了良好的基础。

一段支医路一生乌蒙情

支医这一年，钟俊贤要克服很多困难。家中两个小孩，大女儿才 10 岁，小儿子才两岁半，照顾家庭的重担就全部压在了妻子和父母身上。“妻子跟我说，家里的事情你不用操心，我们会照顾好的。”钟俊贤坦言，他很感激家人的理解和支持，会更用心做好工作。听到患者的一句句“谢谢”，看到他们渴望生命的眼神，钟俊贤感觉一切的辛苦都值了。

人生总有不期而遇的温暖，和生生不息的希望。一年的支医时间也快接近，钟俊贤已把昭通当作自己的第二故乡，虽然每天都很忙碌，但为患者解除病痛就是他最大的快乐。在接下来的帮扶时间里，他将不断发挥自己的光与热，救治更多的患者，将先进的医疗技术和管理经验毫无保留地传授给昭通市第二人民医院，将爱心和健康传递给昭通的贫困老百姓。

（作者系《昭通日报》社记者）

手拉手，心连心　画出镇雄幸福同心圆

王　坤

山海同心，携手同行。自东西部扶贫协作工作开展以来，奇妙的机遇将东西部相连，碰撞出神奇的“化学反应”，演绎着虽隔千里却时空相连的情谊。镇雄县这个曾经无力脱贫的滇东北人口大县，脱贫奔小康的劲头越来越足。东西两地干部凝心聚力发光热，敢拼会赢促脱贫，一道齐心协力，用一个个造血式的帮扶事例构筑起镇雄幸福奔小康的同心圆。东西部劳务协作给镇雄发展带来了诸多机遇，生活一天天变好，幸福指数一天天提升，东西部协作让幸福生活触手可及、唾手可得。

家门口就业，拥抱稳稳的幸福

镇雄县是云南省人口第一大县，是中国百万人口大县，也是国务院挂牌督战的52个贫困县之一，贫困人口数量大，怎样做好就业成了头等大事，镇雄县以东西部扶贫协作为契机，强化产业招商引资，支持鼓励外地企业带设备、带技术、带订单创建“扶贫车间”，吸纳贫困劳动力就近就业，扶贫车间的建设有效解决了无法离乡、无业可扶、无力脱贫的“三无”人员就业问题，让贫困劳动力在家门口就业，同时发放稳岗补贴，帮助贫困群众在家稳岗就业，这样让建档立卡贫困户收入有了支撑，同时缓解了东部企业的用工问题，真正实现劳务输出与就业帮扶合作共赢目标。

林口乡境内的中润服装厂是东西部劳务协作建成的一家服装厂，也是林口乡“第一扶贫车间”，主要经营服装加工。走进生产车间，工人们一字排开，有序地工作着。来自塘房镇杉树林村37岁的黄英正在对出口南亚、东南亚、欧洲等地的服装进行缝制，只见她手脚娴熟地把一块块布料组合在一起，很快就完成了一件衣服的初加工。

黄英因家庭人口多，孩子上学负担重致贫，后经人介绍到车间上班。一说起在扶贫车间上班的经历，黄英就打开了话匣子。“这里离家近，出门坐半小时的车，就能到车间。上岗前公司安排了岗前培训，但手比较生，动作也比较慢。后来，公司又安排了主管手把手地进行技术指导，让我在较短的时间内快速掌握了生产加工要领，这里的工资是1700元的底薪加计件，我每个月的收入有3000多元呢。”在这个宽敞明亮的车间里，还有许多像黄英一样的工人忙得不亦乐乎。

黑树镇深圳市博英豪科技有限公司的扶贫车间，主要从事用于手机配件、充电器配件等产品的磁环线圈加工，操作简单、不分年龄，公司采取集中制作和分户订单的方式，一部分工序加工，工人可选择到车间集中制作，也可以领取制作材料回家制作，只需将成品交到车间即可获得相应报酬。

家住苏木村民小组的王定琴来交头天带回家加工制作的磁环线圈。她说：“原来我一直在省外打工，照顾不到家里的老人孩子。知道家门口建起了扶贫车间，管理制度十分人性化还可以将材料带回家制作，我就赶紧回来了，在这里上班离家近同时还能照顾老人，陪伴孩子，再也不用奔波作‘异乡人’了。”

“娘家人”贴心服务，承载满满关怀

就业是最大的民生，自开展东西部扶贫协作以来，东莞市、镇雄县两地围绕聚焦精准对接实现机制协同，聚焦精准组织实现动员协同，聚焦精准推动实现市场协同，聚焦精准落地实现稳岗协同“四精准四协同”模式，着力提高劳动力转移组织化程度。同时出台用工企业社保补贴、中介机构奖励、村委会奖励、贫困劳动力稳定就业补贴等劳务协作政策，开展送政策、送岗位、送服务上门等活动，积极引导不愿外出的贫困劳动力消除“不想去”“不敢去”的顾虑，激发就业积极性和脱贫致富的内生动力。累计已转移劳动力 6030 人（其中建档立卡贫困人口 3354 人）到东莞市就业，目前还在东莞就业的有 5033 人，其中卡户 2902 人。为更好地服务在东莞就业的镇雄籍务工人员让他们稳定就业，镇雄县在东莞建立了东莞清溪劳务服务工作站，帮助务工人员解决工作和生活中遇到的困难和问题，让群众在异乡也能体会到家就在身边。

邓祥，镇雄县中屯镇邓家院组建档立卡户，身体二级残疾，家中有 7 口人，4 个弟弟妹妹在上学，一直以来，生活的重担压在父母的肩上。作为家中长子，邓祥从小就懂得为父母分担压力，只身一人到广东省东莞市务工挣钱贴补家用，在 2020 年以前，工作虽然辛苦但是有稳定的经济来源，也让邓祥成为家中的“顶梁柱”。但是在 2020 年 1 月，面对来势汹汹的新冠肺炎疫情，邓祥所在公司受到疫情冲击，业绩江河日下，邓祥的收入也受到很大影响，面临收入的日渐减少，家庭开支的现实需要，邓祥果断决定另外找一份更好的工作，用自己的双手创造更好的生活，但是现实总是残酷的，在新冠肺炎疫情的冲击下，很多企业都受到不利影响，加之自己身有残疾，总找不到理想的岗位。

镇雄县人社局东莞清溪工作站在知道到邓祥的情况后，第一时间联系到邓祥，详细了解了他的就业意愿之后，及时与多家企业对接协调，但不是共需达不成，就是愿意接受的企业人岗不匹配，东莞清溪工作站的工作人员没有气馁，继续联系更多的企业帮助寻找合适的岗位。几番周折之后，2020 年 2 月，邓祥终于同东莞金旺儿童用品有限公司达成协议，顺利进入该公司务工，实现了二次就业，月收入达到 4500 元以上。

同时，东莞清溪工作站帮助邓祥申请了 1200 元的东西部扶贫协作稳岗补贴，还积极联系镇雄县残联帮助邓祥补办了残疾证。

邓祥说，一个人在外务工，工作站让他感受到家人的温暖，就像自己的“娘家人”，自己一定要好好地工作，用自己的双手为父母减轻负担，帮助自己的弟弟妹妹完成学业，在政府的倾情帮扶下，全家人共同努力克服困难，一起走上小康之路。

像邓祥这样受到疫情冲击收入受到影响的群众还有很多，在工作站的积极努力下，都找到了比较合适的新岗位，较大程度上缓解了因疫情带来的收入危机。

真金白银投入，真心真意帮扶

自开展东西部扶贫协作以来，东莞市、中山市对前往东莞、中山市务工的镇雄贫困群众给予稳岗补贴，累计投入补贴资金 868.89 万元，帮助 8338 名贫困群众稳定就业。

泼机镇李官营村的陈忠祥目前在东莞市欧珀精密电子有限公司上班，现在每个月平均能拿到 5000 多元的工资。工作中，陈忠祥踏实肯干，吃苦耐劳，虚心学习，在同事中口碑较好，有了良好的经济收入后，极大地减轻了家庭负担，改善了家庭生活。

2020 年，陈忠祥领到了 1200 元的稳岗补贴，他说现在的政策就是好，在家里面就能找到好岗位，政府还包车把我们送到务工地，车费也不用我出，还有补贴领，上班收入还可以，如果在家里面待着的话现在还是在挖苞谷桩桩，哪有这么好的收入。

青山一道经风雨，两地同写山河恋

“青山一道同云雨，明月何曾是两乡”，东莞市与镇雄县的深厚情谊由来已久，每年，大批镇雄籍劳动者成功融入了东莞这座开放包容的城市，把东莞市当作第二故乡。东莞市派出专职干部到镇雄对口帮扶，共同构建东西两地一家亲的和谐关系。

镇雄县人社局抓准关键要害，不断突破，发挥行业优势，充分利用“亲带亲、邻带邻”的优势，着力打造一批务工能人典型，宣传他们的先进事迹，鼓励、带动更多的人到东莞市就业。大湾镇龙塘村的马安美就是务工能人之一，马安美目前在东莞飞磁电子科技有限公司务工，每月有 5000 多元的收入，马安美 2012 年就来到东莞市务工，到目前已有 8 个年头，回忆起在东莞市的点点滴滴，马安美露出了欣慰的笑容，在东莞务工，每个月都有稳定的收入，帮助自己家庭解决了生活中的困难，在自己的带动下，本村民组的 20 多个老乡一起走出大山，踏上致富之路。从一开始的不适应到如数家珍，马安美已深深融入了东莞这种城市。

不远万里，情深依依，2018 年 5 月，作为东莞市派驻镇雄县对口帮扶镇雄县的党政干部，张伟华带着一名党员干部的初心来到镇雄，3 年来，张伟华走遍镇雄的山山水水，与镇雄百姓结下了不解之缘，镇雄县的许多老年人亲切地称他为“小张”，借助东西部协作的东风，仅劳务协作一项，累计帮助镇雄贫困劳动力 19020 人实现转移就业，稳定转移输出到广东贫困劳动力 13453 人，引导 20 家东部企业来镇雄投资，援建扶贫车间 19 个。张伟华也习惯了吃酸汤红豆、三角汤圆，镇雄俨然已是他的相思地。

跨越千里，山海情深。东西部扶贫劳务协作，让东莞市与滇东北人口大县镇雄凝聚了跨越千里的亲情。两地在越来越紧密的协作中，共建帮扶大格局，共同奏响全面小康大合唱。

（作者系镇雄县人社局工作人员）

带着母亲支教　谱写忠孝赞歌

周国发

陈国志，一个普普通通的名字。如果在网上查询，叫这个名字的人有很多，所从事的职业也五花八门，但都不是我们所要想了解的主人公。再在百度输入这个“东莞陈国志”一下就弹出许多关于这个陈国志的有关事迹报道。陈国志带着母亲到昭通支教，诠释忠孝两全的感人事迹。

陈国志，系广东省东莞市石碣中学的一名语文和音乐教师，50 多岁，接近退休。父亲已去世，故年过八旬且长期患有高血压和糖尿病的母亲一直跟随他一起生活。1998 年，陈国志作为人才被引进到东莞从教，一干就是 20 年，同许多教师一样，教书育人，桃李满天下。陈国志一直有个梦想：希望能有机会到贫困山区支教，为那里的孩子走出大山尽上一份力。

2015 年 11 月 27—28 日，中央扶贫开发工作会议在北京召开，吹响了打赢脱贫攻坚战的冲锋号；同年 11 月 29 日，中共中央、国务院印发《关于打赢脱贫攻坚战的决定》，把“健全东西部扶贫协作机制”列为“广泛动员全社会力量合力推进脱贫攻坚”的一项重要措施，2016 年 12 月 7 日中共中央办公厅、国务院办公厅印发实施《关于进一步加强东西部扶贫协作工作的指导意见》。从此，在决胜全面小康的伟大征程中，东西部扶贫协作作为决战决胜脱贫攻坚的重要推手，书写了一系列辉煌篇章。全国脱贫看云南，云南脱贫看昭通。昭通作为云南脱贫攻坚的主战场和“硬骨头”，市委、市政府团结带领全市各族人民，以“再硬的骨头也要嚼碎”的脱贫攻坚昭通精神，取得了一系列重大成效。

在东西部扶贫协作这个大背景下，2018 年 8 月，东莞教育界掀起了支教热潮，临近退休年龄的陈国志再也坐不住了，下决心去实现他早年的梦想。陈国志任教学校的老校长、在昭通市昭阳区挂职的徐伯科对他说：“昭通文化底蕴深厚，但教育相对落后，更缺乏领军人才，你来吧！”老校长这么一说，让陈国志更加坚定了远赴昭通支教的决心。

决心虽然下了，可 80 岁的母亲咋办？父亲去世后，长期患有高血压和糖尿病的母亲，一直跟随陈国志生活。他不放心将母亲留在东莞，想把母亲带着一起到昭通支教，但又担心母亲的身体是否适应云贵高原气候；最关键的是，陈国志不知道母亲对支教的态度？他试探性地向文化程度并不高的母亲，讲解了支教的意义和作用。

“儿啊，支教是大事，去吧，你走到哪儿，妈就跟你到哪儿！”正当陈国志忐忑之时，其母亲却紧紧握住了陈国志的手，说出了这句让他泪崩的话。时年 55 岁的陈国志，望着 80 多岁的老母亲，不尽鼻子一酸，两眼蒙胧。

2018 年 9 月初，陈国志开着车载着母亲，一路颠簸，千里迢迢来到昭通，开始了他支教生涯。到了昭通，他被安排在昭阳区二中支教，并任炎山镇中学副校长。

在昭通的支教生活中，陈国志和母亲同甘共苦，共克困难。据说，陈国志一到昭通，就满怀激情地投入工作之中，一时疏忽了对母亲的照顾。由于地域差异和生活方式的不同，母亲一时半会儿适应不了，为了不影响儿子工作，老人家一直都强忍身体上的不适，不向陈国志提及。2018 年 9 月 30 日，工作到傍晚的陈国志回到创盛佳园小区住处后，发现母亲脸色苍白地躺在沙发上，他立即将母亲送往医院，检查结果是高血压和高血糖严重了，所幸救治及时，病情得到控制。母亲这次病情加重，着实把陈国志吓到了，他很自责，也很内疚。从那以后，他每天坚持在教学之余为母亲量血压、测血糖，监督母亲用药，做好一日三餐，把母亲的生活照顾得井井有条。在创盛佳园，陈国志与母亲牵手的身影成为小区的一道风景。

陈国志是具有语文和音乐双文凭的老师，他的教学课堂自然与众不同。在昭阳区二中，他主动承担音乐生的声乐和钢琴两门专业课程，为广大师生传授最先进的教育理念和教学方法。区二中举行运动会，他增设了班级“黄金60秒”的特色表演环节，为学校呈现了一个有史以来最具创意的运动会开幕式，赢得学校师生一致赞叹。语文课堂上，陈国志注重跨学科的学习和现代科技手段的运用，让学生在不同内容和方法的相互交叉、渗透、整合中开阔视野，提高了学习效率。陈国志为昭阳区初中语文和音乐老师上过一堂教学公开课，他把作家端木蕻良描写“九一八”事变的散文《土地的誓言》做主题框架赏析，同时紧密结合歌曲《松花江上》《保卫黄河》的进行现场演绎，让文字在音乐中激荡，让音乐在文字中流淌，为师生们展示了一堂充满爱国主义教育情怀的教学实验课，尤其是他与众不同的教学理念与授课方式让老师们耳目一新。公开课反响强烈，昭阳区的一些学校，甚至是丽江的一些学校都在争相邀请陈国志，希望他能将公开课及讲座带到更远更多的地方，促进当地的教育教学科研活动，让更多的老师开阔眼界，更新观念，完善自我，不断前行。

支教期间，陈国志主动到偏远乡村的学校进行走访交流，了解当地办学情况。在炎山中学，他以独特的教学方式给学生们即兴上过一节音乐课，教唱了《隐形的翅膀》《让世界充满爱》两首歌曲，一下子好多班的学生加入听课行列，孩子们的情绪一下子被点燃了，他们放开嗓子，纵情歌唱，歌声久久回荡在校园的上空。陈国志的眼睛湿润了，直觉告诉他，这里的孩子们太需要呼吸外面的新鲜空气，太需要先进的教学理念和前沿信息。他们质朴的笑脸，渴望的眼神，至今都深深地烙在陈国志的心中。

支教的日子里，陈国志恨不得把自己所有的优势和特长都发挥出来，帮助贫困山区的老师和学生们。教学之余，他还义务帮助昭阳和鲁甸的一些学校主持节目、文艺晚会、大型赛事等，丰富校园文化生活。他还在租住房里自掏腰包租了一台钢琴免费给学生上课，驱车数百公里到威信三中给学生上公开课……当别人给他报酬时，他都一一婉言谢绝了。他说："如果是为了钱，我就不来昭通支教了。"在东莞，每年都有几十个孩子跟陈国志学钢琴，有很多家单位都会邀请他做节目。他赚钱的机会多得是，然而来昭通之前，他都毅然决然地放弃了。

如今，近两年时间过去了，陈国志负责的第一届学生即将迎来高考。按照安排，不久他就可以回到东莞市石碣中学任教，但每次看到昭通学生不舍的、渴望学习的眼神时，陈国志总会觉得十分揪心，于是他又作出了一个决定——继续在昭通支教一年。

铁肩担道义，忠孝凝丹心。陈国志是一名平凡的人民教师，却用不平凡的事迹诠释了"为人师表"的真正内涵，用实际行动谱写了忠孝两全的最美赞歌。

（作者时任昭通市慈善会会长）

昭通巴士“东莞号”的前世今生

周国发

莞昭儿女多志士，千里情谊一线牵。共战脱贫显身手，携手并进谱新篇。

——题记

2018年10月18日，广东省东莞市向昭通市捐赠200辆公交车签约仪式在昭通市举行；2018年11月26日，东莞市捐赠昭通市公交车发车仪式在东莞市体育中心举行，首批20辆公交车满载东莞人民的深情厚谊和祝福奔赴云南昭通；2019年8月6日，东莞市捐赠昭通市的首批10台公交车——昭通巴士“东莞号”扶贫公交投入试运行。

东莞市向昭通市捐赠的这批公交车，来自东莞市民非常熟悉的东莞巴士，也是大家俗称的“蓝巴士”。这批公交车在东莞完成历史使命后，将奔赴第二故乡——昭通，继续新的征程，服务昭通脱贫攻坚，惠及广大昭通群众。

我作为昭通市慈善会的一员，能参与并为“东莞号”在昭通落地运行做一些工作，深感荣幸，备感自豪。回想“东莞号”一路走来，感慨良多。

在2018年9月下旬左右，昭通市交通运输局的一名领导打电话向我咨询公益性捐赠有关事宜。他说：为响应东莞市委、市政府“蓝天保卫战行动方案”关于“全市公交全面实施公交车纯电动化”的要求，东莞市交投集团旗下的东莞巴士公司将置换出一批非纯电动公交车，其中有200辆插电式气电混合公交车整体车况良好，技术稳定可靠，属于清洁能源车型，非常适合昭通公交使用。在广东省第五扶贫协作工作组牵头组织和东莞市国资委等有关部门的积极协调下，经东莞市委、市政府批准同意，东莞市交投集团将东莞巴士公司置换下来的200辆清洁能源公交车捐赠给云南昭通，助力昭通脱贫攻坚。听他介绍捐赠背景后，我与他谈了很久，也谈了很多，对车辆的性质、性能、数量及接收单位、运营单位、资产登记、税收优惠、过户落地、车辆交接、线路规划等都进行初步商谈。此后，昭通市交通运输局牵头，向昭通市政府汇报有关情况，组织昭通市国资、税务、车管、昭交集团、慈善会等单位多次召开协调会，商讨有关细节，最后敲定了捐赠协议中昭通方面的约定事项；同时明确了昭通市有关方面的职责分工，由市国资部门进行资产登记、税务部门落实税收优惠、车管部门负责过户落户、昭交集团负责运营实施，市慈善会为接收单位。前期工作基本就绪并与东莞方面沟通后，于2018年10月18日在昭通市举行了捐赠签约仪式，中共昭通市委常委、副市长、广东省第五扶贫协作工作组组长邓浩全出席签约仪式，东莞、昭通有关部门负责同志参加仪式，东莞市交投集团、东莞巴士公司分别与昭通慈善会、昭交集团签订了捐赠协议并交接了捐赠牌。至此，东莞巴士牵手昭通公交迈了标志性的步伐。此次捐赠对于改善昭通市城市公共交通，对全面提升昭通市公交车型中清洁能源车辆的占比，降低公交公司运营成本、改善昭通公交车容车貌、全面提升昭通城市公交形象起到积极作用。同时，此次公交车捐赠活动是东莞市交投集团积极响应东莞市委、市政府工作部署，推进《东莞·昭通扶贫协作规划》落实，高站位开展精准扶贫工作的具体体现。

签约一个多月后，东莞市捐赠昭通市公交车发车仪式于11月26日在东莞市体育中心举行，首批20辆蓝色的东莞巴士迎着朝阳，满载东莞人民的深情厚谊和祝福奔赴昭通。东莞市委常委、副市长张冠梓，广东省第五扶贫协作工作组组长、广东省扶贫办副主任、东莞市政协副主席，昭通市市委常委、副市长邓浩全以及东莞市经协办、国资委、财政局、交通局、交投集团、巴士公司及昭通市国资委、交通局、昭通交运集团等单位负责人以和企业代表参加了活动。5天后，经过长途跋涉，这批车辆到达昭通。这次公交车捐赠发车仪式，是两地市委、市政府贯彻落实东西部扶贫协作的具体行动，是两市携手奔小康的又一件大事、喜事，将有利于极大地改善昭通贫困群众的出行条件。

东莞至昭通，相距约1500公里，平常驾驶小轿车或越野车，夜以继日地行使，也需要十八九个小时。20辆公交大巴在路上行驶，是一个很庞大的车队，通行极为不便，况且这批车是插电式气电混合的，路上加气充电是一个很棘手的问题。到昭通的这一路，有很多地方没有加气站或充电桩。所以，这批车辆未出发时，莞昭两地相关部门就多次商讨和设计行驶路线，尽可能综合考虑便于加气充电、行车安全、减少拥堵等因素，最终选择从东莞出发，经“广佛肇、梧柳、汕昆、兰海、厦蓉、黔大等高速，下兴文、进昭通”这条行驶路线。

一路排队进出收费站、上下高速、进出加汽站、排队加汽、列队行使等等，一桩桩、一件件，实属不易，尤其是排队通过收费站、上下高速、进出加汽站、排队加汽等环节，特别耗时。为了节约时间和方便通行，每张车上配备2名驾驶员，所有驾驶员备足干粮，饿了在车上吃便餐，困了在车上打个盹儿，采取人休息车不休息、轮流驾驶的办法，夜以继日、马不停蹄地向昭通挺进。历经跋山涉水和千辛万苦，5天后，这批公交车终于安全抵达昭通。

为充分展示车辆来源和其中蕴含的昭通东莞深厚情谊，落实两地党委政府精准扶贫惠民措施，昭通市对捐赠的车辆全部命名为“昭通巴士—东莞号”，在车身形象和线路规划、惠民政策上予以突出。一是在保持外观整体形象的基础上，在车身醒目位置统一印制“昭通巴士—东莞号”的标识。二是本着主要服务村镇居民，与现有运行线路不重复且互相补充、安全、高效、便捷、绿色的原则规划线路。三是增设或延伸公交线路，逐步实现深度贫困村全覆盖，为深度贫困人口出行创造便利。四是为了体现车辆的精准扶贫公益属性，昭通是制定政策，在册贫困人口办理公交卡时给予优惠。在车辆运行的前3年，当地还将按照每票10%或一定的比例，提取费用建立“昭通巴士（东莞号）”扶贫出行资金，专项用于资助建档在册贫困户办免费乘坐公交车。

2019年8月6日，首批昭通巴士“东莞号”扶贫公交投入试运行，直接服务全国最大的跨县易地扶贫搬迁安置区“靖安新区”和全国第二大跨县易地扶贫搬迁安置区鲁甸县卯家湾群众。起始站为鲁甸卯家湾易地扶贫安置区至靖安片区易地扶贫搬迁安置点，充分展示车辆的精准扶贫公益属性。昭通巴士“东莞号”扶贫公交首条线路运行单边里程64公里，途经“卯家湾—鲁甸米家湾站—小闸村—大闸村—新民—精神卫生中心—市委党校—嘟噜寨—昭鲁驿站—远大公租房—远大广场—康晟花园—烟厂—凤凰办事处—凤凰中学—云艺饭店—秀水康城—市一中—食品一厂—农资公司—中医院—电影院—清官亭—毛主席广场—市经贸委—邮电小区—二环西路路口—乌蒙古镇—昭阳区一小—国学路延长线—浑水塘—青岗岭乡政府—靖安安置区—靖安”34个站点，运行时长约为3个小时。试运行期间首发班时间为早上8：00，末班时间为14：30。

截至2020年9月，东莞巴士集团捐赠昭通市的200台公交车，分3个批次已经全部抵达昭通，相关手续基本交接办理完毕。

如今，“东莞巴士”已经在昭通克服水土不服，融入乌蒙大地，承载着昭通人民对美好生活的向往，每日奔赴于昭通人民的康庄大道，穿梭于幸福梦想之间，见证并持续谱写着莞昭两地人民的深厚情谊。

（作者时任昭通市慈善会会长）

历史大考中的昭通金融扶贫答卷

殷惠勤

习近平总书记强调，消除贫困、改善民生、逐步实现共同富裕，是社会主义的本质要求，是党的重要使命。脱贫攻坚战打响的5年来，昭通银保监分局深入贯彻落实党中央、国务院有关金融扶贫的各项决策部署，紧扣市委“133”工作思路，主动融入全市经济社会发展大局，在精准施策上出实招、在精准推进上下实功、在精准落地上促实效，以实的措施不断将金融扶贫工作推向深入。

一、建机制，倾力做好定点扶贫工作

昭通银保监分局党委高度重视挂钩帮扶工作，以实际行动切实将“挂包帮”“转走访”工作要求落到实处。一是强化组织保障。成立扶贫挂钩领导小组，分局一把手任挂包村副指挥长，坚持经常性到挂包村调研指导和研究解决问题，脱贫攻坚各项工作有力推进。二是充实人员力量。按照市委组织部安排，昭通银保监分局先后向挂钩帮扶的昭阳区盘河镇冷家坪村、彝良县龙街乡梭嘎村派出驻村扶贫队员10人，向分局非挂包帮扶的巧家县马树镇小河塘村、老店镇迤西卡村派出驻村扶贫队员 3 名。另外，2017 年抽出业务骨干 3 名下派到基层驻村配合全市贫困人口精准识别动态调整工作，持续工作 3 个月有余。三是深入调研走访。分局领导带头深入挂钩村调研指导扶贫工作，与群众“坐在一起、吃在一起、话在一起、劳动在一起”，为贫困群众脱贫出点子、想办法。5 年来，昭通银保监分局克服财务逐年紧张的局势累计为两个挂钩帮扶村投入资金达 256.3 万元。分局挂钩帮扶的昭阳区盘河镇冷家坪村、彝良县龙街乡梭嘎村分别于 2019 年和 2020 年通过第三方评估检查，顺利实现贫困村出列、贫困人口脱贫。

二、把准脉，着力增强贫困地区金融服务保障

昭通银保监分局从全市贫困人口多、贫困面广、贫困程度深、金融网点服务不足的市情出发，精准施策，对症下药，助力贫困地区脱贫。一是不断拓展金融服务的深度和广度，提升贫困群众金融服务的可得性和便利性，鼓励全市各银行机构进一步完善农村金融基础服务，将金融服务向偏远地区延伸。截至 2020 年 6 月末，全市行政村农村基础金融服务已实现“村村通”，其中：银行机构覆盖的行政村 211 个，电子机具覆盖的行政村 1336 个，通过流动服务、辐射等方式覆盖的行政村 1115 个，建成惠农支付服务点 1798 个。二是设立审批绿色通道，助力“坚中之坚”脱贫摘帽。在助力镇雄县如期脱贫摘帽工作中，昭通银保监分局“特事特办”，2019 年先后批复农行镇雄以勒支行开业、批复工行昭通凤霞支行变更营业场所并更名为中国工商银行镇雄县支行，2020 年又批复邮储银行镇雄牛场营业所开业。同时，积极引导红塔银行昭通分行在镇雄设立支行，重点支持鼎和财险在镇雄设立支公司。5 年来，昭通银保监分局在镇雄、彝良、威信三个“革命老区”累计批复开业、升格的机构达 6 个。一系列措施为深度贫困县（区）如

期脱贫摘帽注入了强大的金融力量。三是强化政策引领，提升金融支持精准度。指导银行机构加强调查研究，对接有关部门，制订金融扶贫工作方案，提升金融扶贫的及时性和精准度，确保精准到户、到企业、到项目。督导农村中小银行机构“坚守定位”，农合机构在县域范围内至少选定 1 个产业扶贫项目开展定向支持，信贷资金进一步向贫困地区倾斜。截至到 2020 年 8 月末，全市涉农贷款余额达到 5618414.12 万元，较 2015 年同期增加 2187414 万元。

三、出实招，大力支持易地扶贫搬迁工作推进

易地扶贫搬迁是脱贫攻坚的“头号战役”，市委杨亚林书记将易地扶贫搬迁比喻为啃下昭通脱贫攻坚这块硬骨头的“铁齿铜牙”。5 年来，昭通银保监分局深刻把握全市易地扶贫搬迁任务重、意义深远的大局，引导银行机构助力全市易地扶贫搬迁工作有序推进。一是引导银行机构加大信贷投入，确保贫困群众“搬得出”。督促农业发展银行昭通市分行充分发挥政策性银行优势，紧紧围绕搬迁任务开展金融支持，帮助解决易地扶贫搬迁资金难题，全力支持易地扶贫搬迁项目建设。2015 年至 2020 年 6 月，农业发展银行昭通市分行共支持全市 11 个易地扶贫搬迁项目，审批信贷资金 80.15 亿元，累计发放易地扶贫搬迁贷款 30.7 亿元，覆盖全辖 11 个县（市、区），帮助贫困群众一步实现由贫困山区到现代城镇、由传统农民到城镇市民的“直过式跨越”。二是保证后续金融服务，确保贫困群众“稳得住”。督促辖内各银行机构完善易迁安置点金融服务，提升金融服务水平。立足劳务输出大市的实际，以全市高度组织化转移输出农村劳动力就业为契机，推动群众稳岗拓岗。

四、谋实效，聚力支持产业发展提质量

产业扶贫是脱贫攻坚的重头戏，只有大力产业才可以形成可持续扶贫态势。一是积极支持高原特色现代农业发展。“十三五”期间，昭通银保监分局聚焦“苹果、马铃薯、天麻、花椒、高原特色养殖、竹子”为主的六大高原特色种养殖业，促进产业融合发展，引导各银行机构加大对产业扶贫的支持力度，聚焦高原特色农业、聚焦新型农业主体、聚焦产品创新、聚焦龙头产业，变“输血式”扶贫为“造血式”扶贫，对脱贫致富特色优势产业加大信贷投入，助力贫困群众稳定脱贫。截至 2020 年 6 月末，全辖银行业六大高原特色种养殖贷款余额达 49.09 亿元。二是科学谋划，“助脱贫”和“防返贫”齐头推进。第一是强力推进扶贫小额信贷政策执行，提升贫困户发展活力。通过印发文件、下发监管意见书、召开座谈会、开展监管走访约谈等方式督促各银行机构依据扶贫部门提供的建档立卡贫困户名单，开展“入村、入户、见人”式走访，与村民面对面交流，对贫困户的家庭状况、资金需求等基本情况进行详细了解，完成“三个全覆盖”，即：建档立卡贫困户入户及信贷需求情况调查“全覆盖”，对贫困户的评级授信“全覆盖”，对有贷款需求且符合贷款条件的建档立卡贫困户申贷满足“全覆盖”。2015 年至 2020 年 8 月末，全市银行机构累计发放扶贫小额信贷 56.87 亿元，惠及建档立卡贫困户约 13 万户。2019 年，全市扶贫小额信贷累计发放 5.28 万户、23.81 亿元，增速位居全省前列。至 2020 年 8 月末，全市扶贫小额信贷余额 41.35 亿元，比年初增加 4.75 亿元，增长 12.98%，其中 2020 年累计发放 11.03 亿元，有力支持了建档立卡贫困户生产经营和参与产业发展的资金需要，为全市脱贫攻坚最后的“冲刺”和“决战”持续贡献力量。第二是以“贷免扶补”小额创业贷款“贷”动贫困群众创业、就业。重点支持建档立卡贫困人口、返乡创业农民工、农村自主创业农民等 9 类人群创业就业，不断提升贫困群众增收能力，为防止贫困人口返贫

搭起一道牢固的屏障。截至 2020 年 6 月末，昭通农村中小银行机构累计发放“贷免扶补”小额创业贷款 21.51 亿元，惠及 22301 户农户，用实际行动支持“大众创业、万众创新”。

五、利长远，全力支持贫困地区基础设施补短板

“十三五”期间，昭通银保监分局极力引导辖内各银行机构配合全市打好以“能通全通”为重点的基础设施大会战，加快推进交通基础设施网络建设、水利基础设施网络建设、能源基础设施网络建设、信息和物流基础设施网络建设等“五网”建设。在各银行机构的支持下，全市多项重点基础设施建设项目落地动工，持续发力，加快推进。在支持“五网”建设方面，尤以支持交通基础设施建设最为明显。“十三五”期间，全市银行机构切实提升政治站位，围绕全市构建“滇、川、黔、渝区域综合交通枢纽”目标和“交通先行”战略，积极配合交通基础设施项目建设，综合交通发展取得了历史性突破。截至 2020 年 8 月末，从全市各银行机构对 2020 年省级“四个一百”重点建设项目在昭项目贷款情况看，交通基础设施建设的重点项目授信额度达到 321.94 亿元，投放于综合交通方面的贷款余额为 161.08 亿元。“一环两横四纵六联络”高速公路网已建成 3 条 335.58 公里（其中银昆高速 258 公里，镇毕高速 13.8 公里，格巧高速 63.78 公里），昭乐高速一串佛段业已建成通车（通车里程 49.72 公里），预计 2020 年年底宜毕高速（昭通境内 80 公里）、宜昭高速（92 公里）也将建成通车，届时通车里程将达 556.72 公里。随着“县县通高速”目标的实现，凭着四通八达的综合立体交通网，借着浩荡的八面来风，昭通必将迎来大发展、大开发、大跨越的大好机遇。

（作者时任昭通银保监分局党委书记、局长）

金融活水助脱贫　决战决胜显攻坚

李明燕　刘　勇

中国人民银行昭通市中心支行深入学习贯彻习近平总书记关于脱贫攻坚重要论述，按照中国人民银行总行金融扶贫工作部署和要求，积极践行“金融为民”理念，加大再贷款使用力度，自 2016 年 4 月开办扶贫再贷款以来，辖区中国人民银行累计向地方法人金融机构发放扶贫再贷款 36.53 亿元，办理展期 19.26 亿元。截至目前，扶贫再贷款余额 18.2 亿元。建档立卡贫困人口从 2014 年末的 185.07 万人下降至 2019 年末的 15.99 万人，贫困村由 1235 个减至 104 个，贫困发生率从 34.8% 下降至 3.4%。5 年来，全市减贫人口多达 169.08 万人，每年脱贫 30 万人以上，每天脱贫接近 1000 人。

近年来，人民银行昭通市中心支行作为全市金融精准扶贫工作牵头单位，积极引导昭通市金融机构紧紧围绕贫困地区经济特点和金融需求，发挥好金融杠杆作用，扎实推进金融精准扶贫工作，为全市打赢脱贫攻坚战提供强有力的金融支撑。截至 2020 年 9 月末，全市金融精准扶贫贷款余额 184.67 亿元，较 2015 年末增加 108.19 亿元，增长 141.46%。2015 年以来，全市银行业累计发放金融精准扶贫贷款 402.23 亿元，累计带动和服务人数 433.06 万人。

一、主动作为，着力构建金融精准扶贫工作新机制

中国人民银行昭通市中心支行认真贯彻落实党中央决策部署，结合昭通扶贫实践，持续完善金融扶贫工作机制。一是牵头成立昭通市金融精准扶贫领导小组，统筹协调全市金融精准扶贫工作。整合发改、扶贫办、银保监等政府相关部门，银行业、保险业机构履行主体责任，构建“政府主导、央行牵头、各方参与”的金融大扶贫格局。二是建立健全全市金融精准扶贫政策体系。相继印发了昭通市金融助推脱贫攻坚年行动方案、昭通市金融支持深度贫困地区脱贫攻坚的实施细则、2020 年昭通市金融支持决战决胜脱贫攻坚收官行动实施方案等 10 余个文件，引导金融机构持续加大金融资源投入，提高基础金融服务水平，增加对深度贫困地区资金支持力度，补齐全融精准扶贫短板弱项，加大对建档立卡贫困户、易地扶贫搬迁、产业扶贫、基础设施建设等重点领域的金融支持。三是加强窗口指导，提升金融助推脱贫攻坚紧迫感。认真履行牵头职责，推动金融扶贫政策贯彻落实。组织召开各年度昭通市金融精准扶贫工作会议及利用季度金融运行分析分，推动金融政策措施落实落地，确保金融精准扶贫目标任务完成。四是加强金融精准扶贫政策效果评估，提高金融扶贫实效。督促辖区国家级贫困地区的人民银行县支行开展评估工作，结合金融机构报送的数据和自评估问卷等方式进行金融精准扶贫政策效果评估，进一步提高金融扶贫实效。

二、紧扣目标，加大金融资源精准滴灌扶贫领域

引导全市金融机构紧扣“两不愁、三保障”目标，全面加大信贷投入，实现精准滴灌。一是信贷支持脱贫攻坚力度不断增强。各项贷款总额稳步增

长。截至2020年9月末，全市银行业金融机构本外币各项存款余额1881.83亿元，较年初增加109.09亿元，增长6.15%，比去年同期增加47.16亿元，同比增长2.57%。昭通市金融机构本外币各项贷款余额各项贷款余额1236.01亿元，比年初增加180.85亿元，增长17.14%，比去年同期增加213.21亿元，同比增长20.85%。金融精准扶贫贷款力度持续加大。截至2020年3季度，全市金融精准扶贫贷款余额184.67亿元。同比下降2.66%。其中：建档立卡贫困人口及已脱贫人口贷款78.64亿元，同比增长10.76%；个人和产业带动精准扶贫贷款余额21.52亿元，同比下降28.19%；项目精准扶贫贷款余额84.51亿元，同比下降4.77%，有力地支持了全市脱贫攻坚工作。涉农贷款持续平稳增。截至3季度末，昭通市涉农贷款余额574.96亿元，同比增加48.4亿元，同比增长9.21%。二是切实运用货币政策工具，支持脱贫攻坚。截至2020年9月末，辖区人民银行对地方法人金融机构发放扶贫再贷款余额16.02亿元，支农再贷款余额5.24亿元，支小再贷款余额2.54亿元。撬动地方法人金融机构信贷投放。撬动辖区地方法人金融机构各项贷款余额达到477.98亿元，比上年末增加33.27亿元，增长7.48%。三是持续推进"央行再贷款+N"示范建设，运用扶贫再贷款资金精准投向示范点企业和贫困农户，实现企业增效、贫困户增收。首先全市范围内创建了173个"再贷款+扶贫小额信贷"示范基地。其次，在9个贫困县（区）创建了1.96万户"央行扶贫再贷款+产业精准扶贫贷款"示范户，通过示范引领，激活"能人带动"模式推动贫困群众增收致富。四是加大易地扶贫搬迁后续金融支持。在各县（区）积极开展安置区优化金融服务行动，建立易地扶贫搬迁"金融服务点"，安置点群众"足不出户"即可享受到便捷的基础金融服务。目前昭市农行和农信社已完成选点工作，将在靖安安置区各设立一个网点，人行昭通将组织对昭通市内搬迁人数3000人以上的16个大型易地扶贫搬迁安置点开展惠农支付业务建设工作。加大后续金融支持力度，针对辖内跨县易地扶贫搬迁户入住新房资金短缺、就业无岗位现状等困难，指导辖内各金融机构创新推出了"随迁贷""居安贷"等信贷产品。

三、注重创新，推动金融扶贫与产业扶贫融合发展

金融扶贫与产业扶贫有机结合，变“输血式”扶贫为“造血式”扶贫。一是近年来，人行昭通中支指导金融机构加大产品和服务创新。围绕昭通市“苹果、竹子、马铃薯、特色养殖、天麻、花椒”六大高原特色产业和昭通“绿色食品”“绿色能源”品牌，积极引导金融信贷资源向6个百亿元高原特色产业聚集，推动昭通市农信社创新定制并大力推广“苹果贷”“天麻贷”“花椒贷”等特色信贷产品，截至9月末，全市特色产业贷款余额41.37亿元，较年初增加15.97亿元。二是依托“企业+专业合作社+基地+农户”等产业扶贫银政企对接合作形式，助推昭通市大力发展苹果、马铃薯、筇竹、天麻、花椒、特色养殖六大高原特色产业，做好产业文章，强化产业支撑。如富滇银行昭通分行即将推出全国首个以水果为抵押物的金融产品“金果贷——高原特色信贷业务”。红塔银行昭通分行紧抓特色“三贷”产品，推出“苹果贷”“天麻贷”“花椒贷”特色“三贷”产品。三是加大扶贫小额信贷、创业担保贷款等政策实施力度。按月开展扶贫小额信贷质量情况监测工作，重点对扶贫小额信贷发放情况、贷款质量进行监测分析，强化监测预防风险。推动各金融机构规范发放扶贫小额信贷。2015年以来累计发放扶贫小额信贷147022户，金额59.72亿元元。截至3季度末，昭通市扶贫小额信贷余额41.3元，较年初增加4.73亿元，增长12.92%，贷款余额户数96353户。昭通市创业担保贷款余额27.98亿元，较同期增长6.69%，创业担保贷款户数26476人。扶贫小额信贷及创业担保贷款有力地促进了有效支持符合条件的建档立卡贫困人口创业、就业和发展生产。

四、践行普惠，着力提升金融服务环境

一是持续推进农村信用体系建设。银政联合、“一县一策”推进农村信用体系建设，不断优化农村地区金融生态环境成效明显。在全市全面铺开农村信用体系建设“三信”创建工作，实现全市10县1区至少有1个信用乡镇的目标。截至9月末，全市共评出信用乡（镇）69个，信用村437个，信用户22.21万户，占全市农户总数的15.83%。各县信用社分别授予A级、AA级、AAA级信用户信用额度3万元、5万元、10万元的贷款额度，形成信用社、乡镇政府、村委会和农户“四位一体”的农村信用服务体系，实现农村信用体系建设与精准扶贫工作的共同推进。通过“三信”创建，全市农村诚信环境得到了较大程度改善。二是延伸金融服务半径，推进金融服务网点功能和服务拓展。以普惠金融体系建设为突破口，通过完善金融基础设施，提高服务效率，将金融服务向贫困乡村延伸，贫困地区金融服务的可获得性和便利性明显提高。有效满足了昭通市广大农村地区群众取款、汇款、缴费、消费、查询等现代基本金融服务。9月末，全市银行业金融机构设立营业网点376个，全市已建成惠农支付服务点1848个，其中普惠金融综合服务站1095个，惠农支付服务点实现昭通市乡镇全覆盖、行政村基本全覆盖，让近300万农村群众“足不出村”即可享受查询、转账、消费、缴费等便捷金融服务，业务开通以来，交易量稳居全省首位。实现农村金融服务在有需求的乡镇“村村通”，建成县域刷卡无障碍示范街（区）11条，实现“刷卡无障碍示范街”全市各县（区）全覆盖，昭通全辖累计入网商户5.06万户，POS终端6.10万台，ATM机具1731台，金融便民服务点覆盖到全市的贫困乡（镇），实现行政村基本覆盖。三是强化贫困地区金融政策和金融知识宣传。推动开展多主题金融知识普及活动，提高贫困地区金融消费者的金融素养和风险意识，构建良好有序的金融生态环境。四是积极发挥保险保障作用。积极引导全市保险业金融机构推进保险扶贫工

作，提高贫困地区保险密度和深度，提高保险保障水平，完善以“农业保险+大病保险”为核心的保险扶贫体系。利用“保险+医疗”实现大病保险向贫困地区全覆盖；“保险+农业”，实现政策性农险县（市）区全覆盖；“保险+特殊人群”，实现困难群众帮扶全覆盖。

五、全力攻关，攻克昭通脱贫攻坚最后的堡垒

全国脱贫看云南，云南脱贫看昭通，昭通脱贫看镇雄。镇雄县是云南省27个深度贫困县之一，是全国贫困人口最多的县，也是昭通市唯一亟须脱贫摘帽的县。2020年年初，镇雄县仍有101个贫困村未出列，12.23万人口未脱贫，未脱贫出列贫困村、未脱贫人口分别占全国的3.8%、4.6%，占全省的23.54%、27.7%，贫困发生率为9.26%。2020年，一个都不能少，脱得掉穷根，稳得住发展。一是引导金融机构加大信贷资金投放力度，提高金融服务实体经济能力。截至22020年9月末，镇雄县各项贷款余额为211.39亿元，比年初增加53.16亿元，增长33.6%，各项贷款比年初增速排名全市第一位。各项贷款同比增速35.15%，高于全市各项贷款增速16.46个百分点。二是加大扶贫再贷款的倾斜力度，9月末，镇雄县扶贫再贷款余额4.61亿元，占全市扶贫再贷款总额的25.33%。镇雄县扶贫再贷款限额和余额分别居全市各县区市第一位。三是依照昭通6个百亿高原特色产业规划，镇雄县把竹产业作为“一县一业”，把马铃薯、生猪、蔬菜作为三大支柱产业。为支持做大做强“支柱产业”“扶贫产业”，决战决胜脱贫攻坚。昭通市、县两级人民银行认真发挥金融精准扶贫工作的牵头职责，持续加大金融扶贫投入力度，立足镇雄县的贫情、县情，坚持以产业引领发展，支持特色产业发展。通过“扶贫再贷款+扶贫小额信贷”“扶贫再贷款+公司+合作社+农户”等模式，筑牢贫困户利益联结机制。推动金融机构创新“竹

子贷”“洋芋贷”“惠农 e 贷”等特色信贷产品，加大支持特色产业发展。2020 年 3 季度末，金融精准扶贫贷款余额 28.25 亿元，同比增长 3.7%。其中，产业扶贫贷款余额 1.6 亿元，极大地支持全县农业产业发展壮大。项目扶贫贷款余额 6.93 亿元，服务人数 33.21 万人。四是全面推进项目扶贫。引导金融机构把握脱贫攻坚政策窗口期，聚焦镇雄县重点项目建设，特别是公路、高速路建设项目上，主动对接，积极跟进，通过银团贷款和总行直贷等方式，大力推进贫困地区基础设施建设。截至目前已成功投放修建宜毕高速项目贷款 23.3 亿元、镇雄县镇果公路 50 亿元、昭泸高速贷款 6.5 亿元。五是大力促进就业扶贫。2015 年以来全县银行业金融机构累计发放扶贫小额信贷 14.62 亿元，累计发放贷款户数 39884 户。9 月末，全县扶贫小额信贷余额 11.28 亿元。创业担保贷款余额 5.08 亿元，累计发放笔数 866 笔，累计发放额 1.29 亿元元，预计带动建档立卡贫困户就业 2000 人。

六、抓实工作，定点扶贫村扶贫攻坚出实招

2016 年 6 月 3 日，人行昭通中支成立了以行长为组长，其他班子成员为副组长的扶贫工作领导小组，制订年度扶贫工作计划，认真抓好落实，统筹推进全辖定点扶贫工作。全辖人民银行分级挂钩特困村，组建驻村扶贫队，建立单位扶贫办与驻村扶贫工作队联系机制，明确了驻村扶贫工作队工作目标，工作任务和工作职责，定期召开工作例会，听取工作汇报，及时帮助解决工作中遇到的实际困难和问题。

2015—2017 年中支机关定点扶贫点威信县旧城镇文兴村，2017 年 10 月，按照市委、市政府的统一安排部署，人行昭通市中心支行定点驻村扶贫工作队由威信县旧城镇文兴村调整至彝良县龙街乡恒底村开展帮扶工作。个别县支行定点驻村扶贫点也按照县委、县政府的统一安排部署在本县略有微调。

昭通中支党委重点抓了以下几方面的工作。一是深入开展调研，吃透村情民情。领导班子分组带头多次入户回访帮助特困群众重塑生活信心，单位主要领导每年到扶贫点调研指导工作不少于4次，督促好驻村工作队队员严格按照《驻村工作队队员管理办法》及县委政府要求，加强队伍内部管理，协调配合好村委同志开展工作，发挥驻村工作队优势和枢纽作用，深入群众做好贫情调研，发现问题及时反映，强化扶贫政策学习，不断提升自我能力，多走访勤深入为群众积极探索和创新致富手段。其中处级干部到扶贫点 100 人次、科级和科级以下人员到扶贫点 9000 人次。干部职工与结对贫困户进行了面对面交谈，了解其致贫原因和家庭及收入状况，详细为贫困户解读了易地扶贫搬迁贷款和农村危房改造贷款的申请条件，政府补助，贷款贴息等措施，对帮扶对象建房及脱贫计划进行跟踪指导。二是加大资金筹集力度，着力解决实际困难。截至 2020 年上半年，中支机关和各县支行单位出资累计 611 万元、向市级、县级有关部门汇报、请示，累计联系协调投入资金 226 万元（中支机关 150 万元、大关支行 39 万元、彝良支行 26 万元、镇雄 11 万元）。领导班子还带头组织全体干部职工捐款捐物 21 万元帮助群众解决实际困难。帮助扶贫点村组修建连户路，硬化道路，改善出行条件；帮助扶贫点村小学改善办学条件；改善村级活动场所党员活动室等条件，完善村级活动场所功能。三是驻村干部无私奉献，全力以赴投入扶贫工作。全辖人民银行每年驻村干部 32 人，2019 年“百日攻坚”中长期从事扶贫工作人数 161 人，全辖近 50% 的人员投入扶贫工作。

2018 年，绥江县、威信县脱贫出列，2019 年鲁甸县、巧家县、盐津县、大关县、永善县、彝良县脱贫出列（已公示）。镇雄县计划 2020 年脱贫出列，完成对标脱贫。贫困村脱贫的路上留下了人行干部职工艰辛汗水，全行干部职工也因参与脱贫攻坚伟业辛苦付出过而倍感自豪。

（作者李明燕时任中国人民银行昭通中支货币信贷管理科副科长，刘勇时任中国人民银行昭通中支宣传部副部长）

立足昭通脱贫攻坚　百亿资金强势出击

中国农业发展银行昭通分行

2015年以来，中国农业发展银行昭通分行认真贯彻落实党中央国务院指示精神，在上级行的指导帮助下，紧紧围绕市委、市政府的规划，致力于支持昭通脱贫攻坚和地方经济发展，通过贷款、债券、基金等形式，投放各类资金142余亿元，其中：辖内机构直接投放信贷资金118.54亿元；债券置换投入资金5.62亿元；上级行投入各项资金17.86亿元。切实维护国家粮食安全，聚焦农业供给侧结构性改革，重点支持易地扶贫搬迁、棚户区改造、水利、交通、教育、产业培育、市政配套设施、农村基础设施、生态环境保护等关系昭通国计民生的重大项目。

大力支持易地扶贫搬迁

昭通农发行发放项目贷款资金30.7亿元，上级下拨在昭通农发行的各类资金共计到位47.76亿元，涉及366个易迁安置点，搬迁35415户147692人（建档立卡27780户119517人，同步搬迁7635户28175人），目前已搬迁入住建档立卡98162人，入住率82.13%。2019年，昭通农发行先后发放

8亿元城乡一体化中长期扶贫贷款（EPC项目）支持盐津县易地扶贫搬迁配套设施建设；投放1.54亿元城乡一体化贷款支持昭阳区红路安置点配套设施建设；投放8亿元城乡一体化贷款支持彝良县发界安置点配套设施建设，全面改善迁入区水、电、路等基础设施条件，有效提高搬迁群众生产生活条件及生活质量，为贫困人口实现搬得出、稳得住、能致富提供资金保障。

支持棚户区改造

棚户区改造是惠及千家万户的民心工程，加快推进棚户区改造，对于百姓而言，将能实现安居“中国梦”；对于政府而言，是城市化建设的关键环节。截至2018年末，昭通农发行累计获批棚户区改造项目7个，获批金额28.21亿元，涉及全市6个县区，拆迁户数6984户，涉及拆迁人数21776人。累计投放棚改信贷资金20.21亿元。其中威信县获批3亿元，已投放1.5亿元；盐津县获批3亿元，已投放3亿元；水富县获批0.71亿元，已投放0.71亿元；巧家县获批7亿元，已投放7亿元，昭阳区获批8亿元，已投放8亿元；镇雄县获批6.5亿元。

支持农村基础设施建设

昭通农发行充分发挥政策性银行在支持“三农”中的独特优势，积极响应农村饮水安全提升工程，在水利基础设施建设方面，重点支持农田水利、防洪工程、水资源配置工程、水土保持和水生态保护等水利建设项目。先后支持昭阳区边菁水库、鲁甸县月亮湾水库、巧家县洗羊塘水库、永善县大板厂水库、镇雄县胡家山水库、彝良县松林水库、威信县桂香沟水库等10余个水利工程，累计发放贷款10余亿元。

近年来昭通农发行坚持贯彻“交通先行”战略，聚焦深度贫困地区交通道路改善，为国省干道提级改造、为县县通二级路，乡乡通油路及建制村通道路硬化提供资金保障。累计投放20余亿元支持辖内柿凤路、昭彝路等30余条农村公路建设；发放3亿元支持彝良（红石岩）至牛街（油光坎）二级公路建设；发放5亿元扶贫过桥贷款，用于支持G356线昭阳区烟堆山至鲁甸县新街段公路，即“大山包一级公路”的建设；发放1.86亿元支持昭通中心城市客运枢纽站建设。

支持产业扶贫

“大资源，小产业”是昭通农业的现状和短板，作为补短板的银行，昭通农发行认真贯彻落实国家有关扶持小微企业、服务民营企业和实体经济的方针政策和工作部署，围绕市委、市政府对高原特色现代农业的发展目标，秉承“服务三农，植根乌蒙”的理念，把扶持产业作为精准扶贫的重要方面来抓，努力探索政策性金融支持农业产业的新路子，坚持因企施策和差异化服务，着力解决小微企业融资难融资贵的问题，全力助推高原特色农业产业和地方实体经济发展。全力支持昭通六大产业发展，先后支持云南理世、水富醉明月、水富云天化等多个经济实体，既支持了实体经济的发展，又通过涉农实体经济的发展，有效支持了产业扶贫事业。其中2019年共发放产业扶贫贷款8.66亿元、民营中小微企业贷款4920万元，支持的产业涵盖从田间到餐桌多个环节，涉及粮油、肉禽等精加工产业。

支持教育扶贫

昭通农发行分行通过抢抓机遇，积极向省分行汇报，争取上级行对我市辖内教育薄改项目通过扶贫过桥方式的支持，取得了良好效果。在巧家县成功发放13670万元薄改项目贷款，贷款用于全面改善贫困地区义务教育薄弱学校办学条件建设。

坚持疫情防控和复工复查两手抓

新冠肺炎疫情暴发以来，快速启动贷款绿色通道，简化审批流程，应急救灾贷款平均用时2—5天完成全部调查、审议、审批、发放流程，全力确保贷款快速发放，助力全市疫情防控和复工复产工作稳步推进。截至目前共发放8笔贷款支持疫情防控和复工复产，合计金额5.63亿元，贷款利率在基准利率基础上不同程度下浮，其中：水富市支行发放水富市云富投资开发管理有限公司4700万元救灾流动资金应急贷款，贷款利率3.3%，专项用于水富市抗击新型冠状病毒的医疗救助、物资采购、应急设备采购等与疾病治疗和疫情防控相关的费用；彝良县支行向彝良宸宇农业科技有限公司发放应急流动资金贷款5000万元，贷款利率3.5%，用于稳定全县猪肉供应，保障疫情期间的生活物资采购；昭通市分行向昭通市昭阳区易地扶贫搬迁产业投资有限公司发放应急流动资金贷款5000万元，贷款利率3.8%，专项用于昭阳区抗击新型冠状病毒的医疗救助、物资采购、应急设备采购等；彝良县支行向彝良山益宝生物科技有限公司发放应急流动资金贷款3000万元，贷款利率3.8%，用于政府指定生活物资采购及竹笋采购；昭通市分行向昭通城投置业发展有限公司发放5000万元流动资金贷款，贷款利率3.8%，用于支持全国最大跨县易地扶贫安置点战“疫”；水富市支行向云南水富云天化有限公司发放30000万元应急贷款，贷款利率3.8%，专项用于云南省疫情重点保障物资化肥生产所需原材料采购；昭通市分行向云南农垦昭通农业投资发展有限责任公司发放3600万元应急流动资金贷款，贷款利率3.8%，用于马铃薯稳产保供物资采购费用，保障春耕生产有序推进。

同时，多措施、多渠道减少存量贷款企业受疫情影响程度，帮助企业共渡难关。对昭通高速城乡开发有限公司、昭通市航空旅游集团有限公司2家客户进行延期付息，涉及金额2812.63万元。对云南昭通交通运输集团有限责任公司、盐津县睿通开发投资有限公司、盐津县旅游开发投资有限责任公司、盐津东盛建材有限公司4家受疫情影响还款存在困难客户，进行调整还款计划，涉及金额2205万元。

精准扶贫任重道远

昭通农发行始终围绕市委、市政府脱贫攻坚统揽全局的发展战略，按精准扶贫优先引导资源配置，2017年至今，累计投入精准扶贫贷款79.31亿元，占直接投放贷款的90.27%，全力补齐昭通“三农”短板建设，助推地方经济发展和脱贫攻坚建设，为真扶贫、扶真贫闯出行之有效的路径。并在利率上尽最大可能让利给政府和企业，综合考虑发债成本、营运费率和营业税支出等因素，我行在贷款上让利给企业和地方政府总体利差在0.3%以上，按基准利率每年让利地方金额都在3000万元以上，如按地方平均筹资成本，每年让利金额在1亿元以上。

未来的工作中，农发行昭通市分行将坚持政策性银行的办行宗旨，恪守政策边界，做好支农文章。继续巩固传统业务，以支持粮油储备为重点，毫不动摇地履行好收购资金供应管理工作职责，进一步巩固粮油市场资金供应的主渠道作用；坚决贯彻落实国家赋予的补短板、强弱项等职责任务，将有限的信贷资源配置到地方农村经济社会发展最重大、最紧迫的领域，牢牢把握脱贫攻坚目标和标准，找准问题、聚焦短板、精准施策；坚持把服务乡村振兴战略摆在优先位置，找准突破口核切入点，加大投入力度，争当服务乡村振兴的排头兵和主力军；积极融入长江经济带建设，加大政策扶持和资源倾斜力度，加强与地方政府沟通协调，全力支持修复长江生态环境；加大生态环境保护支持力度，全力推动农村生态宜居，以农村垃圾处理、污水治理、厕所革命和村容村貌提升为主攻方向，全力支持改善农村人居环境；因地制宜支持高原特色农业产业，积极支持生产基地建设、农业产加销衔接、多功能拓展，推进一二三产业融合发展，着力支持高标准农田建设和农地整治，加大农村流通体系建设，推动质量兴农，提高农业综合生产能力。通过以上六大方面全面发力、精准投放，力争每年投放金额不少于 50 亿元，“十四五”期间投放总额不少于 250 亿元。

（由农发行昭通分行供稿）

第四编　山海相连

勠力同心　东西携手奔小康

张煜华

自东西部扶贫协作开展以来，广东省中山市小榄组团和云南省昭通市永善县深入贯彻落实习近平总书记在东西部扶贫协作工作座谈会上的重要讲话精神，紧扣国务院东西部扶贫协作成效考核指挥棒，全面落实两省、市和广东省第六扶贫协作工作组关于东西部扶贫协作各项部署要求，坚持“永善所需、中山小榄组团所能”的原则，紧扣“产业对接、就业对接、智力对接”三条主线，建立“1+8”扶贫协作部门联动机制，努力探索先富帮后富、逐步实现共同富裕的新途径、新方式，共画东西部扶贫协作最大“同心圆”。截至2020年8月，中山小榄组团累计投入财政帮扶资金和社会帮扶款物2.26亿元，成功引进中山中汇集团、美林蓝莓科技发展有限公司、云南康迪服饰有限公司等8家企业落户永善，实施协作项目106个，惠及全县15个乡镇120个村（社区）8万余贫困人口。

一、强化组织领导，精准精细开展协作对接

一是高位推动东西部扶贫协作。中山市党政主要领导及分管领导先后深入永善调研指导，双方共召开专题会议10次。促成云南首个混合所有制

竹笋加工全产业链扶贫项目。二是高频次推动双方互访交流。永善县党政主要领导及县级有关领导带队分10批次共计83人次到中山市小榄组团镇区开展互访交流；中山市小榄组团镇区分53批次共计536人次赴永善县调研对接，主要领导全面遍访永善县，共召开联席会议23次。三是高质量开展有效对接。每年度制定指导性强、可行性高、目标明确的东西部扶贫协作工作方案，明确年度工作任务，细化工作措施，精准精细开展协作工作。

二、扶贫先扶智，人文交流促融合

（一）精准发力，人才交流成效明显

中山小榄组团医疗教育人才180余名到永善支援交流，永善县选派医疗教育人才320余名到中山小榄组团交流学习，帮助永善新开展开颅等29项新手术，创建中山小榄组团 · 永善县微信远程诊疗平台、中山名医工作站，开展培训讲座、义诊等活动200余场次，惠及人数超过万人以上。充分发挥中山支医支教专家的先进理念，成功举办广东省中小学新一轮“百千万人才培养工程”中学名校长培养对象示范带学走进永善活动，第十一、十二届全国人大代表，国务院特殊津贴专家，广东省名校长贺优琳高考科目培训永善行，开展专题讲座168场次。

（二）创新人才培养模式，普高和职教携手发展

一是创新“1+9”跟岗学习模式，普高教学整体提升。选派永善县1名教学校长和9名高考学科骨干教师，每年成体系、成建制、全覆盖、全过程到中山名校跟岗培训学习一学期，学习东部名校涵盖行政、教育、教学、思德、安全等方面的先进管理模式，整体提高永善县高中教育教学水平，通过多层次、宽领域开展交流学习，大力促进了东西部人文融合、思维融合、

工作融合，为永善培养了一支带不走的教育人才队伍。二是创新“就学+就业”培养模式，职教观念深入人心。按照找好一个企业、选好一个专业、育好一批学生、带动一批就业“三好一带动”思路，采取“就学+就业”的培养模式，成功打造“格力班”“威力班”“艺根传媒班”，并与相关企业协作，为就读学生提供勤工俭学和实习岗位，获得勤工俭学和实习收入近70万元。累计组织永善籍学生1279名（其中卡户学生943名）到中山、深圳、珠海免费就读职业学校，普职比从2015年的1 ∶ 0.37提升到2019的1 ∶ 0.89，接近全国平均水平，促进永善县职业教育加快发展。

（三）强基础引资源，加速永善医疗教育发展

一是夯实医疗教育基础，设施过硬保发展。共投入帮扶资金6855余万元，聚焦易迁安置点、乡镇、残疾人医疗教育问题，实施协作项目60个。投入3150万元，援建永善县域内最大易迁安置点红光易迁安置点配套学校——中山博爱学校，提供学位2000人，有效解决红光易迁安置点就近就学问题；投入1400万元，建成1个乡镇中心卫生院和47个标准化村级卫生室，提升贫困村医疗硬件；投入543万元，着力补齐永善县溪洛渡镇、莲峰镇、团结乡等乡镇基础设施短板，优化教育环境；投入75万元，建设残疾人学生感统训练和康复设施，促进残疾人学生义务教育。二是引进优质教育资源，先进理念助发展。引入浙江省知名教育——温州知临教育集团与永善县合作办学，按照“加强合作、优势互补、互惠互利、共谋发展”的原则，合作创办永善县知临中学（由知临教育创办的乐清市知临中学全国排名第二十四、浙江第三）、托管永善县上善中学，双方将坚持“精细化管理、优质化育人”的办学思路，力争6年内创建省一级三等高中，教学质量排名全市前列。两所学校已于2020年秋季学期正式投入使用，招生788名。

三、造血式扶贫，做强产业断穷根

（一）强化政策支持，大力招商引资

永善县积极营造“亲商、富商、安商”的营商环境，强化政策支持，投入东西部扶贫协作资金532.2万元，制定了《永善县东西部扶贫协作投资项目优惠政策实施细则（试行）》（永政发〔2019〕33号），以“一免四奖”（“一免”：入驻永善扶贫车间的广东企业，免收前5年租金；“四奖”：给予在永善投资的广东企业固定资产、消费扶贫和交通物流、吸纳就业等方面奖补，其中，固定资产投资奖补最高不超过500万元，消费扶贫和交通物流按实际运费的50%给予奖补）大力鼓励和支持广东省企业、社会组织及个人到永善县注册设立公司，通过发展产业、消费扶贫、吸纳就业、建立利益联动机制等带动本地贫困人口脱贫增收自东西部扶贫协作来，共投入1.5亿元带动产业发展，引进8家企业落户永善，可直接带动830人易迁群众实现就地就近就业，惠及12个乡镇69个村（社区），带动23692人脱贫增收。

（二）“国有资本+民营企业+N”混合所有制扶贫模式，推动永善特色产业合作项目落地

充分利用东部地区国企在现代企业管理、信息、市场、资本等方面及西部地区自然禀赋“2个优势”，打造云南省首个东西协作混合所有制扶贫产业项目。由中山中汇集团控股与昭通开投公司、永善民营云南菜人家公司共同投资1亿元，携手打造产供销研竹产业协作项目。投入东西部扶贫协作资金300万元，建设扶贫车间1个，带动10万亩方竹和2000亩小米辣种植，通过带动种植、采摘、购销等方式，惠及全县11个乡镇62个村级集体经济和专业合作社2.4万余贫困人口。截至目前，累计分红124万元，覆盖54个村（社区）。近3年吸纳就业620余人，其中建档卡户150余人，人均月工资收入达3200元以上。

（三）“民营企业＋易迁扶贫车间＋”模式，解决易迁群众就近就地就业

引入中山真安印花定型有限公司，在永善县红光易迁安置点共建永善首个劳动密集型扶贫车间——云南康迪服饰有限公司扶贫车间。可提供就业岗位300个，有效解决易迁安置群众就地就近就业。截至目前，企业已累计投入约740万元，正在筹建纸箱厂和毛绒厂。2020年疫情期间，组织工人成本价赶制口罩，积极参与永善县疫情防控工作。

（四）“党支部＋公司＋基地＋N”模式，发展蓝莓产业综合开发项目

共投入资金5600余万元，建成“万亩云端果园”蓝莓基地1.2万亩，建立“一地生四金”带贫机制（土地流转有租金、务工收入有薪金、入股分红有股金、集体有收益金。）基地盛果期年可提供施肥、除草、采摘等20万—30万个就近就地就业工日。覆盖溪洛渡镇、水竹乡、莲峰镇3个乡镇16个贫困村3928户建档立卡贫困户。目前，群众通过流转土地获得收益共计66.8万元；累计用工2.25万人次，实现务工收入225万元；入社贫困农户入股分红71.3万元；合作社实现集体收益10.2万元。

（五）线上线下齐发力，积极开展消费扶贫

采取“展销会＋龙头企业＋”模式组织云南莱人家、桧元专业合作社等企业参加广州博览会、中山“328”对口扶贫协作招商引资洽谈会等交易会，开展“广东消费扶贫月活动网上行”产品对接，打造特色鲜明、带动力强的网络消费扶贫平台。通过“线上＋线下”、网上平台直播带货销售等方式开展消费扶贫，采取“电商平台＋合作社＋”“网络直播＋合作社＋”等模式，充分发挥东部市场优势，将永善农特产品销往东部市场，累计销售额达5000余万元。

四、激发内生动力，转移就业促脱贫

一是强化服务保障。组织“春风行动”“转移就业百日行动”等就业服务活动。两地政府互设劳务服务工作站，创设小榄组团（东凤）永善之家、小榄组团驻永善工作站、设立永善驻中山·东莞人力资源服务站，选派专职干部常态化开展就业服务联络工作，做好后续管理服务工作。2020 年疫情期间，大力开展“点对点”输送行动，输送到广东省 3074 人，其中到中山 486 人（卡户 275 人）、到东莞 799 人（卡户 351 人）。二是强化政策激励。创新“政策+宣传+工作站”机制，助力贫困群众脱贫增收。投入资金 2243 万元，制定脱贫攻坚期内“1233”劳务输出激励政策即“一帮”：帮助找工作；“二补”：交通补贴和稳岗补贴；“三包”包吃、包住、包车费；“三保”：保工资、保权益、保服务。自两地对口帮扶协作以来，共举办专场招聘会 105 场次，转移贫困劳动力就业 8355 人次，其中，广东省 6049 人次（中山市 714 人次，东莞市 1127 人次），其他省区 817 人次，就近就业 1489 人次。

五、凝心聚力，东西携手共奔小康

（一）实现结对帮扶“三个全覆盖”

筹集帮扶资金 1645 万元，采用“市级资源+组团资源+N”的模式，深入开展“携手奔小康”“万企帮万村”行动，加大结对帮扶力度，中山小榄组团 7 个镇区、37 个社区、11 个社会组织、33 家企业与永善县 11 个乡镇的 74 个深度贫困村（社区）结对帮扶，实现永善深度贫困村结对帮扶全覆盖。立足中山小榄组团三甲医院资源优势，深入开展医疗卫生协作，中山市小榄组团3家医院与永善县级医院结对，实现中山小榄组团医院与永善县级医院结对全覆盖。广东省14所名校与永善县9所县级学校实现结对帮扶全覆盖。

（二）广泛动员社会力量

一是聚焦社会帮扶。每年举办一次东西部扶贫协作主题募捐活动，广泛动员小榄组团镇区社会组织、爱心企业、爱心人士等各方力量，累计向永善县捐款捐物6855万元，重点用于贫困人口脱贫补短板项目。发动广东熊猫体育文化产业有限公司捐资建成永善120院前急诊急救体系，据了解，该急诊急救体系是云南省建成的首家县域内覆盖乡镇的院前急救体系。二是聚焦厕所革命。深度参与永善农村厕所革命，投入东西部扶贫协作社会帮扶资金1524.43万元，无害化户厕改造16785座，覆盖12乡镇76村，为有效衔接乡村振兴打下坚实基础。三是聚焦残疾人帮扶。通过产业扶持、技能培训、贫困资助等方式，加大残疾人帮扶力度，惠及9037名贫困残疾人。积极争取中山市残联出资，对52名残疾人开展农村实用技术培训，通过东凤永善之家，输送19名残疾人到中山稳定就业。募集中山大信教育基金8.5万元资助残疾学生17名，实现贫困残疾在校大学生全覆盖。投入125万元，建设民族小学康复设施、共建残疾人康复中心、建设特殊学校感觉统合训练。投入60万元，为58名残疾人量身适配假肢。

（作者系永善县东西部扶贫协作办公室工作人员）

东西协作增强“造血”功能
留下永不走的人才队伍

——中山小榄组团干部人才交流纪实

胡远祥

自东西部扶贫协作工作开展以来，中山市小榄组团与永善县加大干部人才交流学习，促进东西部人文融合、思维融合、工作融合，为永善培养了一支带不走的队伍，用实际行动践行“干在实处，走在前列，小榄组团扶贫协作结硕果；勇立潮头，方显担当”的使命。中山小榄组团先后择优选派了 4 名领导干部到永善县挂职开展协作工作；支教人才 1 年期 5 人、1 个月期 44 人到永善县开展交流活动；选派支医人才 1 年期 9 人，1 个月期 41 人到永善县开展支医活动；选派经济、农科等其他领域人才 1 年期 2 人、1 个月期 12 人到永善县开展交流活动，通过交流培训，为永善培养了一支带不走的队伍，涌现出了一批先进典型事例。

千里驰援战“疫”情

陈超杰，中山市小榄人民医院重症医学副主任医师，2019 年 10 月赴永善县人民医院挂职副院长。2020 年 1 月 23 日，新冠肺炎疫情暴发，全国启动 1 级抗疫响应，疫情当前，专业对口的他原本打算第一时间奔赴挂职的永善县人民医院参加疫情阻击战，但是因为曾接触过湖北来访人员，按照有关规定，他需居家隔离 14 天，无法第一时间回到工作岗位。居家隔离期间，他仍然心系永善，一边通过微信远程指导永善县人民医院开展防控演练，一边积极联系各有关部门，为永善筹集到 4000 个口罩、24 套防护服。2 月 7 日，陈超杰不顾个人安危，毅然决然带着再次从中山筹集到的 30 套防护服回到岗位，投身疫情防控一线，坚守 ICU 参与新冠肺炎患者的治疗和抢救。

防疫期间，他与中山市小榄人民医院派驻昭通永善支医专家梁亮标，萌发创建健肺操帮助病人提高免疫力，助力新冠肺炎患者康复的想法，本着“既病康复，未病先防”的理念，在学习与总结广州市呼吸健康研究院郑则广教授现代医学肺康复理论的基础上，运用传统中医康复理论、治未病理论、现代康复技术，中西医结合，创立了“梁陈健肺七步操”，为永善县居家人群锻炼身体起到积极的作用。为突破传统面授培训方式覆盖面小的局限性，让更多永善贫困山区的病友学会该套健肺操，同时也向昭通市乃至全国病友推广，在广东省第六扶贫协作工作组的大力支持下，陈超杰和梁亮标医生组织拍摄了这套健肺操微视频。视频推送到学习强国、中山、昭通等平台传播，同时，在中山、永善两地医院广泛推广，练习的人越来越多。

陈超杰说：“健肺操当下最适合肺炎病人的肺康复，也能让居家的人学会肺部自我锻炼自我保健，希望梁陈健肺操能够助力新冠肺炎患者肺康复。”

日常工作中，他通过带教、争取外出培训的机会，重点培养学科带头人，选派医务人员到广东等医疗发达地区学习先进技术，协调小榄人民医院每次抽派业务骨干以 1 月为期分 2 批到永善开展现场培训指导；坚持参加科室教学查房，参加科内危重症患者的病例讨论，每月至少开展一次专业讲课，现已举办各种业务培训 46 次，培训永善县 15 乡镇医务人员 1952 人次。

此外，陈超杰医生多方协调，引进广州中医药大学李俊雄教授的“自血穴位注射疗法”先后在永善县人民医院、县中医院和昭通市中医院推广普及，并组建“自血穴位注射疗法”宣传队，深入15个乡镇卫生院进行技术培训推广，在每个乡镇卫生院培养打造一个特色治疗点，使群众在家门口就能得到县级医疗技术服务，切实推进了永善县乡医疗一体化建设。

真帮实扶补“短板”

戴建明，广东省中山市东升医院神经外科主任医师、业务副院长，2018年10月带着东部地区先进经验和思想，到永善县中医院挂职副院长。

2018年11月的一天，一例住院患者由于室旁脑血管畸形导致出血破入脑室昏迷，病情就是命令，戴建明被紧急召唤，迅速开展手术，因抢救及时保住了患者生命。挂职以来，像这样在生死线上博弈的情形时刻在医院上演，其间收治的颅脑损伤患者年龄最小仅7个月、年龄最大的有85岁，他有效开展相关领域手术21台。

“台账必须要规范，应该从每日检查情况入手……”每天早上8点，戴建明都会组织外科医生开展“例会”，汇报工作的同时做好交接班准备，以便更好、更规范开展一天的工作。

“个人的力量是有限，真正帮扶是需要让更多医生成长起来，将技术留在永善、服务更多群众”，戴建明深知1年的帮扶工作仅靠自己的能力远远不够，为了打造一支带不走的队伍，更好服务群众，戴建明注重对医务人员培训，倾囊相授，有效提高了医护人员的综合素质能力。一年来举办相关业务培训40次，全县受益医护人员达2153人次，不断夯实大家基础知识、规范诊疗行为。挂职期间，对急诊科医务人员进行了急救技术培训18项67场次。

同时，还积极发挥桥梁纽带作用，协调“娘家”东升医院每次派出2名技术骨干以1个月为期分3批奔赴永善开展现场指导，用实用技术强化队伍培养，多层次、全方位确保人才培养取得实效。不仅如此，戴建明还不断扩大培训面，将培训工作延伸到全县15乡镇，有针对性为乡镇医院开展技能培训，让先进理念及实用技术惠及更多的医护人员。

为全面高效服务于院前危、急、重患者的应急救治，获取最佳抢救时间，打通患者生命“最后一公里”，戴建明结合永善实际提出了“院前急救体系”构思，并为此积极奋斗。2019年通过半年多的实地调研，动员广东熊猫体育文化产业有限公司捐赠资金100万元，援建永善县120院前急救体系，在15个乡镇及县级医疗机构分设18个急救站，所有急救站纳入120急救中心统一管理、统一调度。自建成运行以来，由调度中心统一派车，有效出诊570余次，其中急救中心出诊480余次，各急救站出诊90余次，120呼救率和出车率明显增加，缩短转院途中时间，让群众能够迅速得到救治和住院治疗，提高了治愈率，降低了死亡率。据了解，永善县120院前急救体系是云南省建成的首家县域内覆盖乡镇的院前急救体系。

扶贫协作结硕果

熟悉一方水土，交一批朋友，多一份经历！做点实事，修炼身心！——他就是东西部扶贫协作挂职干部永善县人民医院副院长：张金成。2017年10月他在医院的OA上看到中山市卫计局下发的国务院关于东西部扶贫协作卫生援助工作的通知，就抱着一颗感恩的心，主动申请到云南省永善县人民医院工作。他说如果没有国务院东西部扶贫协作计划，没有医院领导及上级主管部门的支持，没有爱人的支持，就没有机会来到云南，来到永善，体验这里的生活！

挂职期间，他进行了查房、病例讨论、手术、学术讲座、义诊等，取得了很好的社会效益。在他的协调推动下，永善县人民医院与小榄人民医院协同合作，以互联网为媒介，创设“东西部扶贫协作小榄 · 永善微信远程会诊中心”，深入实施“互联网+健康医疗”行动，有效提升了医疗服务能力。

古中勇，永善县溪洛渡镇干河村因残致贫的建档立卡户，因 2 岁时不慎跌倒进滚烫的猪食中，致使双上肢、胸部严重烫伤，落下终身残疾，生活十分艰难。2018 年 8 月，采取东西部扶贫协作小榄 · 永善微信远程会诊方式与小榄人民医院会诊患者，并确定治疗方案，中山支医专家将该名患者送至小榄人民医院接受手术治疗，两个月后患者基本恢复了正常的肢体功能，目前，已复了 90% 的劳动能力，已成为家里的顶梁柱劳动力。

科教串起千里缘

“我必须要快速了解永善，知道它在教育上需要什么，我才能有针对性地开展工作，才能探索出更多的接地气帮扶方法。”这就是小榄镇第二中学支教老师陈源斌。2017 年 10 月，从教 24 年的陈源斌随着帮扶部队赶赴永善，挂职永善县第一中学副校长，开启了他教育扶贫的使命。

每每夜深人静，陈源斌还坚守在办公室从海量的学习视频里挑选优质课程，作为广东省中山市第一批东西部扶贫协作的“支教”老师，他力促“先进带后进”“好带差”“中心组学习”“微课”等教学思路，把先进的教育理念带入永善，用短短一年时间交出在永善教育扶贫的满意“答卷”。

“当我们把开关放下，会出现什么情况？”“灯泡亮了……”在示范课上，陈源斌不断启发学生，让他们主动思考、自觉学习，真正将课堂交给学生。学生们纷纷反映学得懂、印象深、效果好。为了能让老师真正做到课堂上学生“唱主角”，陈源斌常常利用晚上休息的时间通过网络搜集等方式寻找优质课，在备课组活动上组织教师观看后进行集体交流学习，引导教师认真对比和反思自己在教学中存在的不足，并结合实际开展详细点评。深挖教师潜力的同时，将课堂真正还给学生。

“你这个知识点讲得很精彩，制作成微课后，可以供其他老师参考，你也可以反复观看，寻找提升的空间。”陈源斌对县一中教师赵思榜讲课进行评价的同时耐心地与他进行微课视频制作推介。

“陈源斌副校长到我们学校以来，让我收获很多，他改变了我们的教育观念，之前我们习惯于老师讲学生听的模式，而陈源斌副校长提倡，要精讲多练，把课堂还给学生。”永善县第一中学教师宁世玖深有感触地说。

在不到一年的时间里陈源斌开展了《做阳光灵气的新教师》《用精细化管理打造优质学校》《合作见成长关爱见输赢教法见成效》《认识微课与微课制作》等讲座 20 余次，2000 余人次受益。

一年的时间即将画上句号，大家心里充满了不舍和挂念，让两地牵起千里之缘。

危难时刻献真情

“你们害怕吗？”车间员工齐声回应：“蔡总都不怕，我们也不怕。”蔡总就是云南康迪服饰有限公司总经理蔡志彬。

蔡总说：“面对疫情，我们要团结一心，不怕困难，哪里需要我们，我们就会在哪里，现在，你们认真做好手上的口罩生产工作，发放给需要的人，我坚信，我们一定能行。”

面对突如其来的新型冠状病毒肺炎疫情，永善县存在着口罩、手套、防护服等急需的防疫物资短缺的情况。东西部扶贫协作项目云南康迪服饰有限公司总经理蔡志彬在得知此情况后，充分发扬“担当·博爱”精神，面对物资极度紧缺的情况，他放弃春节假期，积极行动，于大年初四回永善县协调筹集物资助力永善防控疫情，在上海、杭州等地帮忙协调购买了30000多个一次性医用口罩，缓解了防控物资短缺的情况，支援防控工作，助力抗击疫情。

为助力学校开学，云南康迪服饰有限公司向墨翰小学、茂林小学等学校捐赠口罩价值40000元。公司总经理蔡志彬个人捐赠10000个一次性医用口罩价值26000元，向县红十字会捐赠一次性医用口罩和防护服价值30000元。助力永善县抗击疫情，献一分绵薄之力，尽一分社会责任。

云南康迪服饰有限公司作为从广东省中山市引进来的企业，扎根本地，积极承担社会责任。在总经理蔡志彬的带领下，公司原计划正月十八开工的，得知永善县口罩等防疫物资紧缺的情况，积极响应政府的号召，临时召集30名工人于2月2日提前开工，连夜赶制口罩，与全县人民一起并肩作战，共同抗击疫情。此次口罩生产，是由永善县统一采购原材料，云南康迪服饰有限公司进行公益代加工，已累计生产15万个口罩投入疫情防控中。复工复产助力疫情防控体现了企业的担当，也为员工带来了实实在在的收益，带动了贫困群众的发展。

（作者系永善县东西部扶贫协作办公室工作人员）

传递光明的白衣天使

于　强

鲁甸地区，受地理环境和气候等因素影响，盲眼疾病高发，白内障、黄斑病变、糖尿病视网膜病变等疾病较为普遍。但是，全县仅有 3 名眼、五官科医生，且均不能独立完成治疗性手术。医疗水平滞后，医学人才匮乏，无法满足鲁甸县 47 万人民群众正常的眼科诊疗需求，部分患者因得不到及时有效治疗导致视力下降甚至失明。眼疾还加重了众多家庭的经济负担，因病致贫形势严峻。因此，针对眼科疾病的有效预防和治疗迫在眉睫。

一、雪中送炭及时伸出援手

2018 年，广东省第五扶贫工作组向东莞光明眼科医院发出邀请，希望医院为鲁甸眼健康扶贫事业出一分力，帮助增强鲁甸县公立医院眼科服务能力，解决当地群众因眼病致贫的问题，提高广大群众的眼健康水平。东莞光明眼科医院副院长于强教授积极响应，带领团队多次到当地调研。并在东莞市卫生健康局、中山大学中山眼科中心党政领导的支持下，与云南省昭通市鲁甸县委、县政府研究形成了帮扶鲁甸县眼健康体系规划方案。

2018 年 11 月 3 日，《东西部扶贫协作眼健康医疗帮扶框架协议》签订，以鲁甸县人民医院眼科为帮扶点开展对口帮扶。2019 年 3 月 20 日，鲁甸·东莞眼视光诊疗中心（以下简称中心）正式挂牌。挂牌以来，中心充分发挥人才、技术和设备的优势，积极服务鲁甸县眼疾患病群众。

二、履职尽责为患者祛除病患

提供优质眼科诊疗服务。先进医疗技术的引入，白内障复明工程的开展，为多位患者带来光明的希望，也打破了一个个家庭因病致贫、因病返贫的恶性循环。

78 岁的彭天秀就是受益者之一。1 年半之前，她突然看不清了，即便是站在她面前半米远的家人，她分辨不出是谁。患病之初，她也跑过医院，但是却无法得到有效的治疗。近乎失明的她，成为家庭的一个负担，生活难以自理，需要家人全天候照顾。2019 年 10 月 22 日，彭天秀和女儿一起来到鲁甸·东莞眼视光诊疗中心。医生对她的眼睛进行初步检测后发现，她的视力小于 0.05，接近于盲人。作为精准扶贫对象，彭天秀凭借着卡户身份免费获得了治疗，原本 3000 多元左右的手术费用全部免除。15 分钟左右的时间，他们在鲁甸·东莞眼视光诊疗中心完成了白内障手术。“昨天做完手术，今天早上起来就看见了”，彭天秀复查的时候非常兴奋。恢复了光明的她，再也不用女儿的贴身照顾，更可以帮助家人分担一些家务活，这个家庭终于卸下了一个重担。

鲁甸·东莞眼视光诊疗中心正式运行以来，截至 2020 年 8 月，中心已接诊患者超过一万人，完成白内障复明手术 920 台，各类其他眼科手术 170 台，将光明带给了无数个鲁甸家庭。

三、传经送宝培养医技人才

加强眼科医学人才培训培养。在扶贫之初，东莞光明眼科医院就将重点放在了人员培训和技术引进上，通过进修、跟岗带教相结合的模式，为鲁甸培养眼科人才。2018 年 10 月，鲁甸县人民医院派出 8 名医技人员到东莞光明眼科医院进修。面对鲁甸来的客人，光明眼科的专家教授们倾囊相授。在 4 个月的进修时间里，为他们上足了 10 天的眼科基础理论培训课程。此后，依据鲁甸医技人员的不同岗位，安排他们到光明眼科的门诊部、检查部、手术室、住院部学习，让他们在实践中扎实理论基础，积累诊疗经验。

2019 年年中，东莞光明眼科医院再次建议鲁甸县人民医院派出两位眼科医生来到东莞进行为期一年的眼科培训和学习。一年的系统性学习，可以为中心培训出能否独立处理常见病、多发病的眼科医生，这对于鲁甸·东莞眼视光诊疗中心的长远发展有重要意义。

在中心工作的过程中，东莞光明眼科医院副主任医师刘祥开也承担了对 6 名护士的系统性培训工作，提供了理论知识与临床技术相结合的系统性眼科培训，力求将眼科先进技术留在当地，帮助当地医院发展眼科医学技术，让村民们可以长远地享受专业眼科诊疗服务。

2019 年 3 月到 9 月，东莞光明眼科医院副院长于强教授带领团队 2 次深入鲁甸县 12 个乡镇，97 个村（社区），培训近 700 多位乡村医生。

四、加大力度服务山区群众

构建县乡村眼科疾病诊疗体系。独木不成林，在扶贫的过程中，单独依靠鲁甸·东莞眼视光诊疗中心的力量远远不够。因此，中心创新性地以点带面，形成全覆盖的扶贫体系，着力培训全县的卫生院、社区全科医生，在97个村建立眼科检查点，配备基础检查设备，最终建立起了村、镇、县三级眼科诊疗网络，健全各年龄段的眼科防控体系，描绘出鲁甸人民眼健康安全网的雏形。

在鲁甸·东莞眼视光诊疗中心的辐射带动作用下，鲁甸县桃源乡、龙头山镇、龙树镇三乡镇中心卫生院分别建设鲁甸·东莞眼视光中心工作室、配备了医护人员及基础检查设备，进一步提高了基层的眼科诊疗水平，使便捷优质诊疗资源覆盖到镇村，轻症患者“足不出村”即可看诊。

眼科疾病的预防胜于治疗，在健康扶贫的过程中，团队也注重传播爱眼护眼知识，提高儿童青少年的眼健康意识。2019年，中心医生、东莞光明眼科医院副主任医师刘祥开和团队一起，去到全县12个乡镇134所中小学，开展眼健康科普课堂，为教师、学生、家长带来近视防控知识讲座，并进行义诊筛查工作，让每一个学生，每一个家庭和每一个学校，都重视起儿童青少年的近视问题，促进大家共同呵护孩子们的眼睛。

东莞与鲁甸县虽然远隔千里，但国家健康战略和健康扶贫、精准扶贫的工作却将两地紧密地联系到一起，东莞光明眼科医院已将对口精准帮扶工作视为“一份使命，一份责任，一份爱心”，并且将不忘初心，砥砺前行，为更伟大的扶贫事业贡献一份力量。

（作者时任东莞市光明眼科医院副院长）

在昭鲁大地上践行初心与使命

任鲁昌

初心既定未敢忘，砥砺前行不畏难——这是我10多年扶贫经验得来的人生信条。当有人问我："从2009年到现在10多年时间，去了韶关乳源、南雄，到了广东省最边远贫困的地方扶贫，现在又在全国最贫穷落后的云南省鲁甸县挂职了3年多，你是不是扶贫扶上瘾了？"我总是笑而不语，其实心里一直默念着：我作为一名中共党员，到基层奋斗，帮助贫困群众改变贫困现状，这是为人民谋幸福的初心使然。

我是广东省东莞市莞城街道办事处一名工作人员，2017年8月我积极响应党组织的号召，跨越千里来到云南省昭通市鲁甸县挂任县扶贫办党组成员，参与东西部扶贫协作工作。在扶贫路上，虽然我不是新手，但是能够参与实现先富帮后富、最终实现共同富裕目标的国家大战略，我是深感荣幸的，同时也清醒地认识到责任在肩。

算起来，这是我第三次参加扶贫援助工作：早在2009年我就参与了广东省第一轮的"扶贫双到"工作，当时我还是一名大学生村干部，怀着满腔热血主动申请到广东省偏远山区乳源县下寨村开展脱贫攻坚工作。经过走访调查，面对着一辈子住在深山里的瑶族同胞，看着破烂的房子、衣被，我第一次真切感受到了"贫困"的内涵，一种强烈的时代责任感和历史使命感油然而生，暗下决心一定要竭尽全力做好帮扶工作；2010年，我通过公务员考试进入莞城安监分局工作，虽然为未曾完成的扶贫工作感到深深的惋惜，但我从未忘记为人民谋幸福的初心。因此2016年4月，我第一时间报名参加莞城对口帮扶韶关南雄的脱贫攻坚工作，经过重重选拔后被派驻到韶关市南雄市乌迳镇龙迳村任驻村工作队队长；2017年，当我得知东莞需要派员到昭通帮扶，我主动向党组织提出申请要到国家级深度贫困县参与脱贫攻坚工作。我深知虽然同样是脱贫攻坚，但是昭通市的贫困面更广，贫困程度更深，这对我是践行初心的机遇同时也是砥砺前行的历练。

在鲁甸县挂职的这3年多时间里，我扎根鲁甸、真情奉献，在集中连片特困地区脱贫攻坚基层一线淬火历练。我走家串户，深入田间地头，走遍了鲁甸县1848平方公里内的12个乡镇96个贫困村，为鲁甸县实现96个贫困村达到脱贫退出标准，31323户121696人精准脱贫，贫困人口降至927户2865人，贫困发生率降至0.76%，为鲁甸县顺利通过云南省2019年贫困县退出专项评估检查摘掉贫困县帽子贡献了微薄之力。其间在我的努力下，东莞对口帮扶鲁甸县成效显著，莞城与鲁甸积极探索创新携手奔小康作为典型案例写入了《全国携手奔小康典型案例汇编》，东莞对口帮扶鲁甸工作得到广东省原纪委书记黄先耀及胡春华副总理的高度赞扬；我个人更是获得“鲁甸县2019年优秀扶贫工作者”“2019年东莞市百名优秀共产党员”等荣誉称号。此刻，我深刻领会到了习近平总书记所说“功成不必在我”的精神境界和“功成必定有我”的历史担当的含义。

一、初来乍到，老扶贫遇到新问题

来鲁甸县挂职前，我是信心满满的，自认为不单有两次外派的扶贫工作经验，还有一个强壮的体魄，胜任鲁甸的工作应该是绰绰有余的。当我真正来到鲁甸县开展工作的时候，才发现原来自己预估有遗漏的地方，老扶贫遇上了新问题。首先是饮食方面的问题，鲁甸县地处滇、川、黔三省接合部，饮食偏麻辣，当地人常说三川半，在我看来他们是无辣不欢的，而我偏是土生土长的广东人，不擅吃辣，加上本来我的肠胃就不太好，刚开始来到鲁甸的时候，由于水土不服还有饮食不习惯的原因，我连续拉肚子持续了两个星期之久，在往后不短的一段时间里我都是只能先用清水涮一下菜或者只挑没有麻辣的肉菜来吃。其次是言语沟通的问题，有句俗语是“天不怕地不怕，就怕广东人说普通话”，本来广东人的普通话就不普通，来到鲁甸发现原来“鲁普”更加地不普通，县里及乡镇的干部还好，到村上到贫困户家，基本上我是很难听得懂对方说什么，我说什么他们也难懂，所以刚开始开展工作要身边会说普通话的当地干部做“翻译”才行。再次是下乡开展工作的问题，由于鲁甸深处乌蒙山区大山之间，除了县城周边以外，到其他乡镇要走蜿蜒崎岖的山路，加上我有晕车的毛病，因此刚开始那段日子里下乡开展工作都觉得脑袋晕晕的。后来我找到了克服晕车的方法，在来鲁甸一段时间掌握了山路的情况后，我试着自己开车下乡，虽然会花多一些时间，但是也让我更加深入地了解了鲁甸县各乡镇的交通及区位情况，为下来开展帮扶工作奠定了很好的基础。现在，我可以不用导航自己开车前往鲁甸县的乡镇及贫困村，既当驾驶员又当帮扶干部，这样接地气务实的做法，向鲁甸县干部群众展示了东莞人踏实肯干的工作作风。

二、融入当地，亲历鲁甸脱贫蜕变

经过刚开始不适的一段时间后，我已经很好地适应鲁甸的生活与工作。我从不吃辣变得能够吃一点辣，从不会听方言变成能够听懂一些方言，从不能坐车下乡变成能够开车到鲁甸的每一个角落，渐渐地我融入了当地，变得喜欢上了鲁甸。由于鲁甸干部群众都热情好客，加上我本人比较随和，没来多长时间就很快与鲁甸的干部群众打成一片，他们都很热情地称呼我阿昌，到现在也经常对我打趣道：阿昌，你现在已经是鲁甸人了，不但皮肤黝黑黝黑的，还会说鲁甸方言，你这小伙子可以，要不干脆就留下来不回广东了。

这种融入也为我更好更顺利地开展各项工作奠定了很好的基础。刚来鲁甸那段时间，东莞有两个重点的项目正在鲁甸进行，一个是2016年东莞市1000万元对口帮扶资金建设的龙树镇照壁村泽布新村扶贫协作示范点项目，另一个是由东莞23家企业联合捐赠1000万元社会资金建设的龙树镇照壁小学建设项目。这两个项目关乎龙树镇照壁村115户322人的住房保障及照壁村档立卡贫困户635户1619人上学保障等重大民生，上级要求我们扶贫协作干部经常到现场查看项目开展情况，督促项目进度，做好各项监管工作，因此刚开始是跟龙树镇及县教体局的干部接触比较多，基于相互间良好的沟通对接，各项工作开展得很顺利，两个项目最终也顺利竣工，现在这两个项目也成为东莞帮扶鲁甸乃至昭通的典型项目，改善了照壁村困难群众的住房及入学条件。现在照壁村泽布新村扶贫协作示范点的115户贫困户家家住进别墅新房，前有庭院，后有花园，生活幸福美满；照壁小学的学生在明亮整洁的教室用着电子白板等新型教学设备上课，教学楼上有东莞证券股份有限公司捐赠的60台云计算电脑上信息课，操场有漂亮的跑道甚至还有一个昭通乃至云南省村级完小唯一的足球场供学生锻炼。

就在照壁村泽布新村示范点项目建成后不久，我到实地查看，认识了鲁甸县龙树镇照壁村1社的贫困户李寿万。经过交谈得知，当时他已经61岁，2014年识别为建档立卡贫困户。他家过去住在偏远的高寒二半山，晴天出行一身灰，阴天出行一身泥，道路坑坑洼洼，生产生活极为不便。房子是20世纪70年代建的土墙房，由于贫困，一家6口人都挤在仅有50平方米左右的破旧房子里，加上他和老伴年纪大、文化素质低、思想也比较保守，没有发展的动力。在纳入贫困户之前，家里收入全靠地里的种植洋芋、玉米收入及他一个人在附近偶尔打打零工，生计难以维持。不是没想过致富的道路，而是一没钱二没劳力三不懂技术。最大的愿望就是以后有机会住上新房，脱贫致富。2017 年 2 月龙树镇照壁村被确定为东西部扶贫协作东莞市对口帮扶易地扶贫搬迁集中安置点示范项目乡镇，根据他一家人的情况，被纳入项目实施对象之一。项目采取政府补助农户自筹的方式统筹自建，建房补助东莞对口帮扶的资金为 4 万元，加上他向亲朋好友东拼西凑的 1 万元。通过政府的补助政策及自己的努力，他顺利住进了安置新房，新房为砖混一层半结构，占地面积 60 平方米，建筑面积 90 平方米，其中院坝 17 平方米，一楼为厨房、卫生间、客厅和 1 间卧室，二楼为 2 间卧室。看着新建的房子，大山包一级公路就在门前经过，安置点绿化亮化环境优美，功能设施比较齐全，孙子还能够到不远的崭新的照壁小学上学，他非常高兴。看到照壁村村民的生活发生如此翻天覆地的变化，我也欣慰地笑了起来。

此外，在来鲁甸挂职的 3 年多时间里，我亲历了利用东莞对口帮扶资金 976 万元为 244 户贫困户进行农危改的补助让贫困户住上新房、利用东莞对口帮扶资金 460 万元建设了 13 个贫困村卫生室添置设备解决 13 个贫困村看病难问题、利用东莞对口帮扶资金 4444.2 万元建设 5 所学校解决 5 个乡镇贫困儿童上学难问题、利用东莞对口帮扶资金 2855.8 万元开展劳务培训、稳岗补贴及开发公益性岗位解决近万名贫困户就业难问题，利用东莞对口帮扶资金 6220 万元建设扶贫车间、投入苹果基地、食用菌基地等产业项目解决卯家湾搬迁安置 36000 多人贫困户就业及产业长远发展问题，利用莞城、万江、高埗、中堂对口帮扶资金 1230.6 万元、社会帮扶资金近 4000 万元帮助鲁甸县 12 乡镇解决脱贫攻坚突出问题补短板各项项目；亲见了卯家湾安置区在一年时间里从荒山到城镇到现在百业兴旺的巨大变化，见证了岭南园林集团将荒地开发建成鲁甸朱提文化公园的历程，见证了四馆一中心从毛坯到鲁甸县标志建筑的过程，见证了恒大援建大棚从推土机到瓜果成熟的历程……

从脚踏入到鲁甸这一片土地以来，我不忘初心、砥砺前行，在出色地完成上级交代的各项工作任务之余，同时也尽心尽力地为到鲁甸来开展帮扶活动的各式各类社会帮扶提供优质的跟踪服务，营造良好的帮扶氛围，构建起政府、市场、社会协同推进的脱贫攻坚大格局。3 年多以来，我亲历见证了东莞与鲁甸的扶贫协作，这是一个不断深化认识、不断探索和寻找结合点，逐步走向成熟的过程，显现了扶贫协作由点到面、由量到质、由外援到互利发展的轨迹，东莞与鲁甸两地共同努力深入贯彻落实习近平扶贫开发战略思想及东西部扶贫协作座谈会重要讲话精神，立足合力攻坚，着眼共赢发展，推动产业协作、劳务输出、人才交流、乡村振兴、党的建设等多领域务实合作，取得了东西部扶贫协作的良好成效，同时开展东西部扶贫协作也为鲁甸县的脱贫攻坚工作及经济社会发展起到了很好的推动作用。

（作者时任鲁甸县扶贫办党组成员）

架起东西部扶贫协作的“桥梁”

张伟华

2018 年 5 月，在东莞市委、市政府的号召下，经过层层选拔，从众多党员干部中脱颖而出，我成为架在东莞—镇雄东西部扶贫协作的一座帮扶“桥梁”。5 月的东莞已进入炎炎夏日，镇雄还有些许凉意，带着既好奇又忐忑的心情，背上行囊，我踏上了镇雄这片陌生又神秘的土地。如何在短暂的 3 年时间里，充分发挥好东西部扶贫协作“桥梁”的作用，是我必须要思考的问题。来到镇雄后，我要做的第一件事就是尽快了解镇雄县情。一有空闲时间我就往乡镇上跑，身上穿的慢慢地变成了运动服和登山鞋，我笑着说：“这样方便。”但是其中的辛酸只有我自己知道，我要克服语言上的障碍、饮食习惯的不同，还有不是那么严重的高原反应和晕车反应。每天拖着疲惫的身躯回到宿舍，我只能和远隔千里的妻子和儿子视频聊聊天，孤独感充斥着整个宿舍。

在得知需到镇雄挂职 3 年，大量的知识需要熟知。镇雄县位于云南省东北，云、贵、川三省接合部，素有“鸡鸣三省”之称，是享有“母亲河”“美酒河”美誉的赤水河发源地，也是国家扶贫开发重点扶持县、全国煤炭基地县、革命老区县、全国产粮大县、省财政管理体制改革试点县、省低丘缓坡土地综合开发利用试点县，历史上与滇西的腾冲共同享有“金腾越、银镇雄”的美誉，贫困面大，贫困程度深。镇雄脱贫攻坚任务重、难度大，这是不争的事实，产业发展薄弱、交通瓶颈还未完全打破，群众主要收入来源就是外出务工。但是我却对镇雄如期实现高质量脱贫充满了信心，因为我觉得镇雄的群众勤劳、朴实，镇雄的干部务实高效，“心中有活，手中有招”，一定能带领全县人民与全国一道同步小康。

真情服务，招商引资初见成效

这 3 年，我以真诚感召、以真情服务，加大招商引资力度，推动镇雄产业发展。由于交通、物流、产业链等因素的束缚，来考察的企业多，但真正落地的企业少，招商难、招商慢、招商层次低，是当前镇雄招商最大的困境。县委翟书记常说：“含金量不够，含情量补。”

2018 年年底我认识了广东潮州宝涛服装有限公司的苏先生后，通过多次坦诚的交流，用真诚感动了苏先生。在与其家人研究后，苏先生同意进一步到镇雄考察和洽谈投资以及买地建厂发展生产等相关事宜。2019 年春节后，苏先生及其家人应邀到镇雄考察，县委翟书记、县人民政府张县长以真诚的态度、朴实的语言、真实的数据全面介绍了镇雄良好的营商环境，并明确表态：“项目推进后一定会遇到困难，但遇到困难不要怕，关键是要看我们党委政府的态度和行动。”正是在这种真诚感召下，2019 年 5 月，广东潮州宝涛服装有限公司正式与镇雄县人民政府签订了《镇雄宝涛服装有限公司呢噜坪扶贫车间项目》协议。项目拟投资 2000 万余元，在呢噜坪易地搬迁点购买 23.8 亩土地，第一期建设约 1.2 万平方米厂房发展服装生产，建成后可提供就业岗位 400 余个。镇雄宝涛服装有限公司成为镇雄县乃至昭通市第一家港资企业，也是第一家百分百出口的企业。这个项目的正式落地，成为以商招商、以情招商的典型案例，为后期多个项目的成功落地树立了标杆。

在镇雄挂职后，重视联络在广东、东莞创业的镇雄籍人士，还以县人民政府的名义发函至东莞市市场监管局，请求帮助提供在莞镇雄籍企业人士的联系方式。在偶然与镇雄同事的交谈中，得知该同事的亲戚李董事长夫妇在东莞创立了东莞豪亿光电有限公司，夫妻俩均是镇雄林口人。我立即通过电话联系了李董事长夫妇，并把邀请他们回乡创业的想法与李董事长夫妇进行了详细的洽谈。李董事长夫妇表示一直有关注家乡的发展，但因对家乡的营商环境等尚存疑虑，暂下不了决心回乡投资。2019 年 8 月，没放弃的我准备亲自登门拜访，安排回莞走访了东莞豪亿光电有限公司，并每天与李董事长夫妇保持沟通联络。功夫不负有心人，我终于以真情服务感动了李董事长夫妇。2019 年 9 月，东莞豪亿光电有限公司李董事长一行 3 人踏上了回乡的旅程，重点考察了呢噜坪易地搬迁点和林口乡木黑村扶贫车间。为促成东莞豪亿光电有限公司项目落地，县委翟书记、县人民政府张县长亲自与李董事长夫妇见面，并表态可优先保障他们项目用地需求。经过进一步的洽谈和协商，2019 年 11 月 9 日，豪亿光电有限公司正式与县人民政府签订了《镇雄县民心光电项目》协议。项目第一期拟投资 3000 万元，在呢噜坪易地搬迁点购买 20 余亩土地，建厂生产光学器件，建成后可提供就业岗位 200 余个。

筑巢引凤，产业设施花开蝶自来

这 3 年，认真调研，充分论证，精准实施扶贫协作项目，确保资金高效、安全。2018 年东莞市积极响应党中央和广东省委的号召，加大对镇雄的帮扶力度，财政帮扶资金从原来的 1000 万元增加到 3000 万元。如何使用好这 3000 万元资金，使其发挥最大效益，是需要重点思考的问题。实地走访、认真调研、发现并总结，是解决这一问题的不二法则，为此，我开始走村入户，企图找到镇雄脱贫攻坚最需补齐的短板。镇雄的贫困村产业发展较为薄弱。于是，我积极谋划，迅速与相关部门沟通，在别人不看好的情况下，大胆将加大产业发展的想法向县委、县政府主要领导请示，县委、县政府主要领导也同意了我的意见和建议。在一片质疑声中，我安排了 1000 万元用于支持赤水源镇农业种植大棚建设。

项目确定只是开始，面对新增资金迟迟不到位、土地流转难、招投标耗时长、建设工期短等困难，为尽快让项目落地建设，我经常与县农业农村局、赤水源镇和施工单位一起研究、一起优化项目设计，并协调县政务服务管理局紧密配合，确保招投标无缝对接，减少耗时。在项目推进过程中，受地形地貌影响，原规划选址不能满足建设需要，我迅速组织协调，新增板桥村建设大棚 1 个。在施工过程中，还出现了部分村民阻工现象，为保障群众利益最大化，我多次和赤水源镇镇村干部一起到群众家中去，倾听群众的诉求，耐心细致地做群众思想工作，为项目建设赢得了宝贵时间。为使项目能按时按质完成，我成为工地上的常客，追项目进度、资金拨付和报账进度。在大家的辛勤付出和努力下，在倮倘村、银厂村、螳螂村、板桥村成功建成大棚 324.5 亩，其中：倮倘村 204.5 亩（连栋大棚 30 亩，普通大棚 174.5 亩）；银厂村 10 亩；板桥村 50 亩；螳螂村 60 亩（连体大棚 30 亩，简易大棚 30 亩）。324.5 亩大棚全部交付赤水源镇管理，收益归镇村所有。2019 年，4 个大棚均成功出租，并获得较好的效益。每年群众土地流转金达 31.11288 万元；大棚租金达 64.9 万元；创造就业岗位 100 余个，可带动 50 余户贫困户稳定脱贫致富。

因地制宜，村集体经济全面开花

这 3 年，我深知“授人以鱼不如授人以渔”的朴素道理，为此，我几乎走遍了镇雄 30 个乡镇（街道）的所有贫困村。但如何增强贫困村的造血功能，使其村集体经济实现零的突破，我觉得只有村里的干部最清楚，因为他们熟悉村情，他们知道村里适合干什么。经与县委组织部沟通研究后，我决定，由贫困村自己报项目，经过反复论证和筛选后优中选优，最后确定资金的投向。在建设过程中，也有一些项目因客观原因无法实施，我了解情况后，立即将资金收回安排给了其他村，确保了资金的安全高效。2018 年和 2019 年共安排 1995 万元资金帮助 39 个村实现了村集体经济零的突破，这些项目涵盖了入股专业合作社、建设农贸市场、建设商铺、种养殖等，也实现了镇雄村集体经济的全面开花、百花齐放。

“到 2020 年现行标准下的农村贫困人口全部脱贫，是党中央向全国人民作出的郑重承诺，必须如期实现。这是一场硬仗，越到最后越要紧绷这根弦，不能停顿、不能大意、不能放松。各级党委和政府要不忘初心、牢记使命，坚定信心、顽强奋斗，以更大决心、更强力度推进脱贫攻坚，坚决克服新冠肺炎疫情影响，坚决夺取脱贫攻坚战全面胜利，坚决完成这项对中华民族、对人类都具有重大意义的伟业。”习近平总书记在决战决胜脱贫攻坚座谈会上的铿锵话语鼓舞人心、催人奋进。

2020 年是镇雄脱贫摘帽收官之年，在党中央、广东省委的号召下，东莞帮扶持续加力，重点倾斜帮扶镇雄 96 个督战村，我们将东莞市财政和市属国企帮扶资金 1.6 亿元中的 8000 万元用于建设大地安置点产业园和大火地产业园，4246.24 万元用于建设生猪代养场 5 个，这些项目全部分配给督战村，作为督战村村集体经济。由于这些项目涉及资金额较大，均需走招投标程序，启动较晚，按时按质完成存在较大困难，县委翟书记、县人民政府张县长多次在重大会议上进行了安排。时间紧、任务重，我采取了半月一调度的方式抓项目、资金拨付和报账进度，及时解决项目实施过程中遇到的困难，为 96 个督战村实现高质量脱贫奠定坚实基础。

自 2016 年东莞对口帮扶镇雄以来，东莞累计投入财政帮扶资金 2.93 亿元、动员社会各界向镇雄捐款捐物 6360.214 万元，其中近 60% 的资金投向产业发展。千里之行始于足下，镇雄的产业发展还有很长的一段路要走，但我相信，随着镇雄交通、物流、产业链等基础设施的改善，镇雄的产业一定会迎来腾飞的一天，百姓在家门口就近就业的梦想也终将实现。

3 年的时间很短，短得让很多梦想都还来不及实现。3 年时间很长，长得每天只能和妻儿视频聊聊天。这 3 年，有我的酸甜苦辣，有我的辛勤付出，既是我人生难得的体验，更是参与镇雄脱贫攻坚的无限荣光。引用县委翟书记曾经讲过的话：“3 年镇雄，已是吾乡！”

（作者时任中共镇雄县委常委、副县长）

“莞”注真情　编织希望的摇篮

张荣颖

巧家县是昭通7个深度贫困县之一。在全国打响脱贫攻坚大决战之际，广东省东莞市响应国务院号召，结对帮扶巧家县。所谓远亲如近邻，东莞怀着赤子之心，投入真金白银，开展了扎实有效的帮扶工作。

治穷先治愚，扶贫先扶智。2018年以来，东莞市累计投入巧家教育扶贫帮扶资金2522.34万元。其中2240万元用于帮扶崇溪镇老屋学校、大寨镇中心学校、小河镇六合学校、东坪镇中心学校等4所学校建设综合楼，建筑面积达11678余平方米，受益师生超过5000人。

——投入450万元修建大寨镇中心学校综合楼，共5层，解决了学校校舍不足的难题。

——投入59.5万元帮扶资金用于巧家县中寨乡、老店镇和小河镇等5个乡镇11所存在用水困难和安全隐患的学校净水设备和温水器采购，采购净水设施17套，温水器17台，满足11所学校教师103名、学生2136人日常饮用水基本需求问题，保证用水卫生安全，解决学校用水安全隐患。

——来自巧家县红山乡红山社区中心小学、药山镇高寒贫困村学校数百名儿童收到了来自东莞总价值12万元的21台电脑，100套床上用品……

一组组生动翔实的扶贫数据、一个个感人肺腑的关爱镜头……化成了一个个音符节拍，奏响了莞巧两地东西部扶贫协作的感人乐章。

授人以渔塑观念

巧家县白鹤滩镇咪吐小学，教学基础工作薄弱，成绩在全镇比较落后。东莞樟木头镇杨雯雯老师第一次跟随白鹤滩镇中心学校戴萍老师去到咪吐小学检查工作前，心里充满了疑惑，这个学校究竟是怎么样的？为什么会这么差呢？问题到底出在哪里？是学生素质差还是老师教学水平低？当她和孩子们交流后，发现这里95%以上都是留守儿童，缺乏父母的正确引导，受手机、网络负面影响严重，对金钱的理解有偏差和误区，辍学率较高。杨雯雯老师设计了一堂课《嗨，我来跟你聊聊钱……》，通过谈钱的作用、钱的来源，贫与富的真正含义，各种行业收入的对比，读书不读书与收入的关系，并编了一首快板歌，引导学生树立正确的人生观、价值观、世界观。

“爱人者，人恒爱之；敬人者，人恒敬之”，杨老师奔赴艰苦地区支教的奉献精神，深深感召着身边的亲人和同事，当她看到当地学生衣服破烂、缺乏学习用品时，她在网络上发起为贫困山区学生捐助的倡议，短短3天，就受到各地好心人寄来的学习用品12箱、小学生校服541套、文具6箱，价值65000元。支教期间，杨老师的足迹遍布白鹤滩镇18所山区学校，她给山区带去了统编版新教材的精品课例，对全县小学语文教师的文言文、习作教学进行专题培训；同时她还写了一篇宣传巧家县的短文《金沙江畔一颗闪闪的红星》，由南方出版社编入某课外阅读补充材料，面向小学生推广，这既是对扶贫工作的崇高致礼，也是交给支教岁月的满意答卷。

物质帮扶暖人心

2019年9月3日，潘秀群名班主任工作室主持人潘秀群以支教老师身份，走进云南省巧家县白鹤滩镇中心学校，开启为期一年的支教服务。潘秀群走遍巧家县白鹤滩镇各个村小，全面收集掌握困难学生情况、学校软硬件短板弱项。在短短半个月时间里，在潘老师的捐赠带动下，石排镇干部职工积极响应，共募捐到校服829套，新冬天衣服455套，380册课外书，新冬袜107双，新冬裤27条，新手套21双，旧冬衣三箱，总价值14万多元，解决了6所村小的校服、16所村小的困难学生冬服、一所学校的课外书等难题。

除此以外，潘老师针对当地教学实际，创新思路办法，采取“望闻问切”法对当地学校教学教研现状开展研究。通过对老师举办专题讲座、对学生开展红色教育、活动课等方式激发教师们的内在驱动力，引导教师们突破自我，提升素质能力；引导孩子感悟坚持、镇定、信任、合作、明辨是非的重要性，从小培养阅读、思考的能力，从而拥有实现梦想的方法和信心。

职业教育谋出路

“我们走进山里就是为了让更多的巧家孩子走出大山。”这是所有东莞援巧教师的心声。

巧家比较重视基础教育，但由于当地经济社会发展限制，长期以来职业教育发展之后，对职业教育缺乏认知，理念相对落后，加上本地产业发展相对滞后，职业教育与就业市场关联度不高，种种现象导致职教停滞不前。

直接脱贫靠就业，长远扶贫靠教育。巧家职校近半数学生是山区贫困家庭子女，依托东西部协作契机，巧家县积极谋划，准确掌握建档立卡贫困户学生信息，动员建档立卡贫困家庭“两后生”（未升学的应往届初、高中毕业生）到广东接受优质职业教育。2017—2019年，共输送巧家籍学生435人到广东职业技术学校就读，其中2019年输送288人，投入东莞财政帮扶资金65.84万元，用于学前教育培训、军训和学生床上用品采购等。

基础设施惠民生

大寨镇中心学校位于巧家县城西北部，距县城51公里，地处白鹤滩水电站右岸。近年来，由于修建白鹤滩水电站和易地搬迁项目，流动人口、务工子女逐年增多，自2016年起，该校每年增加招生一个教学班，致使原来就不够宽裕的教室、活动场等硬件设施显得更加紧张，原有的功能室改造成了教室，教师办公室变成了教室……校舍扩建迫在眉睫，而扩建校舍的资金从哪里来？成了校领导最头疼的问题，正在校领导为资金问题抓破头皮的时候，李星奎校长接到了县教育体育局的通知："东莞对口帮扶协作项目（大寨镇中心学校综合楼）已获得审批！"

2018年12月25日，大寨镇中心学校综合楼破土动工，2019年10月22日，占地面积300平方米，建筑面积1500平方米的综合楼在巧家县大寨镇中心学校校园内建成竣工。工程耗资450万元，全部来源于东莞市财政专项帮扶资金。

综合楼的建成，切实解决了学校校舍不足的难题，全校师生真正感受到"东莞对口帮扶协作"项目带来的便利："我们终于可以在餐厅里坐着吃饭了，不用再害怕夏天的炎炎烈日，也不必担心雨天吃饭被淋得像个落汤鸡。"四年级3班的王富岗同学幽默地说道。"现在的支部活动室太宽敞了，一点也不拥挤，来参加党员大会不用再像以前那样坐在小板凳上记笔记了，东莞对口帮扶协作项目让我们深刻地体会到了国家政策的优越性和实用性！"大寨镇小田学校的党员教师许才荣自豪地说道。"才开学的时候，娃娃转来跟我说，他们搬新教室了，原来的教室好拥挤，现在的教室又宽敞又明亮，早上在教室里背书都比以前效果好了！我也跟娃娃说，学校环境好了，你更应该好好学习，长大了为国家做贡献！"五年级2班的黄海航家长语重心长地说道。

"你从千里之外而来，把自己融入昭通教育发展，你用真情投入，助力脱贫攻坚。我们都记得你们做过的一切，我们认你作昭通人。”天下没有远方，他乡亦是故乡。东莞援巧教师跨域千里，无怨无悔，克服地域差异、生活习惯等方面的困难，为巧家打造带不走的教育人才队伍，是责任更是情谊。除了派遣干部人才外，一个个教育项目的落地和一批批援助物资到位，极大地弥补了巧家县教育资源的不足，让巧家办学条件迈上了一个新的台阶，为全面建成小康社会和实施乡村振兴战略奠定了坚实基础。

（作者系巧家县协作办工作人员）

小小草莓园　致富大产业

张荣颖

“每天能分装近600盒草莓，我们家如今已经买上了小车，盖上了新房。”严丽梅一边认真地将一颗颗鲜红的草莓按要求装盒打包，一边洋溢着笑脸自豪地说道。

产业扶贫是贫困群众长效增收、稳定脱贫的重要途径，也是从输血扶贫转向造血扶贫增收致富的关键举措。近年来，东莞派驻巧家县工作队积极创新帮扶模式，引进东莞的管理经营理念，充分发挥巧家县地理资源优势，在高山河谷地带因地制宜地发展立体式种养业，探索出了对口帮扶工作宝贵的东莞经验。

选对产业，群众跟着干

巧家县马树镇海拔2460米，年平均气温10.7度，年降水量1160毫米。与其他乡镇不同，马树镇境内有4000亩的平原地带。对于仅有1.1%平原地带的巧家县而言，这里的条件可以说是得天独厚。2018年年底，东莞驻巧家工作队经过多次研讨和协调后，将东莞百果园饮食有限公司的老板和高级技术员请到马树镇。通过调研和分析当地土壤、气候等情况，百果园的技术员和分析师认为，马树坝子一带的气温恒定，水源和气候都非常适合草莓种植。结合市场大数据分析，草莓是全国水果市场里缺口比较大的水果。大家一致认为，马树坝子属于国内少有的能在夏季产出草莓的地带，市场前景必定非常广阔。东莞企业的专业方案，犹如一把金钥匙，打开了马树坝子周边村民的致富之门。

要发展草莓产业，头等大事便是土地问题，这就需要从农户手里流转土地。刚开始村里有些农户不情愿，一方面，害怕自家土地流转出去后，自己既没地种也没了粮食来源；另一方面，他们不相信夏天能种出草莓来。有这些顾虑的村民不在少数，王自祥就是其中之一。为了打消他们的顾虑，巧家县热区产业发展中心职工多次跑到农户家里做思想工作。“你想想，每年一亩地 700 元土地流转费，你家 5 亩地一年下来就是 3500 元，你家两口子到草莓基地务工，每人每天 80 元，供中午饭，同时还方便照看家里，一年务工 300 天也有 5.76 万，一年下来纯收入就是 6 万元，你连这个账都不会算吗？”终于，王自祥的顾虑被打消了，他在土地流转同意书上按下了手印。在镇村工作人员反复动员下，马树镇草莓示范基地共流转土地 6100 亩，群众每年可获得土地流转收入 420 余万元。

2019 年年初，在前期试种成功的基础上，马树坝子一带全面拉开了草莓种植的序幕，按照“国有公司 + 龙头公司 + 县社有资产管理公司 + 贫困户 + 基地农户”的模式，以巧家县供销社社有资产管理中心作为承接主体，由巧家县热区产业发展中心采取招投标方式进行建设，建成后作为固定资产，交由巧家县供销社社有资产管理中心，委托巧家县教育投资有限公司采取租赁方式与草莓产业龙头企业进行合作。所得租金的一部分作为巧家县教育投资有限公司的管理运营费，其余全部交给巧家县供销社社有资产管理中心，巧家县供销社社有资产管理中心对全县村集体公司进行扶持，壮大全县薄弱村集体经济公司，并通过各村集体公司的再次分配，实现国有公司、龙头企业、巧家县供销社社有资产管理中心、村集体公司、贫困户、基地农户等多方共赢的机制。2020 年东莞市投入资金 500 万元，用以帮扶草莓产业项目，目前种植面积已达上万亩，每亩土地栽植 6000 株，单株草莓平均产 0.58 千克，平均每亩产 3500 千克，平均每千克售价 12.5 元，经测算，每亩产值可达 43750 元，万亩年产值可达 4.25 亿元。

延伸产业，群众跟着富

与巧家县大部分地区不一样，马树坝子一带的剩余劳动力，多数不用外出务工，就能够在当地就近实现务工就业。万亩草莓种植基地成型后，草莓每亩用工 2 人，用工期每年约 8 个月，草莓的种植、管理、采收产生务工收入 3200 余万元，可提供长期就业岗位 4000 余个。

2019 年，巧家县使用东莞市樟木头镇结对帮扶资金 20 万元，用于对建档立卡户有针对性地开展特色种植（草莓）与包装培训，此次培训共 500 人次参加，登记实现就业 49 人。这样既可以提升农产品形象，提升产品价值，切实解决本地贫困家庭农村贫困妇女劳动力就近稳定就业，又能够增加村民家庭收入，降低企业外聘用工的高成本的难题，最终达到提升贫困劳动力收入，真正实现脱贫致富。

2020 年 6 月 19 日中午，刚吃完中午饭的大桥乡李家湾村村民李春香没有午休，从家步行 10 分钟后，李春香回到工作岗位，认真地将一颗颗鲜红的草莓按要求装盒打包。“现在还不是很熟练，需要多练练手。”李春香笑着说。3 个月前，李春香来到了草莓种植基地工作。在此之前，她一直都在浙江务工。今年春节回乡过年，李春香从父母口中得知，在草莓种植基地工作，能拿到几千甚至近万元的收入，李春香心动了。“每盒 0.5 元，刚开始因为不熟练，一天只能分装 20 来盒，看着熟练的同事们一天装 500 多盒，心里着急。”李春香在介绍着自己情况的同时，手中一直在忙活着。李春香从小就在草莓基地旁长大，那时，马树坝子一带的田地里，除了土豆就是玉米，虽然产量比其他地方的要多点，但一家人的日子过得并不宽裕，李春香一成年就被家人“赶出去”务工了，现在家中不仅舍不得她外出，还在即将建成的新房里给她留了一间房。发生在李春香身上的故事，在马树坝子一带非常普遍。农户们虽然守着大片的“黄金地带”，但一直无法致富，究其原因就是没有真正地用好这片沃土。

8月，是草莓基地一年中最忙碌的时节，红彤彤的果实在20多位妇女的手中被熟练地分拣、去蒂、打包。赵巧是一位40多岁的中年妇女，她的丈夫在草莓大棚里帮忙除草、摘果，由于孩子不满一岁没人照看，除了吃饭时间她一直把孩子背在身上，孩子红扑扑的小脸在她的背上晃来晃去……

像这样的情况，不止她一人。工厂为了解决这些务工妇女的后顾之忧，订购了婴儿床，妇女们工作时就把孩子放到床上睡觉。“现在带着孩子我也能挣钱了，自从将家里4亩地流转给基地，加上我们两口子每月5000元的工资，过去顿顿吃苞谷饭、土豆，现在粮食可以随吃随买，挣的钱还有富余，足够养活几个小孩。”她说。

家住马树镇官村社的胡兴秀，家里有3口人，儿子是重度残疾，还要每天吃药。已经66岁的胡兴秀，是家里唯一的“劳动力”，以前生活过得十分拮据，直到马树草莓基地建成，为她解决了一份工作。胡兴秀负责在地里摘果，工作还算轻松，一个月能拿到2400元，加上各种补贴，也能解决一家人的正常开销了。几乎没念过书的胡兴秀现在嘴里时常念叨的都是：“感谢共产党，共产党好呀！”

自东西部扶贫协作工作开展以来，巧家县热区产业发展中心创造性借鉴经验，为促进巧家草莓的集约化、标准化和规模化生产和经营，提高产品质量和安全性，建立了草莓鲜果营销体系和创建高原草莓品牌。年底500亩夏季草莓高标准示范基地将完全建成，分别以空中草莓采摘及H架生态观光采摘园、智能化育苗工厂、科普知识教育园、深加工草莓果干、果酱厂等5个板块为核心，引领巧家夏季草莓产业向更高层次迈进，促进草莓产业与二、三产业融合，形成农旅结合示范效应。

在东莞的大力帮扶下，马树镇发生着翻天覆地的变化，一片片草莓，一个个大棚，一张张洋溢着幸福的笑脸，他们用真心扶真贫，带领当地群众在土地里种出了“金疙瘩”，照亮了群众的“脱贫路”。

（作者系巧家县协作办工作人员）

情系大关帮扶忙

张贤亮

大关县是一个国家级的深度贫困县，基础设施建设滞后，暴雨洪涝等自然灾害频发，土地贫瘠、群众生产和生活条件艰苦，贫困长期困扰着我们。但是有这样一群人，他们背井离乡，不远千里踏上这片土地，只为帮扶我们脱贫致富，他们的无私奉献让这方水土上的贫困群众无限感激。他们就是东西扶贫协作派驻干部，其中一位的名字叫唐国伟，中山市派驻大关县对口帮扶干部。

一、义无反顾赴滇帮扶

2018 年 5 月，他积极响应党中央号召，主动报名到我们县挂职，开展东西部扶贫协作扶贫工作，积极投入脱贫攻坚伟大事业中。2 年多来，他秉承中山人的博爱和开放，饱含着对大关脱贫攻坚工作的热情和干劲，认穷亲、攀穷戚，真心实意付出，真抓实干攻坚，将中山先进经验、先进理念、先进做法“嫁接”到大关，大关县东西部扶贫协作工作成效明显，为大关县脱贫摘帽作出了积极贡献。

从到我们县的第一天开始，他就怀着“不破楼兰终不还”的勇气，满怀豪情全身心投入工作。他说，广东省是改革开放的前沿阵地，经济率先发展起来，这与含云南在内的西部地区的土地指标支持和劳动力支持等是分不开的。到我们县不到一个星期的时间，他几乎学完了各级脱贫攻坚重要政策文件，对每一份文件的重要表述和关键语句密密麻麻地布满了下画线和感悟语，并养成了随身携带文件随时翻阅学习的习惯。他经常说，只有对上级工作部署的精准领会才能更好地融合大关实际情况开展好工作。“没有比人更高的山，没有比脚更长的路”。来大关县的第一个月里，他沉下身子、到田间地头考察调研，走村入户访农户、察民情，走遍了大关边远的乡镇和村，深入了解大关县情民情。看到大关基础设施滞后，特色产业面临市场瓶颈，贫困群众内生动力不足等难题该怎么办？他专注地思考着。

二、竭尽全力办好事实事

在来大关县挂职前，他曾经担任中山市工商联秘书长、乡镇党委副书记，与民营企业家打交道比较多，也有基层工作经验。他充分发挥个人所长，以强烈的责任担当挑起帮扶大关县脱贫的重担。面对大关县财政资金困难的问题，他就积极奔走，数次向中山市各级党委政府请示汇报大关县的困难，争取资金支持。中山市先后投入帮扶资金 2.0683 亿元，重点倾斜产业扶贫、就业扶贫、教育卫生扶贫、饮水安全和残疾人帮扶等方面，有力补齐了大关县脱贫攻坚存在的短板。他还动用个人关系带动身边的亲朋好友向大关县捐钱捐物，累计争取到中山市社会各界捐赠资金达 3896.65 万元，物资价值 2633.95 万元；面对大关县自然资源丰富但产业发展基础薄弱的问题，他就千方百计招商引资，先后邀请中山市浙江商会等经济组织 13 批次 104 人次赴大关县考察，并先后到深圳、中山等城市招商引资。成功引进产业投资项目 11 个，涉及冷链物流设施、电子服装制造、特色农产品及中药材种植加工等，其中由中山市企业投资 2400 万元建设的农产品冷链加工物流基地项目，破解了长期困扰大关优质农特产品难以走出大山的瓶颈，带动大关县农产品的组织化、规模化发展起到关键作用；面对贫困群众内生动力不足的问题，先后组织动员中山、大关两地的志愿服务队深入贫困村、贫困户开展一系列的志愿帮扶措施，组织 5020 名志愿者、16890 人次参与志愿服务，开展慈善捐赠、访贫问苦、励志讲座、心理调适、社区生活习惯培训、关爱留守儿童妇女和孤寡老人，在 9 个乡镇全部建立爱心公益超市，仅 2019 年全县 9 个乡镇累计开展积分评定和物资兑换 27 轮，13530 户农户通过积分兑换到所需物资，大力弘扬了社会正能量，有效激发了群众的内生动力。大关县寿山镇柑子村历史以来很多群众都要到三四公里外的山坡下去背水或挑水用，生产生活十分不便，虽然实施过人畜饮水工程，但因为境内高海拔区域没有合适的水源，人畜饮水困难一直是困扰柑子人民摆脱贫困的大难题。了解到这一情况后，唐国伟同志带领协作办工作人员深入实地调研，得知已经找到 14 公里外属于另一个镇区域内的水源，投资很大，但因为已经实施过人饮工程，项目无法再次覆盖，他果断决定，安排协作资金解决。2019 年 1 月，柑子村飚水岩饮水工程正式开工建设，同年 10 月投入使用。工程总投资 243.44 万元，安装管网 44.33 公里，覆盖了 18 个村民小组 556 户 2215 人（其中卡户 200 户 834 人）及村完小，彻底解决了柑子村长久以来常年干旱缺水的历史性问题，不仅对全村顺利脱贫出列提供了坚实的饮水安全保障，还对全村小农家庭畜禽养殖用水、农作物基本灌溉用水提供了有力保障。为了让柑子村管好用好这来之不易的水资源，又安排近 20 万元协作资金安装 IC 卡智能水表 557 只，采购管理电脑 1 台，采取“以水养水”的方法，由村集体经济公司负责饮水工程的管理和维护。用唐国伟同志的话说：“只要是我看到的大关需要，一定想方设法，全力以赴。”

三、放眼未来谋巩固提升

今年是脱贫攻坚收官之年，“脱贫摘帽以后怎么办？”面对这个严肃的问题，唐国伟同志经常与党政班子成员和广大干部交流讨论，认为脱贫摘帽后巩固脱贫成效、保持可持续发展的关键还是发展产业。他分析：以大关县的区位优势和资源禀赋看，矿产资源和农特产品十分丰富，按道理应该是很有吸引力才对，应该有不少关于农特产品的企业和矿产的企业愿意投资，之所以招商引资难，其中一个很重要的原因是我们的产业基础设施没有跟上，导致企业因为顾虑投资成本过高而止步。2020 年协作资金陆续到位后，他提出：今年的项目不能像过去两年（2018 年 80 多个项目，2019 年 60 多个项目，其实是因为脱贫摘帽“补短板”需要）那样“撒胡椒面”，要集中力量“办大事”。为此，他多方调研和交流讨论后，决定在“产业园区”的建设上做文章。结合大关县委政府的整体布局，安排 1000 万元参与筇竹产业园标准化厂房建设，安排 4000 万元参与大关县高原特色农产品集散产业园职工宿舍楼和标准化厂房建设，安排 400 多万元对已经落地的 3 家企业进行自建标准化厂房奖补。果然，我们的宿舍楼和厂房都还在施工过程中，一些商家就盯上了。成都吉食道食品有限公司就与大关县政府签订了入住大关县筇竹产业示范园的合作协议，昭通猪猪侠农牧科技集团股份有限公司迅速在农特产品集散产业园投资建设年产 50 万吨无抗饲料厂，承接了大关所有的生猪代养场；东方希望集团投资建设年存栏 60 万头的生猪养殖场，同时在该园区投资配套建设年产 60 万吨无抗饲料厂；云南省云上广农业发展有限公司投资建设了年出栏 10000 头黄牛的养殖场。有了养殖，屠宰也得跟进，佳益肉联食品有限责任公司的生猪屠宰场也上马了。对 3 家企业 400 多万元的奖补虽然钱不多，但让落地企业感受到了地方党委政府的温暖，随着两个产业园区配套设施的不断完善，相信会有更多的农业龙头企业入驻大关，必将促进我县农业产业的不断发展壮大，为带动我县广大群众持续增收致富发挥龙头作用。

四、面对疫情显责任担当

2020 年春突如其来的新冠肺炎疫情暴发，广东比云南形势更为严峻。“疫情就是命令、防控就是责任”，唐国伟同志站在讲政治、顾大局的高度，叮嘱好家人，告诉家人“我要回大关尽责”，于 1 月 26 日（大年初二）火速就从广东赶回大关，全力以赴做好负责包保悦乐镇疫情防控工作。同时，广泛发动中山市社会力量支援大关抗击新冠肺炎疫情，协调引进救护车、口罩等防疫资金物资共 114.85 万元，为大关县打赢疫情阻击战作出了积极贡献。

唐国伟同志来到大关县第一天起就将大关视为第二故乡，主动学大关话、做大关人、动大关情，用扑下去的“身板”体验民情、用接地气的“脚板”丈量县情、用钉钉子的“叫板”精神精准施策，将东西部扶贫协作的责任和使命扛在肩头、落到实处。在云南省 2019 年度东西部扶贫协作成效评价中，大关县是昭通市 10 个贫困县区中唯一被评价为“好”的县。唐国伟同志用心用情努力工作，为大关县脱贫攻坚贡献了中山力量，让中山的“博爱”精神深深根植在了大关这片充满爱与感恩的沃土。

（作者系大关县东西部扶贫协作办公室工作人员）

山区教育路上的领航人

李光敏

2017 年 10 月 17 日上午，中山火炬开发区第一小学语文教师李春雨接到一份“特殊通知”。经过层层选拔，作为优秀教师代表，上级教育部门希望他两天后能出发前往云南昭通开展教育扶贫，期限一年。这对李春雨来说是个好消息，他是从农村走出来的孩子，他清楚地知道，好的教学理念对山区学生们的学习有多大的影响，通过学习走出大山，是山村孩子改写命运的唯一途径。他一也直有个心愿，想到偏远山区支教，给山区的孩子送去先进的学习理念。然而，接到通知时候，他也才和妻子领取结婚证 7 天而已。

一、婚纱照拍了一半，新房装修一半，10 分钟电话说服妻子赴滇

2017 年 10 月 10 日，李春雨与同在开发区第一小学担任音乐教师的马泳仪领取了结婚证。从相识到结婚只有一年的时间，然而新婚燕尔的他们并没有选择去外地度蜜月，而是继续在教学岗位上耕耘。领证后的第 7 天，

李春雨接到教育部门的教育对口帮扶通知。

接到通知时，李春雨正在学校上课，而妻子则在外地培训。李老师当时其实已经决定要去，但还是第一时间想着征求新婚妻子的意见。因两天后要出发，时间紧迫，来不及和妻子见面细谈，只能电话沟通。在电话中，一向善解人意的妻子小情绪爆发，哭着说了很多面临的难题问题。比如，两个人才刚刚结婚，婚房正在装修，婚纱照也只拍了一半，11 月还要举行婚礼……妻子也知道他一直想到贫困山区支教的想法。去年就曾有一个到广东饶平支教的机会，但由于当时他正参加市里和省里的小学语文综合素养比赛，不得已只能放弃。2017 年 4 月，李春雨老师拿了广东省小学语文教师综合素养大赛特等奖第三名，是中山市小学语文在该项目目前的最好成绩。比赛任务圆满完成。他就跟妻子在电话里商量，现在没有孩子，父母年纪又不是特别大，没有什么负担，婚纱照可以补拍，婚期可以推迟，新房可以慢慢装修，但是支教这个任务非常紧迫。最终，李春雨在电话里说服了妻子。

二、跋山涉水，把脉课堂，示范引领，做山区教育的领航人

10 月 19 日，婚后第九天，李春雨到达昭通市大关县翠华镇中心校（镇级小学教育管理部门），并入住学校的一间简易办公室。10 月 20 日，李春雨便迅速投入工作中去，开始到各个学校听课“问诊”。

李春雨到达学校后不仅没有提出任何要求，反而还拒绝了学校的“好意”。学校本来是打算给他安排住在学校附近的一家宾馆，但是在征求他的意见时被拒绝了，李春雨给出的原因是：“财政的每一分钱都应该用在恰当的地方，而且学校比较安静，办公室和宿舍一体也比较方便。”一张床、一

个简易铁柜、一台办公桌、一台电脑。在这间只有 20 平方米的办公室里，最值钱的家当除了电脑以外，就是一张可以用来取暖的电暖桌。

“知识渊博，专业基本功非常扎实。”这是当地老师对李春雨的第一印象。指导要从调研开始，李春雨到校的第二天便赴各个学校听课，把脉课堂，了解情况。李春雨老师立足翠华镇中心完小，听完全校 22 位语文教师的语文课，并对每一节课做一对一的点评指导，摆问题，提建议，说亮点，指不足，亲身示范，细化教学流程，引领全校语文教师共同成长。跑完全校，李老师接着马不停蹄，接着调研镇内其他学校，这样一间一间地走，竟一口气跑完翠华全镇 13 所小学，听课 100 余节，仍是细心点评，给老师们讲课标，说教学理念，讲教学方法，语文课被他说个精透。全镇 13 所小学都留下了他的足迹，语文课都留下了他的影子。山区多雨雾，道路湿滑，土路较多，坡度较大，路况凶险。海拔最高的草坪小学有 1760 米，比县城高近 600 米，要爬 4000 多个台阶才能上去，爬山要走一个多小时才能到达；最远的田元小学距离镇里最远，近 20 公里，而且路况复杂，常有滚石，开车都要一个多小时……就是在这样的条件下，李老师支教里程近 200 公里，把自己的理念送到全镇 13 所小学，90 余位教师受益。

在走访听课的基础上，李老师了解了全镇的小学语文教学现状。针对老师们语文课程标准不清、课程性质不明、课型特点不分、教学手段滞后的现状和问题，李老师开展了全镇范围的语文教学培训，革新片区教研方式，亲自上示范课，开展系列讲座，进行名课解读，备课研讨，针对问题下狠药，抓实效。李老师面向全镇共执教展示课例 9 节，开设课标解读系列讲座 3 场，名课分析 4 个。在他的带领下，翠华镇的小学语文教学有了明显变化。在刚刚结束的片区教研中，李老师高兴地说：“我现在很激动，低段语文教学的方向终于对了，我们的努力没有白费。我现在再也不担心了，就算我离开了，我们翠华的低段教学也不会再出现大面积分析课文的现象了！”翠华镇中心完小校长童英说：“感谢中山市给我们送来了这么优秀的老师，主要是给我们送来了一种观念，如何去提高教育教学质量。希望李老师做我们教育工作的领路人。接下来学校会制订一个比较详细的计划，让全体老师在李春雨的引领和指导下有所提高。”

三、成立工作站，扩大影响，辐射全县

李老师在翠华镇的教研指导工作搞得热火朝天，老师们纷纷点赞，大关县委、县政府、组织部、县教育局十分关切。2018 年 3 月 20 日，东西部对口支援扶贫协作“李春雨专家工作站”授牌仪式在翠华镇中心校举行。县委常委、副县长熊兴兰，县委常委、组织部部长吴钊名，县政协副主席、县教育工委书记、局长吴维忠出席仪式。仪式上，熊兴兰、吴钊名向教育专家李春雨授牌，并代表县委、县政府向广东省中山市火炬开发区对口帮扶大关县表示感谢，向专家工作站授牌表示祝贺。李老师以专家工作站为阵地，吸纳大关小学语文教学精英，组建工作站团队，围绕制约大关县教育事业滞后的难题，狠抓教师专业技术培训，为大关教育发展传经送宝、提出对策，真正提升教师队伍的专业素养和技能水平。

为扩大影响，提升辐射范围，工作站受其他乡镇邀约，走出翠华镇，向全县其他乡镇挺进。至 2018 年 10 月，工作站已经开展“课例打磨研讨”活动 9 场，“亲子诵读”点评活动 1 场，赴悦乐、吉利、玉碗、天星、翠华、上高桥、高桥、笔山等镇交流示范 8 场，将走遍全县，继续发挥光和热。为创新教研形，工作站还开展“读书交流”“教学案例分析”“名课研读”等系列活动，开展多渠道、多层次、多形式的交流培训，努力提高全县教育水平，为大关县教育事业的发展提供智力支持和人才支持。充分发挥专家及其团队的智慧，充分发挥工作站的引领、带动、辐射作用，争取取得更多的教研成果。

能力诚可贵，真情价更高！在学校听课走访的过程中，李老师发现山

区高寒偏远学校的孩子衣物破旧单薄，便通过微信发朋友圈的方式，发动朋友同事捐赠御寒衣物，助力贫困学生度过寒冷的冬天。共募集来自邻舍公益、中山、东北、天津等地共200余件御寒衣物，裙子56套，学习用具70余套，为翠华镇草坪、雄魁、田元、云吉4所小学近100名学生送去衣物。除此之外，李老师还邀请广东省骨干教师、苏州大学客座教授、中山市教体局教研室梁雪菊老师赴大关交流指导，对接大关50位骨干教师赴中山交流学习。

行走在大山之间，挥洒引领教学的热忱，用精湛的专业技能和坚定负责的态度助力大关县的小学语文教学发展，李老师践行着支教人的光辉使命，用真心换诚心，用能力赢尊重，用专业铸价值，用不平凡之心书写超凡的支教人生！

（作者时任大关县教育体育局教研室主任）

大岭山帮扶：劳务经济为威信脱贫撑起半边天

刘静涛

东莞22个镇（街）与昭通6个县（区）的帮扶协议签订后，威信县及时响应，主动作为，于去年11月20日就组建工作组，在大岭山组团3镇（街）的支持下，双方开展了卓有成效的劳务扶贫，通过劳务协作为广大贫困群众找到了一条零投资、立竿见影的脱贫路子。

工作组是务工人员的靠山

威信县驻东莞对口帮扶协作工作组组长龙先云记得很清楚，去年11月20日，他接到了带第一批129名农民兄弟到大岭山务工的临时任务。在大岭山组团3镇（街）的支持下，以及大岭山镇党委、镇政府众人人力资源市场的配合下，工作组很快把那一批农民兄弟安置到了各企业工作岗位上。龙先云原想工作任务算是完成就可以返回昭通了，可又突然接到任务，让他担任对口帮扶协作工作组组长，继续留在东莞做好务工人员的稳岗工作，做好威信县的劳务输出工作。之前，龙先云没有干过劳务输出工作，一切都得从头学起，他带着工作组成员边学边做，从去年11月到现在，一共转移就业 3028 人，其中建档立卡贫困户 2299 人，这些人当中，70% 以上是 45 岁至 60 岁的，安置非常困难。工作组积极与当地党委政府协调，与 46 家企业进行商谈，把用工年龄放宽，让每一个愿意通过劳动改变贫穷现状的老乡实现就业。得到工作机会的老乡们非常珍惜就业机会，在企业勤奋努力地工作，回报东部的热心人，回报企业的接纳。

工作组的后续稳定工作开展扎实，经常对老乡进行责任意识、感恩教育培训，也教给老乡们实用的法律知识、安全知识，还教他们如何与人沟通融和。工作组分成 3 个小组，对合作的 47 家企业每半月进行一轮回访；去看望老乡们，及时帮助他们解决一些问题。老乡们由衷地说："工作组是咱务工人员的靠山。"

有些建档立卡贫困户务工人员的子女还在读中学、小学，甚至还在读幼儿园，为切实解决他们的后顾之忧，工作组积极争取大岭山镇党委、镇政府的支持，采取当地党委政府出一点、自付一点、学校减免一点的办法，让务工人员子女在东莞上得起学。威信县的务工家庭是集中租房居住的，学校在这边没有接送线路，工作组还争取到了增设线路的支持，让贫困家庭子女也得到了同样的接送服务。

贫困户也有梦想

在工作组的关照下，威信县的务工人员在陌生的城市里迅速适应，工作组在日常的回访中，高兴地发现，80% 的老乡们都习惯了说普通话，能与人顺畅交流，还跟工友们交上了朋友。他们腰包里有钱了，也更自信了，眼界开阔了以后，看待问题的态度也更客观、理性了。

来自威信县长安镇安稳村第四村民小组的江祖雄夫妻俩就很好地融入了当地生活。他们是今年 2 月来到东莞，已经在新洲印刷厂工作了半年多。

他们的家庭是因残致贫的建档立卡贫困户，江祖雄的妻子向万翠是聋哑人，家里有老人和 3 个孩子，因为要照顾家人，江祖雄不能出来打工，这次在威信县委、县政府的组织输送下，江祖雄鼓起勇气带着妻子出来了。他俩每月能领到六七千元，结余四五千元寄回家中。江祖雄说，现在一个月的收入比以前一年的收入还多。江祖雄计划在外多务工几年，以后有了创业能力，想回乡养鱼。

同在新洲印刷厂工作的吴维奇来自扎西镇大河村，八九岁时因为腰椎结核引起肢体残疾，46 岁的他还孑然一身。来印刷厂打工后，吴维奇不但能养活自己，每月还能结余 2000 元，虽然老母亲有其他兄弟姐妹赡养，但他还是坚持每月给母亲寄 500 元赡养费。大概是长期跟印刷品打交道的缘故吧，吴维奇还养成了看书的好习惯。

东莞不但制造业发达，还是最大的家具出口城市。来自高田乡鸽城村三台村民小组的张林武父子就在大岭山的永鹏家具厂务工。张林武妻子手部残疾，4 个孩子中老二和老三都是残疾人。一直是张林武在浙江打工苦苦支撑这个不幸的家庭，他年龄渐长，大厂子里不要了，他也就回了家，没有了务工收入，家里更加捉襟见肘。去年有了针对建档立卡贫困户家庭、残疾人家庭的特殊政策作定心丸，张林武带着 3 个儿子一起出门打工。威信县农村人力资源办给每个乡亲都准备了一套含有被褥、脸盆、牙刷、洗脸毛巾等生活必需品的行囊，背着这些东西，有县里领导送行，这让张林武一下子就联想起了当初入伍当兵时的荣耀和自信。张林武带着 3 个儿子出来务工，父子 4 人每月要挣两万元，女儿也在老家的一个超市上班，家里的情况一下好了起来。现在，张林武和小儿子每月能往家里寄六七千元钱。

威信能如期脱贫出列

龙先云算了一笔账，每名外出务工的贫困群众每年能带动家里三四个人脱贫，真正是“一人就业，全家脱贫”。以工作组带出来这2299名建档立卡贫困户来看，能带动8000名左右群众脱贫。2017年，威信县外出务工人员达14.2万人，其中，建档立卡贫困户中外出务工的有14396户23276人。

龙先云说，劳务输出已为威信县如期脱贫出列撑起了半边天，再通过县内公益性岗位、县内务工等渠道，年底全县能实现脱贫出列。

龙先云还说，威信县脱贫出列了，服务站的工作还要继续开展下去，要逐步带动群众形成自己主动走出来务工的意识，亲带亲、户带户，都走出来谋富路，走向更加幸福的新生活。

（作者系《昭通日报》社记者）

东莞技师学院助力昭通贫困学子平稳就业

刘静涛

古话说“家贫子读书”，说明教育扶贫是脱贫致富的重要途径之一。在东西部扶贫协作中，广东省东莞市大力发挥教育在扶贫攻坚中的作用，在职业教育等领域为昭通建档立卡贫困户家庭子女提供免费优质教育资源。

2017 年以来，东莞技师学院每年向昭通建档立卡贫困家庭初、高中毕业生提供 100 个免费就读名额，让孩子们能学到一技之长，平稳实现就业，带动家庭脱贫。

学校真情帮扶

接受东莞市职业教育帮扶任务以来，东莞技师学院认真组织招生工作，按照每年免费向昭通贫困家庭子女招收 50 名初中毕业生、50 名高中毕业生到校接受职业教育的安排，多次到昭通对接、协商工作，按照实际情况，在专业设计上、学生意愿上做细工作，确保孩子们能够读到满意的专业。

2017 年，东莞技师学院招收了 71 名昭通籍学生入校。今年，第二批 90 名昭通籍学生进入东莞技师学院学习，学院对他们实行学费、杂费全免优惠政策。为了切实减除家长负担，学生选择就读校企双规制班级的比较多，在这样的班级，能够实现进校即进企，冠名班级的企业会向学生发放每月600—1000元的生活补助，如果到企业实习，可以领取1200—2000元的工资，加班另算。在这样的班级，每年在校接受理论学习的时间是半年，在企业接受实训的时间是半年，学生基本不用家里出钱供读书。对于确有困难的学生，学校还提供勤工俭学的机会。

东莞技师学院院长刘海光表示，学生们接受了技能培训，成为技能型人才，工资待遇就有了保障，技师学院学生毕业后就业率高达99.6%，他们的收入水平能超过政府平均工资水平，以去年毕业的学生为例，人均工资5000—8000元，有30%以上该校毕业学生工资能达8000元以上。

该校招生处负责人文学新表示，东莞技师学院在校学生7000多人，分设32个专业76个培养方向，每个专业都为昭通籍学生提供名额，针对学生的喜好，还可以作调整，确保能帮助学生掌握实用技能，解决未来的就业问题。

学生心怀感恩

对于东莞技师学院提供的学习机会，前来就读的孩子们都心怀感恩，是学校改写了他们的命运。

就读于2017级线缆301班的高彬同学来自昭通市盐津县，2017年6月底，从盐津一中毕业的高彬查询到自己的高考分数仅390分，理想的大学读不了，能录取的学校不想读，得到东莞技师学院的就读名额，高彬毫不犹豫地来到东莞。起初觉得饭菜味道比较清淡，不合口味，慢慢也就适应了，学习上有困难，在老师和同学的帮助下也逐渐跟上了，高彬觉得在这里学习挺愉快的。线缆301班是东莞市庆泰电线电缆有限公司冠名的，学生每年有半年时间在企业实习，实习期间包吃住，能领到1500—2500元的工资。高彬说，明年他就毕业了，打算留在这家企业工作，除去吃、住和“五险”开支，还能领到5200元左右的工资。来自昭阳区布嘎乡的杨兴娥是高彬的同班同学。杨兴娥家里条件差，就算是她能考上大学，家里也没有能力供她读书，种种心理负担重压下，杨兴娥高考发挥不好，只考了382分。高考失利后，杨兴娥原本以为没有机会继续读书了，可是学校却传来佳音，学校有两个东莞技师学院的名额，可以让建档立卡贫困家庭子女入学，根据报名的分数高低排序，杨兴娥排第二，她又可以继续读书了。

当时学校提供了5个专业给杨兴娥自主选择，她选择了线缆专业，一方面，这是一个冠名班，自己可以边读书边实习供养自己。另一方面，这一行业也跟得上时代。杨兴娥很节俭，她说，企业补助的生活费就够开销了，在实习期间，她还总选择加班，每月能挣2000—3000元，多余的钱她用来接受成人教育，确保毕业后就能够拿到高技+大专两证。

温暖在延续

其实昭通籍学生在东莞技师学院感受到的温暖不胜枚举，比如到校第一天就有24小时专人专车到站接人,开学一段时间内还允许学生调整专业。

李晓儿是高彬和杨兴娥两位同学的班主任，她说，在自己班上像高彬、杨兴娥这样的昭通籍同学总共有6名，而在这之前，昭通籍的学生她没有教过，甚至连云南籍的学生她也没教过。刚开始的时候，她们班上昭通籍学生不多，但由于是冠名班，比较受昭通籍学生的青睐，其他专业的昭通籍学生就陆续转班过来。就拿杨兴娥来说，之前她是学数控专业的，了解到她的情况，她当时的班主任建议她转到线缆专业，她采纳了班主任的建议，就转过来了。就这样，经过一两个星期的调整，李晓儿的班级就有了6

名昭通籍学生。

李晓儿对于昭通籍学生评价很高，她说，孩子们学习很勤奋，在班上属于学霸型，他们朴素低调，很合群，班上有在食堂勤工俭学的同学，也很受食堂员工喜爱。

李晓儿表示，冠名班的同学将来到庆泰电线电缆有限公司上班，企业是无条件接收的，自己教过的学生很大一部分在企业做到了管理层，收入不错。企业从事的是电线、电缆、数据线、充电线、高压电缆线等生产，跟生活息息相关，效益也很好，而且学线缆专业跟得上时代，职业前景也挺好的。

据东莞人社部门相关科室负责人介绍，东莞昭通对口帮扶过程中，东莞实施的教育扶贫措施成效很好，双方反响也很好，下步招生规模可能会扩大，就拿教育系统面向昭通籍学生的招生规模来说，已经由原定的 1300 名增至 1450 名。

（作者系《昭通日报》社记者）

石岐区协作新模式：
引进人力资源公司　转移盐津贫困劳动力

刘静涛

走进盐津县驻石岐区人力资源服务站，记者感觉到服务站针对盐津县老乡到石岐组团6镇（区）务工的服务工作规范到位。除了石岐区人社部门和盐津县派驻的工作人员参与劳务协作，石岐服务站还引入了第三方——中山市志合人力资源有限公司进驻服务站，三方合作开展相关工作，将劳务协作工作落实得更到位、更高效。

盐津县高度重视

盐津县高度重视贫困劳动力输出工作，在中山市指定石岐区组团六镇（区）协助盐津劳务输出工作以后，明确3名工作人员驻石岐对接相关工作。

为增强议事协调能力，盐津、石岐双方决定，由在石岐区办事处挂职主任助理的盐津县农村人力资源开发办主任朱应和担任石岐服务站站长。

唐明、李涛是盐津农村人力资源开发办的工作人员，也到服务站开展驻站工作。他们的职责除了驻站接受企业、务工人员的双向咨询，还常常亲自回乡去带老乡们到中山来务工。只要志合公司在盐津宣传动员的零星务工人员有一定数量后，他们就回去把老乡带出来，亲自送到厂里去，并和志合公司一起做好新入职工人的稳岗工作。

刚到厂区上班的盐津老乡不稳定，生活不习惯、不适应厂里的规章制度、和企业或同事有沟通障碍……都会成为他们坚持不下去的理由。唐明、李涛每次接老乡过来，都要在厂里陪同他们一个星期左右，密切关注他们的行动和思想动向，帮助他们解决一些实际困难，让他们慢慢适应新的工作。

在盐津县驻站工作人员的协调下，企业放宽了老乡们的入职条件，“40、50”人员也找到了适合的岗位，文凭的门槛也降得很低了，残疾人入职除领取正常人的工资，还能获取一定额度的残疾补助。

石岐区用情用力协作

石岐区人社分局局长黄志卓介绍，去年中山部署扶贫协作工作以后，石岐区党委、政府高度重视，下发一系列文件，安排一系列工作任务。经过今年上半年的紧张筹划，石岐区牵头组团 6 个镇（区），统筹好相关工作，积极建立工作协作机制，组织组团六镇（区）相关部门专题研究工作不下 3 次。6 月 28 日，盐津驻石岐人力资源服务站挂牌成立，盐津、石岐双方工作人员迅速开展工作，拟定一系列工作方案，明确相关工作举措。7 月 20 日左右，盐津、石岐双方跟第三方志合公司签订协议，明确三方各自职能职责和任务，把劳务协作工作任务压紧压实。

为迅速把盐津县有务工需求的贫困劳动力转移出来，让他们能立即实现增收，摆脱贫困，盐津、石岐以及志合公司通力合作，把 8 月确定为两地劳务协作“攻坚月”，积极到盐津县宣传发动建档立卡贫困户外出务工，付出了大量艰辛的努力。

8月底，石歧、盐津携手，到盐津举办了“2018年东西部劳务协作秋季专场招聘会”，招聘会上，石岐组织15家企业开展招聘活动，提供2418个岗位供盐津贫困劳动力选择，盐津10个乡（镇）1000余名农村富余劳动力到现场询问，200余名群众与企业达成就业意愿，90余名群众最终被转移到心仪的企业上班，其中大部分是建档立卡贫困户。

人力资源公司高效服务

石歧区、盐津县进行劳务协作后，志合公司及时跟进，做了大量服务工作，到盐津成立了服务站，组织工作人员充分利用赶集天，宣传相关企业用工信息和补贴政策，有时候还走村入户动员贫困劳动力外出务工，鼓励他们用自己的双手改变贫困面貌。

今年8月，志合公司跟服务站工作人员把集中招聘的老乡带到工厂以后，也确定了两名企业员工专门进驻工厂，做盐津籍务工人员的稳岗工作。

李小龙是志合公司的员工，对于盐津籍务工人员招工稳岗工作全程参与。8月招聘会以前，他和另外几名员工深入盐津各乡（镇）进行劳务宣传，李小龙将务工环境、住宿待遇、薪酬标准、相关法律及安全知识等向求职群众进行详细讲解。为满足求职群众的需求，李小龙积极和企业对接，安排合适的岗位，暂时没有合适岗位的，留下联系方式继续对接。招聘会结束后，李小龙把90余名老乡带到厂里，和他们同吃同住同劳动，进行“贴身服务”，有员工对伙食不满意了，李小龙跟企业出主意想办法进行改善，有员工休息日出去游玩走迷路了，李小龙要去把他们带回来，甚至有人找不到地方买东西，他还要带他们去买。

据志合人力资源有限公司负责人石长聚介绍，企业管理人员以工作为主，跟务工人员的交流很少，态度也很生硬，公司进行稳岗工作跟进后效果好了很多，他们详细讲解企业的规章制度，让老乡们迅速适应，避免触及企业规章制度影响收入。务工人员中有表现突出的，向企业推荐，提供机会让他们锻炼，培养他们走上管理岗位。盐津县庙坝镇的小伙周成才适应能力很强，调整到技术含量高一点的岗位上也很快就适应了。目前，他已经升任机长职务，可以操纵设备生产产品了。

企业搭台，工人“唱戏”

8月集中招聘的盐津籍务工人员几乎都选择了入职奥马冰箱三分厂，该厂工资水平较高，保底工资每月能拿到3600元以上，10月提薪以后保底工资每月可到4200元，工作时间也不算太长，业余文化生活很丰富，五险齐全，休息和福利还行，带薪休假等政策执行到位。工人稳定了以后，如果回家办事，还能得到1800元左右的往返车费补助。

盐津县普洱镇椅子村民小组的陈群霖现年54岁，他和妻子杨植两人入职前，卖了家里的猪，把家里所有事情安置好，准备好好打工挣点钱供在山西理工大学读大二的女儿读书。他们两口子8月30日来到厂里，培训完，办理好相关手续，9月6日开始上班，虽然才上班一个星期，但公司给出的只要上满26天，工作满260小时，就能确保工资不低于3600元的承诺，这让他们心里很踏实。公司给他们两口子协调了夫妻房，吃住免费，只要付一点水电费就行，生活开支很小，他们准备安安心心干几年。陈群霖说，等女儿假期放假了，他要跟公司说说，让她来做一个月的暑期工，让她也体会体会父母的不易，一家人也能在一起团聚一段时间。像陈群霖这样安心工作的职工，在相关政策的支持下，可在半年内分4次领取到石岐区和盐津县发放的稳岗补助共3600元。陈群霖的工作是给空调压缩机拧螺丝，妻子杨植的工作是把冰箱部件上的胶布撕掉，都很简单，也很轻闲。两个人的工作台挨得很近，不足 10 米。

来自盐津县庙坝镇麻柳村民小组的周宏家里负担重，哥哥成家了，姐姐出嫁了，父亲是残疾人，母亲要照顾父亲，不能出来打工。穷人的孩子早当家，周宏虽然刚出生 4 个月的时候被粥烫伤手导致三级残疾，但这并不影响他照顾家庭的强烈责任心。8 月招聘会上达成意向后，他月底跟随服务站工作人员来到奥马公司，他的手不方便，不能从事其他工种的劳动，企业就安排他推车，把冰箱的一个部件推到下一个生产环节，车有轱辘，推起来不吃力，他工作得很愉快。当他想到马上就能通过自己的劳动给家里减轻负担时，他非常开心。他打算好好工作几年，挣点钱给妈妈存起来，逐步改善家里的经济条件。

（作者系《昭通日报》社记者）

袁志坤：让更多的患者站起来

莫　娟　申正勇

来到昭通快半年多的袁志坤，已经把这里当作了他的第二故乡。他只想再多做一些手术，再多传授一些知识……

2019 年 9 月，袁志坤所在的单位东莞市石碣医院接到了东西部扶贫协作对口帮扶支医任务，要求派技术骨干到昭通市第二人民医院对口帮扶，历时一年。袁志坤深知贫困山区医疗条件差，群众看病难，作为一名从医多年的医务工作者，他义无反顾地报名参加了。

从车水马龙、繁华喧嚣的现代都市东莞到偏远的贫困山区昭通，这里医疗卫生基础设施薄弱，群众卫生健康意识不强，加之昭通气候和经济的原因，许多患者有病拖着直到扛不住的现象比较突出，许多膝关节病症的患者病情更严重也更趋于年轻化，袁志坤触动很深。他感慨道："我希望能用我所学为贫困患者多做点事，让来看病的老百姓都能得到很好的治疗，满意而归。"

把最好的服务留给百姓

一些贫困群众常年在崎岖山路上行走，加上山区潮湿阴冷的特殊气候环境，在常见病、多发病中致残率最高的是髋膝骨关节病。为了让更多贫困山区的群众能够得到很好的治疗，袁志坤把人才培养作为工作的重中之重，倾其所有向科室成员传授新观念、新知识，积极努力开展新项目、新技术，竭力为昭通市第二人民医院外五科培养一支技艺精湛、医德高尚的医疗队，进一步提升外五科的医疗服务能力和管理水平。

“尽管帮扶一轮接着一轮，但我们终归要回到东莞的，只有把技术留给当地医生，才能长久地服务好当地百姓。”袁志坤说。袁志坤手把手地教授外五科的医生开展各类复杂手术，讲解手术的技巧和注意事项，使他们能够独立开展手术。在他的帮带下外五科的 4 位主治医生都能够独立承担手术。看到当地医生能逐渐独立完成手术，袁志坤很是欣慰。

为了提升外五科整体的医疗水平，袁志坤到岗后就着手研究外五科存在的缺陷和短板，找准问题根源，逐一改善。优化诊疗方案，完善术前术后管理制度，推广无痛关爱示范病房，引进新药物，更新设备，做好康复宣教工作等，使病患能够达到快速、优质康复的目标，不但大大减轻了病人的痛苦，还大大缩短了康复时间。

袁志坤做手术特别重视患者的就医体验，关注患者的术前术后管理，让手术安全，有疗效，达到快速康复的目标。“自从袁医生来到我们科室，不仅帮助我们科室提高了整体业务水平，同时也为我们护士减轻了很多的工作量，提高了工作效率，可以为患者提供更好的服务。”外五科护士保艳说道。

“把东莞先进的管理理念、精细化的医疗理念种到昭通这片沃土，让它落地生根、开花结果，把市二院外五科打造成昭通一张响亮的名片，切实提升市二院的医疗水平是我目前最大的心愿。”袁志坤充满了信心地说。

仁心仁术备受称赞

一名双腿外翻，依靠轮椅生活了十几年的老病号一夜之间就可以正常行走了，这个消息在昭阳区苏家院镇双河村不胫而走。这个病号便是70岁的刘平会，3月18日，她在儿子的劝说下到了昭通市第二人民医院外五科做了双膝关节置换术，手术第二天她便可以下床活动了，为她做手术的医生正是袁志坤。

“以前我经常说，我这个腿么怕要遇到神医才能治好了，多亏东莞来的袁医生，折磨我十几年的病腿终于治好了。”在医院病房内刘奶奶扶着辅助仪做康复锻炼，她的双腿手术后康复得很快。“随着身体状况逐渐好转，我也有信心把生活打理得更好。”说起自己以后能够自如行走，还能做一些简单的农活，刘奶奶对为她做手术的袁志坤医生充满感激。

母亲几十年的顽固病症一夜之间就“手到病除”，让一家人不可思议，刘平会的女儿逢人就说：“我妈真的是遇到神医了，手术第二天就能下床活动，再过几天伤口拆线了就可以出院了。”听说刘平会的双腿奇迹般地好了，有同样病症的几个邻居纷纷来到了昭通市第二人民就诊，排队等袁志坤为其做手术。

4月1日晚，在外五科的病房内，一片欢声笑语。78岁的孟清芬格外轻松，她眯着眼睛安安稳稳地躺在床上，不时活动自己的双腿，这在以前想都不敢想，随时需要人照顾搀扶才能活动。孟奶奶已经依靠轮椅生活了好几年。听着儿孙们讨论着以后的生活，她会心地笑了。

她和刘平会是邻居，现在病房也是挨着的，几天前孟奶奶做了膝关节置换术，儿媳妇看到老人家奇迹般地康复，也鼓起勇气来找袁医生为她做手术。说起袁志坤医生，大家七嘴八舌地议论起来。

“从来没有见过这么好的医生，简直比亲人还亲。要不是袁医生我婆婆的腿不知道什么时候才会好。”孟奶奶的儿媳妇激动得流下了眼泪。

“袁医生虽然这么年轻，但态度好、医术高，是难得的人才。”59 岁的孔德芬腰椎骨折手术后第二天就能下床，连连竖起大拇指称赞道。

“赵家营有几个一样的病症，听说了也要来找袁医生做手术。”

…………

在病房内总是能看到袁志坤医生的身影，年纪大的患者他总是会拉着他们的手或者搂着他们的肩膀，关切地询问他们的康复情况，安抚他们术前焦虑不安的情绪，这样的举动让病人心里总是备感温暖，也拉近了他与患者之间的距离。患者们彻底融化在这亲人般的服务里，握住袁志坤的手不停地说感谢。

自 2019 年 9 月，袁志坤到昭通市第二人民医院开展支医工作以来，人工膝关节置换手术由原来的每年不到 80 台手术一下就翻两番。患者相约来找袁志坤治腿，这将成为东莞对口帮扶昭通的一段佳话。而袁志坤就像是一个传递幸福的使者，将这幸福在这乌蒙大地继续传递下去……

不负患者，亏欠家人

在袁志坤很小的时候，父亲当过几年的赤脚医生，周边很多贫困的村民生病总是拖着，有的村民实在挨不住了会找父亲来看病。在父亲的药柜里，土霉素、扑尔敏等常见药品治好了很多的村民。穷苦人家的境遇，让袁志坤感同身受，从那时起，袁志坤便有了朦朦胧胧的医生梦。

日复一日，年复一年，他勤奋好学，潜心钻研，成长为技术精湛的骨科医生。他怀着一颗救死扶伤的仁心，本着对生命的尊重和对患者负责的态度，默默奉献。

离开东莞前，袁志坤还特意走访了自己所服务的患者，一遍遍向他们嘱咐强调康复治疗的注意事项。来到乌蒙山，袁志坤留下了深深浅浅的脚印，他希望这一年的支医帮扶能进一步提高当地医院骨科技术水平，造福当地的患者。

男儿有泪不轻弹，说起家人袁志坤哽咽了。虽然在市二院有同事领导的关心，工作越来越繁忙的袁志坤从不因为工作抱怨，唯一让他感到遗憾的是，不能陪伴在家人身边。妻子同样也是东莞市石碣医院的医生，工作繁忙之余还要照顾年幼的一双儿女，家里的重担全部都交给了妻子，对妻子的亏欠袁志坤只能深深埋藏在心里。

袁志坤说："选择来昭通，我非常对不起东莞的患者和家人，但是贫困地区的群众更需要我出把力。"

（作者均系《昭通日报》社记者）

上海新沪商帮扶彝良　真情温暖奎香播大爱

文才庆

俯瞰云南省彝良县奎香乡黑拉村罗寨“新沪新村”和松林村大桥“新沪家园”，一幢幢崭新漂亮的新房错落有致；一块块“微菜园”镶嵌在房前屋后；村文化室、文化广场等群众文化娱乐设施一应俱全……这是上海新沪商联合会对口帮扶奎香乡，捐资3000万元建成的两个安置点，是上海新沪商在社会扶贫领域铸就的一座丰碑、一个缩影。

一、背景概况

彝良县是云南省5个革命老区县之一，1936年，贺龙、任弼时、肖克率领的中国工农红军二、六军团在长征途中曾三进三出彝良县奎香乡，播下了红色革命火种。奎香苗族彝族乡有国土面积229平方公里，辖8个村、204个村民小组，总人口55153人，是一个集“老、少、边、穷”为一体的乡镇，2016年有建档立卡贫困对象5406户24371人，贫困发生率为36.3%。为确保奎香乡各族群众同全国一道同步迈入小康社会，上海新沪商积极响应党中央和习近平总书记的号召，坚持“义利并举、内对外王”的理念，不忘初心、奉献自己，全力践行社会责任。上海新沪商联合会是由上海著名民营企业和商界巨子组成的具有法人资格的社会团体组织。2016 年 6 月，新沪商与云南省人民政府签署“战略合作协议”，大力支持云南扶贫事业，由鹏欣、银都、致达、永达、东华环球等 6 家成员单位企业捐资，与彝良县携手同行，共同奉献爱心，帮助彝良革命老区实现 2019 年全面脱贫。通过深入奎香乡访贫问苦之后，上海新沪商首期捐资 1500 万元，对口帮扶奎香乡，在罗寨乱石旮旯上打造一个搬迁安置示范点；二期捐资 1500 万元在松林村大桥建设一个搬迁安置示范点；三期捐资 800 万元新建牛街镇水田小学（在建）。目前，一、二期工程均已完成，受益群众全部搬入新居过上了崭新的幸福生活。

二、帮扶举措

（一）示范引领，助力脱贫。上海新沪商联合会与云南省人民政府签署“战略合作协议”后，及时与彝良县沟通协调，安排专人负责对口帮扶革命老区奎香乡的具体工作。他们的工作没有停留在传统的善款筹集上，而是把行动直接延伸到基层，延伸到一线。当看到奎香乡很多“一方水土养不活一方人”的贫困群众生产、生活条件十分困难时，上海新沪商积极履行社会责任，义无反顾地分期捐款帮扶奎香乡建设搬迁安置点，以资示范引领，助推奎香乡脱贫攻坚。

（二）合作共建，共筑丰碑。上海新沪商的鹏欣、银都、致达、永达等 6 家成员单位企业在历尽千辛万苦，深入奎香乡访贫问苦之后，经过反复酝酿沟通，各企业达成了共识，向彝良捐赠扶贫捐资 3800 万元，用于支持彝良县特色产业发展，基础设施、人居环境工程和生态环境保护等工程项目建设；发动伙伴企业共同参与彝良扶贫，其中，兴业证券捐资 2800 万元，用于成立教育扶贫基金和建设饮水工程；北京通盈集团捐资1500万元在奎香乡仙马村建成了花场“通盈新村”。上海新沪商能筹集到善款，但他们却难以直接实施项目，而又渴望凝聚爱心的有限捐款发挥最大作用，于是，上海新沪商派出代表多次深入彝良县奎香乡实地调研，与彝良县委、县政府及彝良县扶贫办和奎香乡党委政府深入交换意见，最终形成了合作共建共筑丰碑的共识，即充分尊重民意、上海新沪商负责筹资、当地党委政府主导的“民意牵引、双轮驱动”的合作共建机制，丰富了传统爱心捐助的内涵、创新了民营企业助力脱贫攻坚新方式。上海新沪商与彝良委政府和奎香乡党委政府，共同研讨制订了切合实际的奎香黑拉、松林搬迁安置示范点项目实施方案，明确“三方”项目责任人，建立沟通联系机制，及时协调跟进项目进度，推进项目如期完工。

（三）配套产业，增强后劲。房子修得再漂亮、环境弄得再好，没有产业支撑，搬迁群众就难以实现“搬得出、稳得住、能致富”。上海新沪商在调研阶段就充分认识到了产业支撑的重要性。所以，在制订实施方案时，就配套规划了支撑搬迁群众脱贫致富的产业，不仅带动卡户脱贫致富，还辐射带动当地的其他群众增收。罗寨“新沪新村”和大桥“新沪家园”，均立足当地土地资源丰富的优势，对传统草山提质改造，将荒山变草山，将草山变金山银山。规模化发展养牛产业，集中建设标准化牛棚2460平方米，已购入西门塔尔能繁母牛309头，按照“专业合作社＋农户＋基地”的发展模式，覆盖带动黑拉村、松林村309户1250人建档立卡贫困户实现增收。

（四）体察民情，巧解民忧。在调研中了解到，居住在高寒、偏远山区的村民，祖祖辈辈都生活在十分艰苦的环境中，搬离深山是脱贫致富的唯一出路。但是一提到搬迁，他们就顾虑重重，说离开了故土，吃棵葱都得花钱大老远到集镇上去买，再好的房子住着也不舒坦啊！上海新沪商的领导认为，老百姓的困难无小事，不能忽视了这个以小见大的问题。所以，在罗寨“新沪新村”和大桥“新沪家园”规划的时候，就在每家每户的房前屋后预留了空地，用竹篱笆隔离建设“微菜园”，每户人家至少有60平方米，多的有120多平方米。菜园当花园，绿化、种菜两不误，既巧解了民忧，又留住了“乡愁”。“微菜园”成为一道亮丽的风景线，入住群众拍手称快，连一些城里人见了也羡慕不已。“微菜园”成了新村建设的一个创举，吸引了不少地方前来考察、取经。

奎香乡黑拉村，历史以来一直干旱缺水，人畜饮水靠水窖存储雨水来供给。上海新沪商代表、行政总监赵倩一行看到这样的情景，心里涌动着无限的酸楚。所以在组织捐资建设罗寨“新沪新村”的时候，就动员兴业证券捐赠资800万元在黑拉村实施“长藤结瓜”提灌引水工程。工程于2017年7月启动，2017年12月建成，有效解决了黑拉村1041户4518人，学校1所、在校师生726人的生活用水和2400亩烟田的灌溉用水问题。告别了靠集雨饮用和背水吃、挑水吃的历史，村民们心怀感恩，搬家的那天，有的村民在门上贴了“搬家不忘共产党，吃水不忘挖井人”的对联。

三、历史巨变

（一）土坯房变成乡村别墅。搬迁到罗寨“新沪新村”和大桥“新沪家园”的贫困户，他们原来的房子多为土坯房，屋顶漏雨、四壁通风，通过搬迁安置，家家户户住上了漂亮的小“别墅”。谈起生活的变化，80岁的老奶奶杨昌碧脸上布满了甜甜的笑容，她感慨地说：“我活了80年，经历了新旧两个社会，做梦都没有想到会住上这么漂亮的房子，感恩共产党，感谢上海新沪商的无私帮助。”

（二）人畜混居村寨变成美丽新村。黑拉村罗寨村民组，原本是一个七八十户苗族同胞聚居的村寨，由于贫穷加上缺水，长期脏、乱、差，人畜混居，猪放在坝子里喂食，牛拴在院子里喂养……搬入罗寨“新沪新村”后，彻底解决了这一问题。而且，罗寨“新沪新村”和大桥“新沪家园”

均建设了乡村文化广场、乡村文化室、乡村文化墙，苗族、彝族传统文化得到了继承、弘扬，村庄干净整洁、绿意盎然、繁花似锦。

（三）农民变成市民。罗寨“新沪新村”和大桥“新沪家园”的贫困群众，刚住上美丽的乡村别墅的时候，一些村民一时难以改变过去的生活习惯，打扫卫生需要督促，楼道里堆满杂物，与漂亮的房子很不相称。上海新沪商得知这些情况后，及时与乡村两级沟通，指导完善村规民约，着力强化社区治理，远程开展移风易俗教育，提升村民素质，促进群众适应新环境、融入新生活。现在，村民们慢慢告别了落后的生活习惯，不但会主动操家理屋，还会定时打扫公共环境卫生，过上了城里人文明幸福的小康生活。

2018 年 4 月 13 日，云南省委书记陈豪与上海新沪商联合会对口帮扶奎香乡成员单位企业家前往彝良县黑拉村，参观 6 家企业共同帮扶修建完成的“新沪新村”项目，实地查看了“新沪新村”的崭新面貌，省委书记陈豪默念合作社楼前“一群人、一个梦、一起拼、一定赢”的横幅，高兴地说：“上海新沪商联合会为当地群众脱贫奔小康办了一件实事、好事，企业家们以坚强的‘四个意识’积极投身扶贫攻坚，换来了民族兄弟更加坚定的‘四个自信’！”2019 年 10 月 13 日，陈豪和捐资企业家们再到彝良调研，在奎香大桥“新沪家园”边走边看，看到规划整齐、设施齐全、鲜花盛开的新农村，陈豪感谢京沪两地的企业家们响应党中央的号召，积极履行社会责任，为当地群众摆脱贫困办了实事好事。

（作者时任彝良县扶贫办副主任）

汤如烈：东西部两端的“热心人”

南方杂志

山与海的距离很远，从东部的南海之滨到西部的莽莽山川，何止千里；山与海的距离很近，我就在你身边，顾盼相依，牵手与共。东西部扶贫协作中的那些人、那些山、那些水，都有故事，都在诉说着一个个感人的山与海的英雄故事。

为广泛宣传近年来我省东西部扶贫协作工作中涌现出来的先进典型的感人事迹、最美故事，南方杂志社与省扶贫办合作推出全新的《山海英雄榜》，为您讲述西部沃土上活跃着、奋斗着的英雄们的故事。

汤如烈，中山市教育和体育局副局长，挂职云南省昭通市永善县委常委、县政府副县长。

一

昭通市唯一没有通高速的是永善县。在永善县溪洛渡镇干河村里，24岁的家中独子古中勇终于不再自卑了。

2岁那年，他不小心掉进家里煮着猪食的大锅，全身重度烫伤，导致七成的皮肤坏死。随着体内骨骼的生长，不再生长的皮肤导致浑身病痛。因一直看不起病，成年后，古中勇几乎丧失劳动能力和日常生活自理能力。

2018 年，一位热心人出现了。他为古中勇筹集到了手术费，并联系到中山市小榄人民医院来永善县会诊，而后将古中勇送到中山，一个月集中进行了 7 场皮肤移植手术。很快，古中勇恢复了 90% 劳动能力，生活慢慢能够自理了，甚至能跑起来了。

为了方便照顾家里，古中勇没有留在中山，选择回到了永善县城一个小食店做后厨帮工，周末有空时还去村里小工地干 150 元一天的活。加上低保，一个月能有 3000 元左右的收入。空闲时，他还帮父母一起养猪、种玉米，成了家里的顶梁柱。

一家人从此不再为生活发愁，古中勇也慢慢自信起来。那个起初在医院检查都不敢跟医生说话、不敢抬头的他，也开了微信，定期把生活中有趣的见闻发到朋友圈。

小古知道感恩，每年春节打电话给那位热心人，邀请他到家里吃杀猪菜，这是淳朴的农村人的最高礼仪。

这位热心人名叫汤如烈。2018 年任中山市教育和体育局副局长的他到昭通市永善县挂职，专职推动东西部扶贫协作工作。

古中勇这样的个例，在永善县还有很多。

3 年来，汤如烈和广东省第六扶贫工作组驻永善小组的同事们坚持通过产业扶持、技能培训、贫困资助等方式，加大残疾人帮扶力度，积极争取中山市残联出资，对 52 名残疾人开展农村实用技术培训，募集中山大信教育基金 8.5 万元资助残疾学生 17 名，实现贫困残疾在校大学生全覆盖。中山市共投入 125 万元，建设民族小学康复设施、共建残疾人康复中心、建设特殊学校进行感觉统合训练。

扶贫扶志。内生动力被激发，东西部之间就业转移促脱贫。

在疫情期间，永善县和中山市两地开展“点对点”输送行动，输送到广东省 3074 人，其中到中山 486 人、东莞 799 人。

为了激励大伙更加稳下心来，汤如烈牵头制定了“1233”劳务输出激励政策，“一帮”即帮助找工作，“二补”即交通补贴和稳岗补贴，“三包”即包吃、包住、包车费，“三保”即保工资、保权益、保服务。稳定务工3个月以上的建档立卡贫困劳动力，从务工当月起，按1000元/人·月给予稳岗补贴；对有组织新增转移到中山市外广东省内稳定务工3个月以上的建档立卡贫困劳动力，从务工当月起，按600元/人·月给予稳岗补贴……目前，已累计转移劳动力就业4523人。

二

汤如烈大学就读经济学，工作后一直从事经济工作，原本对扶贫、农业、基层等相关工作和情况了解不多。3年下来，汤如烈瘦了10多斤。

永善县是国家级深度贫困县。汤如烈和扶贫组刚刚来到永善的时候，当地产业基础薄弱。经过实地调研，汤如烈将精力主要聚焦在了就业扶贫和产业扶贫。在他的倡导下，在昭通市率先出台县级招商引资办法，通过奖补吸引企业进驻。

然而，永善县多高山峡谷，交通配套差，招商引资成功率很低。第一年，汤如烈带了很多东部企业来考察，结果10个企业中仅有一家有意向。一个礼拜下来，他嗓子都嘶哑了。

然而，功夫不负有心人。经过团队的不懈努力，3年来，全县共有8家企业入驻，总投资2亿多元。2020年，中山市还跟当地共建了产业园，投入几千万元。

相对于东部发达地区，西部的公务员队伍重管理、轻服务。随着招商引资的深入，“白清单”“红清单”在全县推广，服务意识慢慢渗透公务员系统。

凭着这股钉钉子的精神，汤如烈把一项项工作扎实完成。如今，在中山力量的帮扶下，各项资金投入超过2.4亿元，困扰当地很久的民生短板问题都得到了解决。

数据显示，截至2020年8月，全县实施协作项目106个，惠及15个乡镇120个村(社区)8万余贫困人口，带动贫困人口11447人实现稳定脱贫。

2020年5月，是值得纪念的。这个月，通过专项评估，经云南省人民政府批准，永善县退出贫困县序列。

三

从宿舍到办公室，汤如烈走路需要20分钟。他的办公室设在县城的高处，每天这样的走路成了他繁忙工作中难得的健身机会。

2020年的冬天，特别寒冷。永善县城的气温一度降到零度以下，山城里不少地方有了冰凌。在这个季节里，汤如烈哈着气，走着路，时不时看看手机。他给扶贫组成员发信息，召集大家开工作会。

中山对口帮扶当地的扶贫小组包括公务员、医生、教师，一共8人，身为挂任县领导，汤如烈要定期了解大家的工作情况、项目进展，甚至身体和家庭状况，随时提供帮助、协调资源。

工作会议安排好后，他想起了妻儿：15岁的儿子最近情绪不好，妻子很担心，他盘算着找个时间跟儿子视频，聊一聊。

出生于潮州市饶平县，在贫困家庭长大的汤如烈，工作一直很努力。几年下来，脱贫攻坚从一份工作变成了一种情怀。他希望自己的努力可以为儿子提供一种特殊的言传身教。因此，每年儿子来永善探亲，尽管短短数日，他总试图让孩子多了解一点自己的工作。渐渐地，儿子懂得了“穷就是没饭吃、没钱用、没衣服穿”，明白为什么要“帮贫穷的人”，还知道要“首先帮助吃不起饭的学生”。

事实上，帮助学生的确是汤如烈花费较大精力的工作之一。3 年前刚到永善，他就了解到一个数字：永善县的普职比为 1 ∶ 0.37 都不到。这意味着，考不上普高的孩子们，几乎无法继续到职业学校学习，而是直接到工厂打工。

要让孩子们学到最好的谋生本领。汤如烈和中山职校的招生老师们每家每户做动员。面对“为什么不直接打工赚钱”的疑问，汤如烈干脆组织大家给孩子们开座谈，解疑答惑。

到第 3 年的时候，招生通告刚刚贴出，家长就直接找到学校来了。此时，永善的普职比提升到 1 ∶ 0.89，接近全国平均水平。职业教育理念深入永善县千家万户。

在中山，汤如烈牵线推动中山职业学校跟格力集团合作，建立“格力班”：每年上半年学生们在学校学习理论知识，下半年进入格力集团实习。每期“格力班”总共 40 名学生，每名学生实习期间每个月可以拿到 3000 元的岗位补贴。其中一个学生，在两年的学习时间里，还给家里寄回了 1 万元。

既富口袋又富脑袋，“就学＋就业”模式在永善开花结果。“格力班”“威力班”“艺根传媒班”……东部的师资力量，不断带动着西部的思路。与此同时，永善县每年也选派骨干教师到中山名校培训，为永善县培养了一支带不走的教育人才队伍。

“永善所需，中山小榄组团所能。”汤如烈完成了阶段性的梦想，个人也获得了 2020 年度云南省东西部扶贫协作先进工作者称号。随着脱贫攻坚战进入尾声，汤如烈开始琢磨起扶贫资产的后续管理：这些扶贫项目将来谁管、怎么规范得管？如今，在他的倡导下，永善县正在抓紧研究出台资产管理的相关举措，确保扶贫资产保值增值，在后扶贫时代发挥更大作用。

（转自党建全媒体《南方杂志》2021 年 2 月 5 日）

当好“本地人” 干好“当地事”

——会说昭通话的广东扶贫干部陈锦上

广东省第六扶贫协作工作组

在昭通市大关县挂职扶贫不到半年，他就学会了当地话，在跟当地群众交流时，一下子就拉近了距离。他摒弃“挂”的思想，要求自己当好“本地人”、干好“当地事”，全身心投入东西部扶贫协作工作，为山区贫困群众雪中送炭。

2017年10月，中山市火炬区卫计局计生科科长陈锦上，在即将迈入知天命之年，来到云南省昭通市大关县，加入脱贫攻坚大决战行列，一干就是3年多。在来大关县前，陈锦上先后在消防、公安、安监、卫计等部门工作过。到了大关县从事东西部扶贫协作工作，他挂职大关县扶贫办党组成员、副主任，兼大关县政府办公室副主任、大关县东西部扶贫协作办副主任。根据工作安排，先后分管协调劳务协作、人才交流、社会帮扶和消费扶贫等工作。身兼数职的他，用心用情地干起了东西部扶贫协作工作。

“及时雨”纾困解难，“热心肠”倾力帮扶

陈锦上在中山有多年参加志愿服务的经历，到大关县挂职后，之前认识的公益机构和志愿服务团体人脉资源就派上了用场。一次，大关县上高桥乡中心学校校长马超向陈锦上反映，说上高桥乡完小师生生活用水困难，冬天还用冷水，请求解决接通稳定水源并购买几台热水器。陈锦上便迅速将后方公益人士在脑子里过了一遍，马上联系广东狮子会中山代表处雅媛服务队的姚春霞，马上取得大家的支持，迅速落实了建设资金，很快就建成新民村完小“狮爱水窖”并架通输水管，还为乡中心完小、大寨村完小、新民村完小三所学校添置了热水器，困扰师生饮水难和冬天用冷水的难题已成为历史。后来广东狮子会中山代表处的彭光明主任及王奕方、周翠兰等多次来到大关县，分别为上高桥乡、寿山镇、木杆镇捐赠护理病床、小家电、毛衣、书包等爱心物资。

大关县有不少学生在中山各职业学校就读。2019 年年底，他联系对接中山市江西商会，牵手联合中山市经促会、中山市安徽商会、中山市湖南商会、中山市福建商会、中山市湖北商会、中山市阳春商会、中山市江苏商会、中山市家具商会，共同开办“火炬理工学校慈善阳光班”。经过核查走访，确定资助就读于中山火炬理工学校的 30 多名大关籍贫困学生名单，每年资助每位学生 3000 元生活费，直到他们毕业。

陈锦上先后联系中山市邻舍社会工作服务中心连续 3 年捐赠物资价值 650 多万元，广东狮子会中山代表处等公益机构捐赠物资折价 200 多万元，协调联系中山的企业以及商会、协会等社团组织多次到大关县捐赠物资、开展志愿服务活动。让来自中山的社会帮扶力量成为助力大关打赢脱贫攻坚战的“第二生力军”。

木杆镇里“结亲戚”，金海村中“帮农户”

陈锦上所挂职的大关县人民政府扶贫办每位干部都要“认领”8—10名贫困户，但对从省外来的对口帮扶干部不作要求。为减轻县扶贫办干部挂钩帮扶负担，陈锦上主动要求挂钩五户贫困户。其中有一位居住在木杆镇的殷叔，家庭特别困难，门前没有硬化，下雨天屋里屋外都是泥。2019年年底，陈锦上在家访中看到殷叔居家环境，自掏了2000元，让他自己买几十包水泥，再去申请村上的专项补助，把房前的坝子硬化一下，从此告别了泥泞不堪。陈锦上还提醒他注意搞好卫生，改善居住环境。殷叔有3个儿子，陈锦上鼓励他们出去打工。两年下来，家里也有了稳定的收入。可喜的是，2020年年底，殷叔建新房了！虽然按照当地政府要求没有大摆宴席，殷叔特意邀请陈锦上去他家喝新房子落成酒，他已经把这位中山扶贫干部当成了好朋友好兄弟。

陈锦上至今还记得驻村干部带他第一次去殷家的情形，那次差一点吃了“闭门羹”。还没到殷家门口，殷叔有些恼怒地对到来的一行人说，“你们把那几块木板拿回去”。陈锦上就问驻村干部他发火的原因，原来是他旁边贫困户帮建有阁楼，他家没有。驻村干部就向殷叔解释，他家只有四五口人，补助金当然少些，只能弄屋顶和墙，无法弄阁楼。殷叔还是气呼呼的。陈锦上和驻村干部又继续做他思想工作，对他讲国家政策，讲扶贫标准，又逐一问了医保、最低生活保障、农危改、教育资助情况、产业发展情况、惠农政策等方面。一语点醒梦中人，在捋完那么多帮扶红利后，殷叔情绪缓和了许多。陈锦上给殷叔留了自己的电话号码，让他有困难有烦心事就打这个“帮扶热线”。听完这位中山扶贫干部一番温暖的话语，他也不好再发火了。陈锦上说，只要工作做到位了，就能唤醒“刺头群众”沉睡的感恩意识。

2019年6月11日，翠华镇金海村委会主任龚林香向陈锦上反映了张祖锐家的困境。2013 年出生的她与母亲唐福鑫相依为命，母亲又体弱多病，因为家里仅有弱劳动力而让这个残缺的家庭致贫。陈锦上先后和支教老师邹杰峰、伍洁儿等多次上门走访慰问，促成了中山爱心人士资助。一年多来，他先后带领中山派往大关支教、支医人员上门慰问近 10 次。

2020 年 12 月 26 日，陈锦上带领支教老师王兴乾、支医医生陈湘、县教体局督学唐流源等来到金海村，沿着那段半是黄泥半是块石码放不太整齐的斜坡，来到小祖锐家。在陈锦上的提议下，云南大关三支（支教、支医、支农）群里的 39 位战友，捐出 3900 元，为张祖锐家门前修建了水泥坡道和清洗池、排污管等，多余的钱给张祖锐买了学习用品，彻底解决了这对母女的出行安全问题。

悦乐镇大坪村还有一位郭同学，本来报了名准备去中山技师学院就读的。时任县教体局副局长曾发农给陈锦上打来电话，让他赶紧到教体局“救场”。陈锦上到场后，才知道她爸有点重男轻女思想，身体不是很好。她的两个姐姐已出嫁，还有个弟弟，家里需要她帮忙干活。她要是去中山读书，家里少了个劳力不说，每个月还要倒贴好几百元的生活费，她爸出不了这个钱。郭同学本人很想去中山读书，但又想分担家庭重担，正犹豫中。陈锦上当场给郭同学爸打电话表态，生活费的事情让他来想办法。后来他联系中山爱心人士，资助了郭同学 3 年。郭同学第一个寒假回家，陈锦上还陪同中山市技师学院的老师到她家嘘寒问暖，发现之前还低头腼腆内向的小郭，已变得活泼阳光多了。

像这样的事例还有好多，一些同学还加了陈锦上的微信好友，有困难时就向他求助，他总是来者不拒。中山市是一座博爱之城，好多公益机构、爱心人士热心参与到东西部扶贫协作社会帮扶中来，陈锦上对大关县亟需帮扶人群给予特别关注，从中起到很好的桥梁和纽带作用。他因此也被中国雷锋工程委员会、全国学雷锋办公室、中国雷锋报社等机构评为 2020 年度“全国学雷锋先进个人”。

“会客厅”温馨如家，“小饭堂”凝聚情谊

在大关县城翠华镇旧法院旁边一个狭窄的巷子口，旁边逼仄的马路牙子上，各有一棵桂花树。拾级而上，进入巷子20米右侧是个荒废的旧厕所，旧厕所旁边一幢自建房的一楼就是陈锦上租住的宿舍。因为县里没有专门的办事处，陈锦上的宿舍成了来大关县帮扶的专业技术人员和志愿者们的会客厅。大家不习惯当地麻辣风味的饮食，会去菜市场买来一些鸡鸭鱼肉蔬菜，然后做起“粤味”十足的几道菜。去年在大关县人民医院挂职副院长、来自火炬区医院妇产科主任赵相军是一位大厨，想不到这位来自山东的“接生公”，系上围裙，拿起锅铲，也是个好把式。乡愁在这样的家常小聚中化解，战友情谊悄然凝聚。这有点拥挤的餐厅，迎来多少帮扶人才；这小小院落，送走多少“三支”战友。凡是来大关帮扶的专业技术人才，无论服务期是一个月还是一年，陈锦上都会联系领导去看望慰问他们；开座谈会时，给每位参会者打印水牌，使他们有被尊重感；结束服务期前，再给他们颁发荣誉证书，使他们有荣誉感、成就感、归属感。

“小组长”秉公考核，“上手王”游刃有余

2018年12月，广东省第六扶贫协作工作组要抽陈锦上去参加当年的国家东西部扶贫协作成效考核工作。第一次当扶贫工作考官，陈锦上心里没底，有些忐忑，不知自己能否胜任这么使命光荣而又任务艰巨的角色。但陈锦上下足功夫认真学习，对考核规则很快了然于胸。

第二年，他再次参与云南省东西部扶贫协作成效考核工作，对大理州11个贫困县进行考核。这次，他担任考核组的其中一个小组长，带领组员

考核永平、云龙、南涧、巍山、弥渡5县。考核日程安排得很满，考核组成员需要看的各县资料很多，陈锦上就运用统筹方法，科学分工，每天查阅资料后集中交流，接着访谈相关部门，问得很详细。实地看项目还要兵分几路，从候选项目清单中随机实地检查，实事求是查找问题。被考核的每个县都很重视，考核工作得以严肃认真地开展下来。

在大关县帮扶过的专业技术人员眼中，陈锦上是一位好兄长；在扶贫干部眼中，陈锦上是一位好同事；在与他接触过的受援群众眼中，陈锦上是一位热心人。尽管名字叫锦上，但3年多来，他最乐意的是雪中送炭，而非锦上添花。

乌蒙路　博爱情公众号（中山）2020年1月19日

（由广东省第六扶贫协作工作组供稿）

我与昭通孩子们的二三事

——记中山市沙溪理工学校曹碧潭

广东省第六扶贫协作工作组

中山市沙溪理工学校2017年9月开始免费招收云南昭通学生，到今年9月共接收学生416人，大多数都是建档立卡户。学生们被安排在学校的五大专业部就读，包括计算机平面设计、服装设计与工艺、计算机网络技术、汽车运用与维修、物流服务与管理、会计、电子商务、汽车整车与配件营销和市场营销等专业。

为做好这群昭通孩子的教育管理工作，学校成立了由校长任组长、副校长任副组长，各职能部门主要负责人和相关部长和班主任作为成员的工作小组，加强对教育精准扶贫工作的指导协调与统筹管理。工作小组下设办公室，负责牵头推进教育精准扶贫方案实施及具体日常管理事务。同时成立了云南学生节假日管理团队，责任到人，丰富学生的课余生活，让学生尽快适应当地人文和环境。

3年里，这里的老师和昭通学子结下了深厚的师生情谊。今天，我们一起来听听沙溪理工学校曹碧潭老师与她的昭通孩子们的故事！

怎能忘记？2017年9月1日晚上9点，我刚接收完一批特殊的学生——他们来自云南昭通。

这群远方的孩子带着浓浓的乡音，衣着朴素，脸上都还挂着一种特有的颜色，宛如朵朵散发着呛鼻汗味的红杜鹃。我的心被这种特有的颜色深深地触动着。晚上 10 点，我把他们带进宿舍，一一安顿好，一些孩子把一路上所剩无几的干粮热情地递到我手上，诚恳地看着我，并热切地招呼着："老师，吃吧！赶快吃吧！"一股来自异域他乡的风土气息顿时拥挤地弥漫于宿舍四周，他们温暖着我，感动着我。从此我便与这群孩子开启了一段源远流长的师生情谊！

这一年进入我班的云南孩子共有 15 人，从那时起，我的班主任工作面临从未有过的尝试、体验与挑战！当晚 11 点，我刚回到教师宿舍，却又被一个紧急的电话召回了学校。一名叫胡云的云南学生，刚到学校便失踪了，这犹如一个晴天霹雳，使我震惊。我心急如焚，一时无法淡定，因为我是一名班主任，每个孩子的安全都系在我身上，我深感责任重大。我和团委书记一边着急地满校园寻找，一边积极地与云南的带队老师取得联系，和学校领导及时沟通，企图寻找线索，一个小时过去了，却仍不见其踪影！正当我们焦急万分，伤感失落之际，一个振奋人心的消息令我们转忧为喜。原来这个孩子躲进了学校附近的网吧！我们立即驱车前往，此时此刻，我们只有一个目标，就是要找到这个孩子，当时已是晚上 12 点，四周一片漆黑，没有风，只有满天的繁星，这是一个折腾的夜，惶恐不安的夜。在回来的路上，那是我第一次仔细地端详这个孩子。他，瘦小的身体，蜡黄的脸，一件泛旧的土灰色夹克垂到胸前，他躬着身躯，把一个黑色的背包紧紧地抱在怀里，蜷缩地坐在车里，满脸的拘束与警觉。他说得最多的一句话，就是："我是被骗到这里来的！我要回去！"他不断地重复着自己的话。从这时候起，我才明白，教育扶贫之路的任重而道远，它不仅仅是一句话，不仅仅是多几个学生这么简单。它是需要凝聚老师们无数的体力、心力和脑力的。教育扶贫扶的不仅只是知识，更要扶健康——身体的健康、心理的健康、思想精神的健康。

胡云的事让对教育扶贫充满了信心、勇气与热情的我，从心理上受到了一丝挫伤，但这份挫伤带给我更多的不是别的，而是决心。我发誓，一定要让这群孩子平安、健康地成长起来。可就这样，一波三折的事总是戏剧般地发生，每次都把我推向了艰难的境地！

无独有偶，刚刚稳定了两个星期，一份亦如看破红尘、生死离别般的冰冷文字捎向了我："亲爱的曹老师，很抱歉，做了这样的决定，其实我也挣扎了好久。您是我见过的最好的老师，但我还是觉得生活令我崩溃，很长一段时间我都在想该怎么和你说我的想法，索性不说，一切都在这封信里。生活令我痛苦，每一个失眠的夜晚都令我崩溃，我要走了，去一个很远的地方……如果大家找我，就只会见到我冰冷的身体……"还附带一张江边的照片发给我！这一切给原本惶恐不安的我，又下了一剂猛药。

写这份"诀别书"的云南孩子，名叫周南，至今我仍对他记忆犹新，他留着一头棕黄色的卷发，身材矮小，却十分健硕，一双大大的眼睛，总是充满了阳光般的微笑，我很难想象这样一位乐观开朗的学生会想走生命的另一端。但这一切，却又不得不迫使我朝那个令人惊悚的方向去想，我恨不得自己能立刻长出一对翅膀，飞向学生去的地方，但此时我却只能像犹斗的困兽。收到这封信的时候已是凌晨 3 点，那一夜我无法入眠！我用微信不断地和他聊天，询问他生活中的困惑，和他一起思考解决问题的办法，聊他以后的人生，让他看到生活的美好与希望！通过与他的交流，我发现云南孩子大多都是因家庭的贫困背负了太多的压力与负担，可他们承受太重，力量却又太小，于是便有了很多的心理问题。对这些孩子来说，他们普遍的想法是多上 3 年学，就等于少挣 3 年钱啊！因为贫穷迫使他们只能用势利与短见去思考自己的人生。在他们身上最能体会出"理想很美好，现实很骨感"这句话的真实含义。幸运的是，这个孩子在我长达三天两夜每时每刻地询问、关怀与帮助下，最终走出了自己思想的误区。我也终于了解到了他内心真实的想法、他周围的关系以及他想去的地方。我随即打通了那个我千方百计从他那里获知的亲人的电话，并慎重地把一件事托付给他——那就是关于这个孩子的安全！三天两夜的提心吊胆，三天两夜的忐忑不安，终于随着他父亲一通报平安的电话，尘埃落定！我突然想到了一句话："你的脸上云淡风轻，谁也不知道你的牙咬得有多紧！"是啊！教师，内心却系着千千万万个家庭，而这一切都是为人师者的神圣使命啊！

为了帮助这群云南孩子尽快适应广东的生活，解决他们生活和学习中的困难，在学校的精心组织下，教师们牺牲周六日陪伴家人的时间，常常带这群孩子到附近城市各景点旅游。而在我们班级，不仅开展了“一帮一”的帮扶活动，成立了扶助云南学生的班级基金会，还给他们积极联系学校勤工俭学的岗位，以减轻他们生活上的压力和思想上的负担。同时，通过多次不厌其烦的教育引导，也使他们好勇斗狠、爱打群架的行为得到了有效的约束与控制。

可这美好的局面开始还不到两个月，又被一件事打破了这来之不易的安宁与平静。我们班级一云南学生突感腿脚无力，不能行走，这使我沉下来的心又悬到了嗓子眼。我和部门迅速把他送到了医院，经过医生一番仔细地的检查后，这个孩子第一天就住进了ICU，重症监护室，这个令人感到有些恐慌的名字使我焦灼不安。而他却偏偏又是一位单亲家庭的孩子，他叫舒昭！母亲早已改嫁，家中除了有年迈的爷爷奶奶，就只剩下父亲一人，依靠打零工维持生计。而这次生病对这个原本拮据的家来说无疑是雪上加霜，但此时此刻积极的治疗才是最重要的事啊！学校领导对舒昭的情况十分关心与重视，和我们一起轮流值守。为了及时了解病情，等待医务人员的随时传唤，值守的领导整个晚上就坐在那空荡荡的医院走廊里。直到现在我仍清晰地记得，那天晚上，我第一次感觉到自己是那么的身心疲惫：我双腿发软，蹬在地上，很久才站了起来。此时此刻，如果你问我，师德是什么？我想我会用那句最应景，也最朴素的话来回答你，那就是：“把学生当成自己的孩子！”

这一夜很漫长，但好消息也随着早上的旭光暖遍全身，孩子的病情已明朗，第二天便住进了普通病房。至此，我那悬着的心才终于落下一半。一个星期后，我们在医院的大门口见到了其父亲。他对我们说：“我儿子这个病啊！其实是不需要这样大动干戈地住进这样的大医院的。”言语中透露着些许埋怨！我理解这位父亲，我知道，普通老百姓生不起病啊！更何况这是一个对口扶贫，建档立卡的家庭！可如果不进医院，后果更可怕呀！作为教育工作者，我们不需要感激，也无须一定要被理解，我们唯有做到尽好责任，才是对教育扶贫最好的交代！

对于一个班主任来说，班级一旦有健康出现问题的云南孩子，那就不仅只是多了一份担心与牵挂，更需利用周六周日带他们去医院进行各种各样的身体复查，每次陪同都是一整天。而其他生病的云南孩子同样需要陪同。于是我便像极了他们的亲人或父母。我女儿有时候问我："妈妈，你学生重要，还是我们重要？"我常常被问得哑口无言！我想命运之神总是会眷顾着它想眷顾的人，我却每次都成了这个幸运儿。所以我每次都祈祷，不要让我的云南学生们生病！转眼 3 年过去了，我终于圆满地完成了上级交给我的任务！

当我看到这些云南孩子能健康、平安、快乐地成长时，我便由衷地感到欣慰与幸福。伟大的教育家苏霍姆林斯基说："没有爱，就没有教育！"教师的爱是一种奉献，是一种责任，更是师德铸魂的根脉！而教育扶贫它更犹如千斤重担，它需要我们教育工作者有不畏艰难、敢于担当的勇气，因为它是师德铸魂的土壤！

乌蒙路　博爱情公众号 2020 年 9 月 23 日

（由广东省第六扶贫协作工作组供稿）

支持乡贤回家创业　扶贫车间开设门口

杨升华

新的一天，从云南昭通大山中走出来的王彦华、吴永巧夫妻，在广东中山广盛公司的生产车间开始了工作；1400 公里之外，从昆明回到家乡大关建厂的谭国均，欣慰地看着老乡们在家门口打上了工；县城的冷链物流基地里，一辆辆货车驶出，将以往只能埋没在深山中的鲜活农产品运往全国各地……地处乌蒙山区的云南大关县，原本的国家深度贫困县，在广东中山火炬开发区组团镇区的结对帮扶下，开始了蜕变。中山火炬区组团坚持“大关所需、火炬区组团所能”的原则，紧紧围绕产业、劳务、智力“三个对接”，做好资金支持与使用、人才交流、产业合作、劳务协作、携手奔小康行动等方面工作，2019 年投入东西部扶贫协作资金 7050 多万元，其中财政援助资金 5028 万元，社会帮扶资金 2022.25 万元，实际完工项目 36 项，带动贫困人口 16709 人，取得明显成效。

建冷链物流基地，为农产品铺就出山路

大关县自然资源丰富，但产业发展基础薄弱，深山中丰富鲜活的农产品走不出去，守着宝贝却无法创收。

在东西部扶贫协作中，中山火炬区组团把产业帮扶作为重中之重，创新思路，重点解决农产品外销问题，在大关县投资2400万元建设了集冷冻、冷藏、加工、包装、销售为一体的农产品冷链加工物流基地。该基地拥有900立方米的农产品冷藏库、100立方米的冷冻库、4000平方米的分拣中心，以及一条日生产1.4万个泡沫箱的自动化生产线，不仅可以为大关县农产品提供专业化、规范化、高效率的冷链物流服务，还可以为昭通市、云南全省乃至全国，提供标准化的冷链配送服务。

基地的建成和运营，为当地农产品铺就一条出山路，扩大了优质农产品外销半径，带动大关县农产品规模化发展。今年以来，中山火炬区组团发挥冷链物流基地作用，开展订单式消费扶贫，促进大关县优质农产品适度规模化生产，带动当地贫困村集体经济公司、农民专业合作社的发展，让贫困人口能够居家务工实现增收。

支持乡贤回家创业，帮助贫困户就近就业

在脱贫攻坚战中，除了投资建设大型产业，中山火炬区组团还善用政策，支持乡贤回家创业，将扶贫车间开到贫困户的家门口，吸纳农村富余劳动力就近就业，加快了贫困户的脱贫步伐。

在一次招商活动中，广东省中山市派驻大关县委常委、副县长唐国伟认识了在昆明开服装厂的大关人谭国均。当了解到谭国均一直都想为家乡脱贫尽一分力的想法后，唐国伟积极动员谭国均回乡创业，并将其纳入东西部产业合作扶贫车间项目，享受东西部劳务协作就业稳岗相关优惠政策。有了政策支持，又能为家乡办点实事，谭国均办的大关县蓝鹰服饰有限公司应运而生。服饰公司第一期共投入资金700多万元，经营面积3000平方米。据记者了解，公司第一批招聘了员工76人，其中建档立卡贫困户占27人。

“发展一个产业、带动一方经济、富裕一方百姓。”产业发展是一条促就业、稳增收的可持续发展之路，中山火炬区组团联合大关县立足实际，精准施策，看准一个产业，发展一个项目，2019 年，中山火炬区组团引导到大关县开展扶贫投资企业 5 个，引导企业实际投资 3000 万元，通过利益联结机制带动贫困人口 1977 人，贫困人口人均增收约 3000 元 / 年。援建扶贫车间 3 个，扶贫车间吸纳就业 199 人，其中贫困人口 66 人。

安排岗位发补贴，让大关务工人员在中山安家

“在家时散漫惯了，觉得上班不自由。”2018 年，中山火炬区与大关县开始开展劳务协作，王彦华一家是第一批抵达火炬区就业的大关籍务工人员，第一次到车间工作时王彦华的感受和大多数从山里过来的务工人员一样，有着许多的不适应。

王彦华说，到中山之前，他们夫妻在江苏、贵州、广西等地也打过工，但都是在建筑工地上，没有在车间生产线做活的经验。跨行进车间，什么都要从头学，“看到人家做的时候，你自己动不了手，心里就着急。”正所谓万事开头难，最初的磨合期一度让王彦华夫妻萌生过打退堂鼓的念头。

“坚持住，再试试看！”在大家的鼓励和帮助下，王彦华夫妻俩慢慢适应了新的工作环境和岗位要求，工资也节节攀升，工作到第 3 个月，夫妻俩工资加起来有近 12000 元。自此，夫妻俩就在中山扎下了根。

王彦华说，以前在工地上工，受天气等客观因素影响较大，遇上下雨天，半个月都无法开工，有时工资还不能及时发放。当时要供两个孩子读书，一年到头攒不了多少钱。现在，他家的两个儿子都已成年，也在广盛公司工作，工资水平也和王彦华夫妻差不多，一家人吃住在一起，每月还能积攒不少的工资。两年来，他们不仅实现了脱贫，拥有了私家车，大儿

子还在火炬区成了家。王彦华骄傲地说，现在老家的近邻乡亲都羡慕他们一家“在外面挣到钱了”。

大关县山高坡陡，缺少平地，劳动力存量多，能为企业提供大量的劳动力，能够满足企业的用工需求。大关县在中山火炬区成立了驻广东省劳务工作站，通过东西部扶贫协作，2019 年帮助建档立卡贫困人口实现就业共 2677 人（其中到广东省就业 1089 名，省内就近就业 1247 名，在其他地区就业 341 人），已在广东省稳定就业贫困人口 656 人，做到“就业一人，脱贫一户”。

为确保重点企业用工和助力大关县务工人员就业，今年 3 月，中山火炬区与大关县联手打出了疫情防控和复工复产最“硬核”组合拳——设立劳务输出滚动发展基金，对大关县集中组织输出到中山的务工人员，前 3 个月月工资不足 5000 元的，由政府实施稳岗补贴予以补齐，让异地务工人员安全返岗，安心就业。同时，火炬区出台了稳岗补贴政策，对在火炬区企业就业满 3 个月以上的大关籍建档立卡户人员，给予每人每月 200 元就业补贴，最多可补贴 1 年。对大关籍建档立卡户人员参加社会保险（个人缴纳部分）给予补贴，最长可补贴 1 年。对大关籍建档立卡户人员给予节日慰问、返乡、返岗路费补贴，每人每年最高可补贴 1000 元。

接下来，中山火炬区组团还将制订适合贫困劳动力需求的培训计划，加大劳动力技能培训力度，同时着力调动贫困户内生动力，千方百计创造条件让不宜外出的贫困劳动力实现就地就业。

推动志愿服务，多种方式物质精神齐帮扶

中山市派驻大关县扶贫办副主任陈锦上告诉记者，在东西部扶贫协作中，中山火炬区组团在志愿服务和扶贫扶志方面，可谓亮点突出。

2019年暑假，中山100个爱心家庭分三批前往大关县贫困家庭进行爱心助学之旅。这是由中山市委、中山市妇联、中山市志愿者联合会联合发起的“博爱中山情系昭通——百个爱心家庭牵手百名留守儿童”活动，100个中山家庭跨越上千公里抵达大关县红旗村，给那里的贫困留守儿童送去了学习用品及助学金，并深入部分贫困儿童家庭开展结对帮扶。两地的孩子进行了礼物交接和才艺表演，同时还进行一对一的结对交朋友活动，留下了一个个令人感动又难忘的画面。

除了物资帮扶，精神帮扶同样重要，这其中，志愿服务发挥着不可替代的作用。

2018年4月，中山市邻舍社工服务中心（下称“邻舍”）的社工志愿者们通过与中山扶贫干部的紧密联系，经过仔细调研后，为大关县准备了15489件优质衣物、新鞋子1171双以及一批文具和食品。在这场“同赴昭通·共御春寒”的帮扶之旅中，邻舍不但带去了优质的帮扶物资，还带去了有丰富教学经验的志愿者，为孩子们进行补充教学。据介绍，当时为学前班、一、二年级的孩子准备的是健康卫生认识课；为三、四年级上的是儿童性教育课，教孩子们如何保护自己、预防性侵犯；五、六年级上的是环教课，让孩子们知道保护家乡的美。

2019年的六一儿童节，邻舍的社工志愿者们再访大关，在扶贫干部的牵线搭桥下，他们收集了15个贫困户的故事，有因病致贫的、有因学致贫的、有因事致贫的、有孤寡老人、有一户只剩一人的学生……准备利用社会各方力量，给这些困难孩子构建一个情感支持和长期资助的网络，让孩子们能健康、开心地成长。

中山火炬区组团还积极争取中山市各种社会力量积极参与大关县扶贫协作，通过慈善捐赠、教育扶贫、志愿服务等形式延伸帮扶多个领域，全年接受中山市社会各界捐赠社会帮扶资金达2022.25万元，物资折款价值976.89万元，帮扶项目29个。先后有5020名志愿者、16890人次参与志愿服务，通过大力推动志愿服务活动做到物质、精神双帮扶。

共建爱心超市，引导贫困户不再“等靠要”

大关县是深度贫困县，中山市在对口帮扶昭通4县的财政援助资金中，用于大关县的数量居于首位。

为引导贫困户摆脱“等靠要”的思想，改变简单发钱发物方式，通过东西部扶贫协作帮助大关9个乡镇全部建立爱心公益超市，以“积分改变观念、观念改变习惯、习惯改变生活”的工作思路，从配合脱贫攻坚、政策知晓、孩子教育、赡养老人、主动务工、人居环境整治等方面，激发群众内生动力。2019年，大关9个乡镇“爱心公益超市”累计开展积分评定和物资兑换27轮，13530户农户通过积分兑换到所需物资，兑换物资折合资金106万余元。东西部扶贫协作积极协调中山市民营企业、社会组织、公益机构捐赠爱心兑换物资。据统计，全年为大关县爱心公益超市捐款30万元，为大关县脱贫攻坚工作持续注入了动力。

据了解，大关县在协作资金、项目方面，重点倾斜深度贫困区域。2019年中山市财政援助资金共实施项目46个，聚焦深度贫困区域“两不愁、三保障”问题，重点建设义务教育阶段学校教学楼、宿舍楼、饮水设施以及办学达标底线设备购置，提升乡镇卫生院设施配置，贫困户危房改造，解决深度贫困村群众饮水问题等。据了解，2020年中山火炬组团将继续做好人才智力扶持，选派教育、医疗、科技、文化等方面人才到大关县，并帮助当地培养中小学教师、医务人员等急需人才。继续深入开展“携手奔小康行动”，深化“万企帮万村”帮扶活动，对结对帮扶的深度贫困村开展实地调研，解决深度贫困村的民生“小短板”“小项目”。

2020年12月1日

（转自中山新快报）

《昭通市脱贫攻坚大决战实录》后记

经过半年的筹划，历时一年的编撰，《昭通市脱贫攻坚大决战实录》〔全套书共19卷，其中市级8卷、县（市、区）11卷〕终于在党的百年华诞之际与广大读者见面了。这既是政协昭通市第四届委员会文史工作的成果展示，又是对我市脱贫攻坚工作客观真实的记录，更是用真实的故事展示历史资料的大胆尝试。

反贫困是世界性难题，也是现代国家面临的迫切任务。党的十八大以来，以习近平同志为核心的党中央把扶贫开发摆到治国理政的重要位置，提升到事关全面建成小康社会、实现第一个百年奋斗目标的新高度，纳入“五位一体”总体布局和“四个全面”战略布局进行决策部署，加大扶贫投入，创新扶贫方式，出台系列重大政策措施，扶贫开发取得巨大成就。

昭通作为全国、全省脱贫攻坚的主战场，是最难啃的“硬骨头”。2015年习近平总书记首次离京考察就到昭通，对昭通脱贫攻坚工作提出了“三个更加”的重要指示要求。昭通全市上下牢记习近平总书记的殷切嘱托，坚持把脱贫攻坚作为全市工作的主题主线，坚持“双统领”“双保障”“双推进”，践行“133”工作思路，汇聚中央和省定点单位、东西部扶贫协作、社会扶贫和各族干部群众磅礴力量，在昭通脱贫攻坚主战场上打响了一场史无前例的脱贫攻坚大决战，长期困扰昭通发展的主要“瓶颈”得以突破，实现根本性跨越，全市185.07万贫困人口全部脱贫、1235个贫困村全部出列、10个贫困县（区）全部摘帽，昭通大地发生了翻天覆地的变化，困扰昭通千百年的绝对贫困得到历史性解决。

为充分发挥政协文史资料“存史、资政、团结、育人”功能，客观、真实地记录昭通市在脱贫攻坚中各项建设和群众生活发生的变化，记述各级干部群众在脱贫攻坚工作中可歌可泣的感人故事，市政协党组拟组织相关部门、专家对2015—2020年我市开展脱贫攻坚的重大事件、典型故事进行搜集整理，编撰《昭通市脱贫攻坚大决战实录》丛书。

在市政协成联远主席亲自关心和指导下，编委会拟订了编撰工作的初步方案和《昭通市脱贫攻坚大决战实录》的整体框架，并于2019年8月7日向市委报送了关于编撰《昭通市脱贫攻坚大决战实录》的请示，市委杨亚林书记批示“此项工作很有意义，同意组织编写，请联远主席牵头负责”。按照市委的批示，市政协党组迅速行动，成联远主席亲自安排、统一部署，及时组织专家拟出了《昭通市脱贫攻坚大决战实录》编撰任务分解方案，经反复讨论、多次修改后，于2020年3月30日上报市委，市委杨亚林书记批示“同意所报方案，客观精准务实地做好工作”。

2020年4月14日，市政协组织召开了《昭通市脱贫攻坚大决战实录》专题会议，市委副书记朱家伟出席会议并作动员讲话，编撰工作在全市正式启动，会议统一了认识、明确了要求。为进一步细化任务、落实责任，编委会于2020年4月23日印发了《昭通市脱贫攻坚大决战实录》编撰任务分解方案的通知，加强对市级单位和县区市编撰工作的指导。随后，市政协副主席陶仁带领专家对11个县（市、区）的编撰工作进行了调研、培训、指导、督促，推动各县（市、区）编撰工作有效开展。针对全市编撰工作存在的问题，编委会经反复研究，统一思想，召开了由40多个市级部门参加的征求意见协商座谈会，在此基础上，进一步完善了编撰任务细化量化分解方案，印发到各县市区加强指导，并于2020年7月16日召开了《昭通市脱贫攻坚大决战实录》编撰工作推进暨培训会议，推进编撰进度，提升编撰水平。

为把《昭通市脱贫攻坚大决战实录》打造成“建党一百周年特别献礼工程”“昭通脱贫攻坚工作特别纪念”，市政协抢抓时间，及时出台系列配套文件，明确了市政协机关各委室联系各单位、部门及市政协委员，专门负责催稿工作，2020 年 10 月底稿件收集基本结束。为使编辑审稿工作有序推进，落到实处，市政协从昭通学院和市委党史研究室聘请专家对编辑工作进行审稿（其中，昭通学院教授唐靖负责市级篇章《综合卷》和《巧家卷》，市政协原经农委主任王华国负责市级篇章《产业就业扶贫卷》和《鲁甸卷》，昭通学院教授傅奠基负责市级篇章《基础设施建设卷》和《盐津卷》《大关卷》，昭通学院教授陈玥负责市级篇章《易地搬迁扶贫卷》和《永善卷》，昭通学院教授王琼负责《民生扶贫卷》和《镇雄卷》，昭通学院教授任继敏负责市级篇章《挂钩帮扶及社会扶贫卷》和《水富卷》，昭通学院教授周玲负责市级篇章《扶贫协作卷》和《彝良卷》《威信卷》，市委党史研究室副主任翟昭明负责市级篇章《组织保障卷》和《昭阳卷》《绥江卷》）。2020 年 11 月 18 日，市政协陶仁副主席主持召开《昭通市脱贫攻坚大决战实录》统稿工作会，统一了丛书形式和内容、结构和逻辑框架。

在市政协党组的坚强领导下，在各位编撰专家、市直各单位、市政协机关各委室、各县市区政协以及编撰办公室成员的大力支持和共同努力下，经夏历冬，数易其稿，2021 年 3 月初，《昭通市脱贫攻坚大决战实录》样书基本成型。2021 年 3 月 17 日，市政协副主席陶仁主持召开《昭通市脱贫攻坚大决战实录》样稿讨论会，进一步推动《昭通市脱贫攻坚大决战实录》编辑出版工作。

首先，本丛书的编撰出版得益于各级领导的正确领导，特别是市委杨亚林书记、市政府郭大进市长、市委朱家伟副书记的指导和支持。其次，本丛书的编撰出版得益于市政协党组的坚强领导，特别是成联远主席亲自指挥，亲自督战，亲自修订纲要，并亲自撰写总序和文章。第三，本丛书的编撰出版得益于全市 200 余家单位和部门的积极参与，全市领导干部，基层工作人员，脱贫攻坚督导员、驻村工作队员，政协委员，他们不仅是脱贫攻坚一线指战员，同时还撰写亲身经历脱贫攻坚工作的真实故事。据统计，全市共有1700余人参与《昭通市脱贫攻坚大决战实录》撰稿工作中，收到初稿2526篇。应该说，本丛书的编撰工作是我市脱贫攻坚工作的有机组成部分，同样也凝聚着全市干部群众的智慧和心血，是集体智慧的结晶。最后，特别要提的是昭通学院对本丛书编撰工作的支持和帮助。昭通学院党委大力支持《昭通市脱贫攻坚大决战实录》的编撰工作，在师资紧缺的情况下，委派出周玲、傅奠基、唐靖、陈玥、任继敏、王琼等六位教授参与编撰工作中，为编撰工作注入了智慧和力量。

在编撰《昭通市脱贫攻坚大决战实录》时，编撰专家精心筛选、整理、提炼，力求将那些散落于基层的珍珠捡拾起来，洗尽铅华，还原本真，形成真实的历史故事。这套书注重文史资料"亲历、亲见、亲闻"原则，以第一人称行文，部分新闻通讯、消息类稿件，在公开媒体上发表过，体现新闻的真实性，也作为资料收录，补充《昭通市脱贫攻坚大决战实录》内容。编者旨在通过真实、感人的故事让脱贫攻坚工作在时代的聚光灯下接受检阅，给过往和经历者以心灵的依稀穿越，获取一种灵魂的战栗和反思。同时，给不曾经历，甚至不曾听闻过的后人以另一种历史的演绎，告诉他们当年自己的祖先那段荡气回肠、可歌可泣的脱贫史。

虽说《昭通市脱贫攻坚大决战实录》丛书已呈现在读者面前，但由于编撰时间紧迫、人手不够、水平有限，不免存在内容欠全面、认知不到位、归类难把握等问题和瑕疵，恳请各位方家在阅读过程中批评指正，不吝赐教，我们定当虚心接受意见建议，进一步加以修改完善，以遗后人，真正达到"存史、资政、团结、育人"之目的。

编委会办公室